Auf dem Sofa sitzen sechs Frauen. Alle tragen absurd hohe Schuhe und aufreizend enge und kurze Kleidchen, Röckchen oder Shorts. Die Frauen werfen mir misstrauische Blicke zu. Alle, außer Palina. Sie lehnt mit ihrer roten Mähne an einer Palme, lacht orangerot und zwinkert mir zu. «Und, äh, ich muss wirklich nur die Bar machen?», frage ich Rosi und starre auf den Bildschirm über dem Sofa. Eine blonde, nackte Frau schmiert sich hingebungsvoll Schlamm auf die Brüste. Rosi nickt eifrig. «Jaja. Nur Drinks. Du sollst für die Männer gar nicht interessant sein. Nur höflich und nett, sodass sie gerne eine Kleinigkeit trinken, bevor es losgeht.» Ich nicke. Ich kann meinen Blick nicht von dem Bildschirm abwenden. Warum ist die denn im Badezimmer? «Es ist sogar ganz wichtig, dass du nicht erotisch oder anziehend wirkst», fügt Rosi hinzu und wirft mir einen langen Blick zu. «Also, so wie du jetzt bist, passt das super.» Ich starre immer noch auf den Bildschirm. Großer Gott. Ich glaube, das ist gar kein Schlamm. Mit einem Ruck drehe ich mich um. «Ja», sage ich. «Höflich und nett. Das kann ich.» Rosi lacht. «Hey Mädels, das ist Fanny, sie macht ab nächster Woche die Bar!», ruft sie Richtung Sofa. Ich winke. Palina hebt ihr Sektglas: «Willkommen im Roten Leben, Fanny!»

Carline Mohr arbeitet als Chefin vom Dienst Audience Development für Spiegel Online. Seit einigen Jahren ist sie im Netz bekannt als «Mohrenpost» und erzählt dort ihre liebsten Geschichten. Während ihres Journalistik-Studiums nahm sie einen unkonventionellen Nebenjob an und arbeitete einige Monate lang als Bardame in einem Bordell.

Carline Mohr

Küssen kostet extra

Rowohlt Taschenbuch Verlag

Originalausgabe
Veröffentlicht im Rowohlt Taschenbuch Verlag,
Reinbek bei Hamburg, Juli 2017
Copyright © 2017 by Rowohlt Verlag GmbH,
Reinbek bei Hamburg
Umschlaggestaltung Anzinger und Rasp, München
Umschlagabbildung Aaron Tilley
Satz aus der Malabar, InDesign
Gesamtherstellung CPI books GmbH, Leck, Germany
ISBN 978 3 499 63206 8

Inhalt

Küssen kostet extra

Willkommen im Roten Leben Autowerkstätten und Bordelle haben einiges gemeinsam. Denke ich so, als ich durch das trostlose Gewerbegebiet im Münchner Westen fahre. Man sucht Ersatz, irgendwie. Ersatzteile oder Ersatzliebe. Man will ein bisschen rumschrauben. Man versucht, etwas zu reparieren. Ein Gefühl oder ein Verschleißteil. Und am Ende ist man schmutzig.

Ich muss mal wieder in die Hobbywerkstatt. Mein Golf heißt Rolf und hat einen Wackelkontakt im Schaltkreis. Das heißt: Manchmal springt Rolf an, manchmal nicht. Im Moment meistens eher nicht. Diese Woche musste ich dreimal wildfremde Menschen auf der Straße ansprechen, ob sie mich vielleicht anschieben könnten. Gestern habe ich mit einem riesigen Hammer auf den Anlasser eingeschlagen. Vorbeigehende Passanten bedachten mich mit Blicken, als hätten sie noch nie jemanden gesehen, der mit einem riesigen Hammer auf einen Anlasser einschlägt. Dabei ist das ein wirklich alter Kfz-Profi-Trick. Behauptet jedenfalls das Internet. Ich gebe zu, insgesamt wirkt das alles nicht besonders elegant. Aber ich mag Rolf. Ein kantiger Golf II, Baujahr 1989, weihnachtsbaumgrün und mein allererstes Auto. Ich würde alles tun, um ihn in sechs Monaten noch einmal durch den TÜV zu bringen. Leider bin ich komplett pleite und kann mir keine anständige Werkstatt leisten. Vergangenen Monat hatte ich nicht mal genug Geld für Waschmittel und habe Handseife mit einer Käsereibe in die Waschmaschine gehobelt. Deshalb dieses Gewerbegebiet, in dem es nichts zu geben scheint außer billigen Autos und billigem Sex.

Zum Glück finden sich im Hof von «Pitt's Autoparadies» immer nette junge Männer, die mir für ein Bier gerne helfen. Direkt nebenan: das «Lollipop». Das zweite «o» ist ein roter Frauenmund, über den anzüglich eine kleine Zunge leckt. Wie immer rege ich mich ein bisschen über das Deppen-Apostroph von Pitt auf. So was macht mir schlechte Laune. Andererseits könnte meine Laune momentan sowieso nicht schlechter sein. Es ist kalt, ich bin pleite, ich habe Liebeskummer und keine Ahnung, wie es weitergehen soll. Die Ödnis des winterlichen Gewerbegebiets passt hervorragend zu meiner Stimmung. Ich parke Rolf in einer Matschpfütze. «Hallo! Ist Pitt da?», rufe ich über den Hof. Keine Antwort. Übellaunig stapfe ich zur Werkstatt. Es riecht nach Benzin und Schweiß. «Halloooo? Ich habe Bier dabei!», versuche ich es noch mal. Ein älterer Mann im Blaumann taucht auf. Pitt. «Na Fanny, was isses denn diesmal?» Er tätschelt liebevoll Rolfs Motorhaube. Pitt trägt wie immer eine Schirmkappe und hat ölverschmierte Hände. Ich habe ihn vor zwei Jahren an einer Tankstelle kennengelernt, als ich gerade Putzwasser in Rolfs Öltank füllen wollte. Mit einem leichten Kopfschütteln nahm er mir die Kanne aus der Hand; seitdem komme ich ins Autoparadies. Während Pitt an Rolf rumhantiert, hocke ich mich auf einen feuchten Bretterhaufen und rauche eine Zigarette. Zum x-ten Mal lese ich die Nachricht von vergangener Nacht: «Du fehlst mir jetzt schon. Ich rieche nach dir. So sollte ich mich auf keinen Fall neben meine Frau legen. ;-) Kuss Maik». Der verheiratete Maik. Der so sanft küsst und immer so niedliche Fotos seiner drei Söhne auf Facebook postet. Maik und ich. Die schlechteste Idee seit Erfindung der schlechten Ideen. Ich zünde mir noch eine Zigarette an. «Meine Frau.» Und dann noch ein Zwinkersmiley! Wütend paffe ich Rauch in den grauen Novembernachmittag. Ich überlege gerade, ob ich Maik ein Mittelfinger-Emoji zurückschicken sollte, als die Tür vom Lollipop auffliegt. Eine junge Frau im Bademantel mit wilden roten Haaren und orangefarbenem Lippenstift kommt heraus und blickt sich um. Sie sieht mich und kommt zögernd auf mich zu.

«Könnte ich vielleicht eine Zigarette haben?», fragt sie mit leichtem russischen Akzent. Ich reiche ihr die Schachtel. «Toller Lippenstift», sage ich. «Danke!» Sie lächelt. «Der einzige, der immer hält. Sogar beim Blowjob.» Ich zucke zusammen und gucke unwillkürlich auf ihre vollen Lippen. «Ah ja», sage ich schließlich. «Das ist natürlich wirklich sehr praktisch.» Die Bademantelfrau lacht. «Du bist mit dem Auto bei Pitt?», fragt sie und deutet auf die große Halle. Ich nicke und erzähle ihr ein bisschen von Rolf und dem Wackelkontakt und dass ich mir in einer VW-Werkstatt nicht mal eine Parkscheibe leisten könnte. Die Bademantelfrau heißt Palina und lacht ein lautes, ansteckendes Lachen. «Ich habe eigentlich gar keine Lust, reinzugehen und mit meiner Schicht anzufangen», sagt sie. «Aber irgendwo muss das Geld ja herkommen.» Sie seufzt und zieht ihren Bademantel etwas fester. «Wem sagst du das», antworte ich und seufze ebenfalls. Gleichzeitig werfen wir unsere Zigarettenstummel auf den feuchten Boden. «War schön, dich kennenzulernen, Fanny», sagt sie und zwinkert mir noch mal zu, bevor sie mit wehenden Haaren zurück zum Club geht.

Pitt hat keine guten Nachrichten. Rolf braucht dringend einen neuen Anlasser. Ich öffne die Postbank-App und seufze. 57,65 Euro. Und die Stadtwerke wollen auch noch Geld. Es dämmert bereits und hat angefangen zu nieseln. «Ich melde mich, wenn ich wieder Kohle hab», sage ich zu Pitt. Bis dahin muss es weiterhin mit Anschieben und Hammer gehen. Rolf steht immer noch in seiner Matschpfütze. Er sieht traurig aus. Dafür springt er an, ohne zu murren. Als ich langsam vom Hof und am Lollipop vorbeirolle, sehe ich einen Zettel an der Tür hängen: «Bardame gesucht!» Ich schalte in den Leerlauf und bleibe stehen.

«Bardame gesucht!» Kellnern gehört zu den wenigen Dingen, die ich wirklich gut kann. Ich dachte zwar immer, ich könne auch brillant schreiben, damit lässt sich aber offenbar kein Geld verdienen. Vor vier Monaten habe ich mein Studium abgeschlossen und arbeite seitdem als Freie bei der Münchner Morgenpost. Das Geld reicht hinten und vorne nicht. Deshalb kellnere ich für einen beschämenden Stundenlohn im Café um die Ecke, ernähre mich überwiegend von Tomatensuppe mit Reis und verkaufe meine alten Kleider bei eBay. Im Frühjahr wird bei der Morgenpost ein Volontariatsplatz frei, und der Chefredakteur hat gesagt, ich soll bis dahin noch ein paar gute Geschichten liefern. Dann hätte ich gute Chancen. So lange muss ich also irgendwie durchhalten.

Ich sitze immer noch im Auto und starre auf das Schild. «Bardame gesucht!» Ob ich als Dame durchgehe? Ob es wirklich nur darum geht, Drinks zu mixen? Muss ich dabei nackt sein und Nippelschmuck tragen? Ist «Bardame» eventuell das Codewort für einen Fetisch? Ein Rollenspiel? Eine Stellung, die ich noch nicht kenne? Ich atme kurz durch. Vielleicht brauchen die wirklich nur jemanden, der Bier zapfen kann. Vielleicht zahlt ein Rotlichtetablissement mehr Stundenlohn als ein Frühstückscafé? Entschlossen schalte ich den Motor aus und gehe die Stufen zum Lollipop nach oben. Über der Tür hängt eine Kamera. Ich lächle motiviert Richtung Linse und drücke die Klingel. Eine ganze Weile passiert nichts. Dann tönt eine heisere weibliche Stimme aus der Gegensprechanlage: «Was möchten Sie bitte?»

«Ähm. Hallo. Ich, äh … Also wegen dem Zettel?», sage ich. Kein Wunder, dass ich kein Geld mit meiner Sprachbrillanz verdiene. Ich räuspere mich. «Also wegen DES Zettels!», fange ich noch mal an. «Also wegen des Zettels mit der Bardame! Ähm. Hallo?» Keine Antwort. Aber es summt. Ich drücke gegen die Tür und stehe in einem schnörkellosen Vorraum. Auf der einen Seite befindet sich die Rezeption, die aussieht wie ein Kassenhäuschen im Freibad: ein kleines Kabuff mit großer Frontscheibe. Auf der anderen Seite steht eine Holzbank, eine müde Topfpflanze mit hängenden Blättern und ein Geldautomat, dem ich nicht mal meine EC-Karte mit den 57,65 Euro anvertrauen würde. Außer mir ist keiner da. Beherzt öffne ich die nächste Tür und stehe vor einem schweren, roten

Vorhang. Ich schiebe ihn zur Seite und betrete den Raum. Es ist sehr dunkel. Hitze schlägt mir entgegen, es riecht nach Vanille und Moschus.

Ich kann nur eine Bar erkennen und ein paar Palmen. Der Hintergrund verschwimmt im Dämmerlicht. Eine kurvige Frau Ende 50 mit blonden Locken und tief ausgeschnittenem pinkfarbenen Minikleid kommt mir entgegen. Ihre Augen funkeln grün in einem perfekt geschminkten Gesicht, ihre Nase ist klein und zart, dafür ist die Oberlippe geradezu provozierend geschwungen. Sie mustert mich von oben bis unten. Ich fühle mich unwohl und ärgere mich, dass mein Mantel im Auto liegt. Mit dem hätte ich mich deutlich besser gefühlt. Stattdessen stehe ich hier in meinem blauen Bambi-Pullover und komme mir doof vor. Ich wünschte wirklich, ich hätte heute etwas Schickeres angezogen. Oder wenigstens einen BH. Die Frau verschränkt die Arme vor ihrem mächtigen Dekolleté und zieht die Augenbrauen hoch. «Ja?», fragt sie. Ich hole tief Luft. «Ich war gerade mit Rolf in der Autowerkstatt», lege ich los, «und dann habe ich den Zettel gesehen. Ich kann wirklich sehr gut kellnern, und ich brauche sehr dringend Geld.»

Die Blonde zieht ihre Augenbrauen noch ein Stückchen höher, sagt aber nichts. Ich will mich gerade umdrehen und wieder verschwinden, als Palina aus der Dämmerung auftaucht. «Fanny!», ruft sie und klingt wirklich so, als würde sie sich freuen. «So schnell sieht man sich wieder! Ich wusste ja nicht, dass du SO pleite bist ...» Sie fällt mir um den Hals, als wären wir alte Freundinnen. Inzwischen trägt sie keinen Bademantel mehr, sondern ein winziges Lederhöschen, das mehr von ihren Pobacken zeigt, als es verdeckt. Obenrum ein durchsichtiges Tanktop. Genau wie ich trägt sie keinen BH. Wirkt bei ihr irgendwie besser. «Ähem», sage ich. «Hallo Palina. Wie schön!» Ich versuche sie so zu umarmen, dass ich ihre Brustwarzen nicht berühre. Klappt so mittel. Die strenge Blondine reicht mir eine zarte, aber feste Hand, stellt sich als «Puffmutter» und Rosi vor und bittet mich in ihr «Büro». Ein kleiner Raum direkt neben der Bar. Ein rotes Sofa steht an der Wand, davor ein gläserner Couchtisch, an der anderen Wand ein Sideboard aus hellem Holz, auf dem sich Papierstapel türmen. Auf dem Tisch stehen ein voller Aschenbecher, ein Notebook und ein Glas Sekt. An der Wand über dem Sideboard hängt ein kleiner Flatscreen. Ein nackter Mann mit Polizeimütze und beachtlicher Erektion schiebt einer jungen Frau mit Flechtfrisur einen Schlagstock in den Po. «Darf ich rauchen?», frage ich und zünde mir, ohne eine Antwort abzuwarten, eine Zigarette an. Der Schlagstock ist wirklich sehr groß.

Rosi fragt mich nach meiner Gastronomieerfahrung, und ich versuche, mich zu konzentrieren. Sie würde mir 15 Euro die Stunde zahlen. Plus Trinkgeld. Ich soll jedes Wochenende eine Schicht übernehmen, von 21:00 bis 4:00 Uhr, inklusive Aufräumen. Schwarz. Ich überschlage. Und sehe vor meinem inneren Auge einen neuen Anlasser. Eine bezahlte Gasrechnung. Ich sehe die Käsetheke im Feinkostladen und das geblümte blaue Kleid, das neulich in dieser einen Boutique im Glockenbachviertel im Schaufenster hing. Mein Blick fällt wieder auf den kleinen Fernseher. Der Schlagstock ist fast vollständig in der jungen Frau verschwunden. Rosi schlägt die Beine übereinander. Manchmal käme die Gewerbeaufsicht, um die Papiere der

Frauen zu kontrollieren, erklärt sie. Dann müsste ich mich halt verstecken oder behaupten, dass ich gerade zur Probe arbeite. Ich schlucke. Das klingt nicht nach einem soliden Plan. Aber: 15 Euro! Plus Trinkgeld! Ich atme tief durch. «Okay», sage ich. «Ich mach das.»

Rosi führt mich durch den Club. Er ist riesig. Die Bar hat eine lange Theke aus Holz, zwölf rot gepolsterte Hocker stehen davor. Wenn man dort sitzt, hat man einen guten Blick auf ein lilafarbenes XXL-Sofa, das vielleicht 20 Meter rechts von der Bar steht. Zehn Leute passen locker auf das samtene Ungetüm. Im hinteren Bereich des Lollipop gibt es zwei kleine Whirlpools und zwei Saunen, davor ist eine Liegelandschaft von der Größe einer halben Turnhalle. Insgesamt zähle ich acht Schlafzimmer, die komplett in Lila, Schwarz oder Rot gehalten sind und in verschiedene Richtungen vom riesigen Hauptraum abgehen. In jedem Schlafzimmer steht ein großes Bett, eine Kommode, deren oberste Schublade mit diversen Sextoys gefüllt ist. An den Decken und Wänden hängen Spiegel, neben jedem Bett steht eine Box mit Papiertüchern. Rosi nennt die Schlafzimmer etwas hochtrabend Séparées und den hinteren Bereich Wellness-Oase. Der Duschraum sieht aus wie in einem städtischen Schwimmbad. Im ganzen Club verteilt stehen Palmen, überall an den Wänden hängen Flatscreens, auf denen unterschiedliche Pornos laufen. Direkt an der Bar ist ein besonders großer Bildschirm, vermutlich, damit man beim Biertrinken gleich in Stimmung kommt. Jeder Zentimeter des Bodens ist mit dickem rotem Teppich ausgelegt. Eigentlich ist es ganz nett hier. Ich kenne jedenfalls Kneipen, die schmuddeliger sind als dieser Club. Rosi hat das Lollipop vorhin sogar «Edelpuff» genannt. Auch wenn ich mich nicht auskenne, halte ich das für ein wenig übertrieben. Die Einrichtung war sicher mal hochwertig, das muss aber lange her sein. Der Teppich ist an vielen Stellen abgewetzt, die Palmen sind aus Plastik und ziemlich eingestaubt. Die Duschräume wirken zwar geputzt, ich habe aber an mehreren Stellen Schimmel und Rost entdeckt. Welche Art von Männern hier wohl jeden Tag an der Bar sitzen? Traurige? Eklige? Einsame? Ich habe keine Ahnung, werde es aber sicher bald herausfinden. Rosi erklärt mir die Zapfanlage und die Getränkeauswahl und bietet mir einen Prosecco an. Ich nehme einen tiefen Schluck. Eiskalt und trocken. Gut. So schlimm wird das alles schon nicht werden. Rosi erzählt noch, dass sie es unter der Woche problemlos schaffe, Bar und Rezeption gleichzeitig zu schmeißen. Nur samstags bräuchte sie Unterstützung. Sonntags hat das Lollipop geschlossen.

Auf dem lilafarbenen Sofa sitzen sechs Frauen. Zwei von ihnen sehen südamerikanisch aus, eine asiatisch. Zwei sind dunkelhaarig, zwei blond. Alle tragen absurd hohe Schuhe und aufreizend enge und kurze Kleidchen, Röckchen oder Shorts. Die Frauen werfen mir misstrauische Blicke zu. Alle, außer Palina. Sie lehnt mit ihrer roten Mähne an einer Palme, lacht orangerot und zwinkert mir zu. «Und, äh, ich muss wirklich nur die Bar machen?», frage ich Rosi und starre auf den Bildschirm über dem Sofa. Eine blonde, nackte Frau schmiert sich hingebungsvoll Schlamm auf die Brüste. Rosi nickt eifrig. «Jaja. Nur Drinks. Du sollst für die Männer gar nicht interessant sein. Nur höflich und nett, sodass sie gerne eine Kleinigkeit trinken, bevor es losgeht.» Ich nicke. Ich kann meinen

Blick nicht von dem Bildschirm abwenden. Warum ist die denn im Badezimmer? «Es ist sogar ganz wichtig, dass du nicht erotisch oder anziehend wirkst», fügt Rosi hinzu und wirft mir einen langen Blick zu. «Also, so wie du jetzt bist, passt das super.» Ich starre immer noch auf den Bildschirm. Großer Gott. Ich glaube, das ist gar kein Schlamm. Mit einem Ruck drehe ich mich um. «Ja», sage ich. «Höflich und nett. Das kann ich.» Rosi lacht. «Hey Mädels, das ist Fanny, sie macht ab nächster Woche die Bar!», ruft sie Richtung Sofa. Ich winke.

Palina hebt ihr Sektglas: «Willkommen im Roten Leben, Fanny!»

Lucy, der Schrecken des Internets

Es riecht nach Gras. Das fällt mir auf, noch bevor ich meine Wohnungstür geöffnet habe. Gar nicht das Schlechteste nach meinem Vorstellungsgespräch im Lollipop. Vielleicht hat Lucy ja noch ein paar Züge für mich übrig. Lucy ist meine Teilzeitmitbewohnerin für die nächsten Monate. Bis zu meinem Volontariat, das ich ab dem Frühjahr hoffentlich habe, kann ich mir die 50-Quadratmeter-Wohnung im Osten Münchens nicht mehr leisten. Deshalb wohnt jetzt Lucy in dem kleinen Zimmer hinter der Küche. Das Zimmer hat tiefe Dachschrägen, ein kleines Fenster zum Innenhof, und ehrlicherweise habe ich es bisher als Abstellkammer benutzt. Lucy macht das nichts. Sie hat ein pinkfarbenes plüschiges Klappsofa hineingestellt, eine marokkanische, goldene Kommode und einen riesigen antiken Spiegel. Auf dem Boden liegt ein giftgrüner Flokati und an den Wänden hängen indische Teppiche. Lucys Zimmer sieht aus, als sei kik betrunken mit einem orientalischen Möbelhaus zusammengestoßen.

Ich kenne Lucy von einer Uniparty in der Mensa. Auf dem Band für die Essenausgabe legte sie zu Shakiras «Whenever, Wherever» einen Bauchtanz hin, knallte mit dem Kopf gegen die Lampe und stürzte mit einem langgezogenen Schrei auf mich. Während wir beide in einer Bierpfütze am Boden lagen, hauchte sie mir ins Ohr: «Du riechst gut.» Dann wurde sie ohnmächtig. Nach unserer gemeinsamen Nacht in der Notaufnahme und nachdem ihre Gehirnerschütterung ausgeheilt war, trafen wir uns öfter. Lucy mag Esoterik, Yoga und vegane Ernährung. Sie studiert Genderstudies und schreibt ein feministisches Blog mit dem Namen «Lucy, der Schrecken des Internets». Sehr erfolgreich offensichtlich, jedenfalls sitzt sie dauernd in Talkrunden und Podiumsdiskussionen und erklärt, welche politischen Hebel man ihrer Meinung nach in Bewegung setzen müsste, um eine gesamtgesellschaftliche Gleichberechtigung zu erreichen. Mich überfordert das ein bisschen, ich weiß eigentlich nicht mal genau, was sie mit «gesamtgesellschaftlicher Gleichberechtigung» überhaupt meint. Lucy redet und denkt schneller als die meisten Menschen, ist nie um eine Pointe verlegen und sieht aus wie die junge Brigitte Bardot. Mit Nasenring. Sie hat honigblonde Haare, strahlend blaue Augen und etwas Verruchtes in den Zügen, das kein Schminktutorial der Welt herbeizaubern könnte. Männer wie Frauen liegen ihr zu Füßen. Ich wäre gerne ein bisschen mehr wie Lucy.

«Hallöööchen!», rufe ich in die Wohnung. Keine Reaktion. Ich schlurfe in die Küche. Auf dem Tisch liegt ein halb gerauchter Joint in der Größe einer Pfeffermühle. «Luuuucyy!», rufe ich noch mal und schiebe vorsichtig ihre angelehnte Zimmertür ein Stück auf. Auch keine Lucy. Ich bin fast ein bisschen erleichtert. Sie würde sicher ausrasten, wenn ich ihr von meinem neuen Job erzähle. Vermutlich würde sie mir einen Vortrag über die Ausbeutung von Frauen im Sexgewerbe halten. Und sich über verlogene Penisträger aufregen, die diese Ausbeutung nutzen, um ihren sexuellen Frust abzuarbeiten. Dann würde sie mich zwingen, Kondome mit Tabasco zu füllen, den Champagner mit Formaldehyd zu strecken, den Puff abzufackeln und das alles live ins Internet zu streamen. Na gut, ich übertreibe. Aber erfreulich würde das Gespräch sicher nicht.

Vielleicht sollte ich Lucy einfach erzählen, dass ich jetzt am Nachtschalter einer Lastwagentankstelle im Münchner Umland jobbe. Während ich überlege, ob es im Münchner Umland eine Lastwagentankstelle gibt, streife ich mir das T-Shirt über den Kopf und betrete mein Zimmer. «Fanny?», tönt Lucys Stimme aus meinem Bett. «Lucy?», frage ich irritiert zurück und halte mir das T-Shirt vor die nackten Brüste. «Wer ist da?», fragt nun auch eine tiefe männliche Stimme. «Was zum ....?», sage ich baff und knipse das Licht an. In meinem Bett liegen Lucy, nackt, und ein Typ, der aussieht wie Jean-Paul Sartre als sommersprossiger Hipster, ebenfalls nackt. «Entschuldigung?!», frage ich entrüstet, «könnt ihr mir BITTE erklären ...» Lucy richtet sich auf, zieht ihren Bardot-Schmollmund und unterbricht mich mit den Worten: «Reg dich nicht auf, Fanny. Das ist Tibor. Hier, Tibor, das ist Fanny.» Sie lächelt entschuldigend. «Mein Sofa ist doch so wacklig, und wir wollten was ausprobieren ...» Ich hebe die Hand, um sie am Weiterreden zu hindern, wodurch mit einem leisen Ploff meine T-Shirt zu Boden segelt. Tibor starrt auf meine Brüste. Ich schalte das Licht wieder aus. «Scheiße, Lucy, das ist MEIN Bett!», protestiere ich in das dunkle Zimmer.

Dann drehe ich mich um, stoße mir den Fuß am Türrahmen, humple nörgelnd zurück in die Küche und verkokle mir beim Versuch, den Joint am Gasherd anzuzünden, die Haare.

Ich habe es wirklich nicht leicht.

«Ein Bier und einen Blowjob, bitte.» Ich bin aufgeregt. Heute ist meine erste Schicht im Lollipop. Ich habe drei Stunden vor dem Spiegel verbracht und verschiedene Outfits ausprobiert. Keine Ahnung, was man als Bardame in einem Bordell trägt. Fast hätte ich mich für das Kleid mit den aufgedruckten bunten Lollis entschieden. Als kleiner Gag. Hab ich mich dann aber doch nicht getraut. Vielleicht sollte ich erst mal herausfinden, ob wir alle einen ähnlichen Humor haben. Letztendlich sind es Jeans und ein Pink-Floyd-Shirt geworden. Rosi meinte ja: nicht aufreizend oder sexy. Nur nett und freundlich. Gut, soll sie haben. Mit diesem Outfit fühle ich mich wenigstens wohl, und wenn ich mich wohl fühle, bin ich besonders nett. Auf dem T-Shirt steht: «The dark side of the moon». Das finde ich ganz passend. Weil das Geschäft mit dem Sex so was wie die dunkle Seite ist. Zumindest in dem fetten, glänzenden München. Eine Seite, die die Bayern seit den Achtzigern mit dem Sperrbezirk fernzuhalten versuchen. Fern von der Innenstadt, von den Bars und Wirtschaften, den protzigen Einkaufsstraßen und bürgerlichen Reihenhäusern. Fern von denen, die seit 50 Jahren CSU wählen, um die gute, alte Ordnung zu erhalten. Was auch immer das heißen mag.

Gemächlich zuckeln Rolf und ich durch den Feierabend-
verkehr Richtung Lollipop. Er scheint zu wissen, dass
ich ihn brauche, und ist heute sofort angesprungen. Ich
trommle mit den Fingern auf dem Lenkrad herum. Was für
Typen werde ich heute an der Bar treffen? Was suchen Männer, die in den Puff gehen? Sex? Nähe? Bestätigung? «Rolf,
jetzt sag doch auch mal was», maule ich meinen geliebten
Golf an. Rolf klappert ein bisschen. Er weiß es wohl auch
nicht.

Wir parken vor dem Club, ich lehne mich an die warme Motorhaube und rauche eine Zigarette. Pitt schlurft über den
Hof auf mich zu. Er schiebt seine löchrige Schirmkappe
in den Nacken. «Fannylein», sagt er. «Was wird denn das
hier? So eine bist du doch nicht?» Ich wische etwas Asche
von meinem Ärmel und schüttle den Kopf. «Nein, nein»,
sage ich. «Ich mache heute die Bar. Ich nehme nur Geld
für Bier. Das ist okay.» Pitt wiegt seinen Kopf hin und her.
«Oder?», hake ich nach. «Sagen wir so, Fannylein: Es hilft
nicht dabei, an die große Liebe zu glauben.» Ich winke ab.
Liebe finde ich ja gerade sowieso scheiße. Und ein bisschen neugierig bin ich auch. Hinter der Bar habe ich die
perfekte Perspektive, um einen Blick auf die fremde Welt
des Rotlichts zu werfen. Vielleicht lerne ich sogar was über
Männer. Oder Liebe. Wer weiß.

Ich plaudere noch ein bisschen mit Pitt über rostige Aus-
puffe im Allgemeinen und Anlasser im Speziellen, dann
stapfe ich die drei Stufen zum Club nach oben. Rosi öffnet
mir persönlich die Tür und haucht mir zwei Küsschen
auf die Wangen. Sie trägt ein lilafarbenes Samtkleid und
Pfauenfedern in den Haaren. «Fanny!», ruft sie, und ihre
Stimme klingt wie Rolfs Auspuff an richtig schlechten Ta-

gen. «Komm, wir müssen noch ein paar Pornos einlegen, bevor es losgeht!» Sie drückt mir einen Stapel DVDs in die Hand. «Mach mal eine schöne Mischung aus Fetisch, Lesben und Klassikern.» Pflichtbewusst lese ich das erste DVD-Cover. «Pimmel über Berlin»? Ratlos drehe ich die DVD in meinen Händen. Viele Fotos. Von vielen großen Penissen. Das muss ein Klassiker sein, entscheide ich. «Fick und Fotzi» klingt fast ein bisschen niedlich. Mit «KeinOhr-Blasen» dagegen kann ich gar nichts anfangen. Spielt da ein Til-Schweiger-Double mit? Ist es schon Fetisch, wenn man auf Til Schweiger steht? Ich zucke die Achseln und verteile nach bestem Wissen und Gewissen den gesamten Stapel DVDs auf die Player im Club.

Die ersten beiden Frauen trudeln ein und verschwinden sofort durch eine Tür, hinter der eine Treppe in den Keller führt. Rosi drückt mir einen Korb Handtücher und Bademäntel in den Arm. «Unten stehen Waschmaschinen und Trockner. Bitte einmal alles waschen. Und kipp so viel Hygienespüler rein, wie es geht.» Die Handtücher sind feucht und müffeln. Auf einem der Bademäntel sind undefinierbare dunkle Spuren. Mit spitzen Fingern trage ich den Korb die Treppen runter. Im Keller finde ich die Waschküche und stopfe den Wäscheberg in eine der Maschinen. Danach fühle ich mich so eklig, dass ich mich von oben bis unten mit einer Flasche Hygienespray einsprühe, die ich im Regal finde. Jetzt rieche ich wie ein Klostein. Ich muss unbedingt daran denken, mir beim nächsten Mal Handschuhe mitzubringen. Hinter einer anderen Tür höre ich fröhliches Frauenkichern. Vorsichtig klopfe ich und öffne die Tür. In dem fensterlosen Raum stehen drei Hochbetten und ein großer Schminktisch, überall liegen

Klamotten und Schminkzeug. Es sieht aus wie in einem Jugendherbergszimmer während der Klassenfahrt einer Mädchenschule. Auf einem der unteren Betten sitzen die beiden Frauen von eben in Unterwäsche und trinken Sekt. Die eine hat lange blonde Haare und milchweiße Haut, die andere eine dunklere Hautfarbe und einen wilden Lockenkopf. Sie mustern mich irritiert. «Ähm. Hallo. Entschuldigung. Ich bin Fanny, die neue Barfrau», sage ich und komme mir vor wie ein Waschbär neben zwei Giraffen. Die beiden Frauen sind wirklich sehr feingliedrig und grazil. Wenn ich so lange schlanke Beine hätte, würde ich für den Rest meines Lebens keine Hose mehr tragen. Die Blonde streicht sich die Haare aus dem Gesicht und streckt mir eine zarte Hand entgegen: «Hi. Ich bin Mini.» Sie zeigt auf die andere: «Und das ist meine Kollegin Maxi.» Ich nicke artig. «Süße Namen», sage ich. Die Dunkelhäutige nippt an ihrem Sekt und grinst. «Ja, süß», sagt sie mit südamerikanischem Akzent. «Hat aber nixe zu tun mit Größe von Mumu. Die sind natürlich beide mini.» Ich muss lachen. «Natürlich», sage ich. «Dann sehen wir uns gleich an der Bar.» Auf der Treppe begegne ich Palina. Sie redet lautstark in ihr Handy und nickt mir nur kurz zu.

Oben sitzt Rosi an der Bar und raucht einen Zigarillo. Um sie herum wabert eine stinkende, bläuliche Wolke. Sie winkt mich heran. «Aufgepasst, Mädchen. Es läuft hier so: Die Männer klingeln, geben an der Rezeption ihren Ausweis ab und kriegen dafür Handtücher, einen Bademantel und Badeschlappen. Sie ziehen sich dahinten in der Umkleide um und kommen dann meistens zuerst an die Bar, trinken was und gucken sich die Frauen an.» Ich nicke eifrig. «Darf ich denn auch die Tür aufmachen, wenn es klingelt?» «Klar», sagt Rosi. «Mach immer auf, wenn du mich nicht siehst oder ich beschäftigt bin.» Sie hebt den Zeigefinger. «Guck aber vorher genau auf den Bildschirm der Überwachungskamera! Wenn da Leute in Uniform stehen, eine Gruppe von mehr als vier Männern oder Prominente, dann sag mir Bescheid. NICHT aufmachen.» Sie guckt mich streng an. «Was denn für Prominente?», frage ich neugierig. Rosi macht eine abwehrende Handbewegung. «Wirst du schon sehen», sagt sie und stößt eine gewaltige Rauchwolke aus. Ich unterdrücke ein Husten und beschließe, mich erst mal um die Bar zu kümmern. Es gibt so Handgriffe, die sind in jeder Bar gleich: Tresen abwischen. Getränkeschubladen auffüllen. Knabbereien in kleine Schälchen füllen. Zapfanlage prüfen. Dann studiere ich den CD-Stapel neben der Musikanlage. «Kuschelrock 5» liegt ganz oben. Kopfschüttelnd lege ich die erste CD ein. «It must have been love» plärrt Roxette. Ja gut, warum nicht. Rosi sitzt immer noch an der Bar und zündet sich einen weiteren Zigarillo an. Es riecht, wie ich mir den Großbrand in einer Müllkippe vorstelle. Angewidert versuche ich an ihrer Rauchwolke vorbei zu atmen.

Rosi erklärt mir, wie es im Club mit der Bezahlung geregelt ist. Kunden müssen an der Kasse pauschal 80 Euro Eintritt bezahlen. Mit den Frauen rechnen sie individuell ab. Die Mädchen haben nämlich alle ein eigenes Gewerbe angemeldet und können ihre Leistungen und Preise selbst festlegen. Auch sie müssen Eintritt zahlen: 40 Euro für einen Abend. «Und gibt es bei euch nicht so was wie Security? Falls mal was ist?» Ich wedele ein bisschen mit der Hand, um mir saubere Luft zuzufächeln. Rosi schüttelt den Kopf. «Das hab ich schon immer ganz gut alleine hingekriegt.

Außerdem geben die Männer ihre Ausweise ab. Die müssen sich also einigermaßen benehmen.» Sie nimmt noch einen tiefen Zug von ihrem Zigarillo. «Bezahlt wird übrigens nur in bar», sagt sie. «Deshalb habe ich Bademäntel mit extra großen Taschen besorgt.» Sie lacht schallend. Es klingt, als würde man einen Sack mit rostigem Schrott schütteln. Ich glaube, ich mag Rosi.

Es ist inzwischen kurz nach 21 Uhr, und insgesamt sind jetzt acht Frauen im Club. Sie tragen Korsagen und Strümpfe, Hot Pants und Stiefel, winzige Kleidchen und üppigen Schmuck. Mini und Maxi, zwei Blondinen, zwei Brünette, eine Asiatin und Palina. «Na, aufgeregt?», fragt sie mich. Ich nicke heftig. «Komm, Püppi, wir trinken ein Sektchen», sagt sie und lacht mich an. Ich schenke uns zwei Gläser ein. «Du musst noch die Gummis an die Bar stellen», sagt sie und zeigt auf eine Schranktür hinter mir. Ich finde eine Holzschale, randvoll mit Kondomen. Auf der oberen Regalablage entdecke ich außerdem ein paar Schachteln mit Pillen. «Drogen?», frage ich Palina. «Natürlich nicht!» Ich drehe mich zu ihr um und setze meinen strengen Blick auf. «Wir sind doch nicht doof und haben hier Drogen im Schrank liegen!», wehrt sie ab und erklärt mir, dass es – wie es sich für einen guten Puff gehören würde – Viagra und Schmerztabletten gäbe. «Und Schlummerpillen», sagt sie. «Das sind die rosafarbenen. Manchmal brauchen die Mädchen eine, bevor sie schlafen gehen. Die sind zwar rezeptpflichtig, aber Rosi bringt regelmäßig welche mit. Helfen super. Wenn man sie mit Alkohol runterspült, bist du in ein paar Minuten weg.» Als ich die Schale auf die Theke stellen will, stolpere ich, und ein paar Kondome fallen auf den Boden. Palina bückt sich. «Aaaah», ruft sie und legt die heruntergefallenen Gummis wieder auf die Theke. «Mit Erdbeergeschmack! Das sind die besten!»

«Ach so?», ich schaue sie fragend an. «Klar ey! Probier mal!» Begeistert fummelt Palina an der Verpackung rum. Ich ziehe meine Augenbrauen hoch. Was wird das? Soll ich das Kondom jetzt in meinen Sekt werfen, oder was? Zum Glück wird sie durch die Türklingel unterbrochen. Der erste Gast? Ich starre gespannt auf den dicken roten Samtvorhang, der den Eingangs- vom Clubbereich trennt. Tatsächlich. Ein Mann Mitte 30 mit dunkelblonden Locken, grünem Wollschal und Lederjacke betritt den Raum. Er sieht gut aus. Ich verfolge jede seiner Bewegungen. Lächelnd nickt er mir zu und verschwindet mit dem Bademantel unterm Arm Richtung Umkleide. Ich kippe den lauwarmen Sekt mit einem großen Schluck runter. «Wie aufregend», flüstere ich Palina zu. Sie wirft den Kopf in den Nacken und lacht. «Schön, dass du da bist, Fanny», sagt sie. «In unserer kleinen roten Welt.» Ich lächele zurück. «Was genau meinst du eigentlich damit? Das hast du beim ersten Mal auch schon gesagt.» «Ach, ich nenne das bloß immer so, weil es ja auch Rotlichtmilieu heißt. Zum Geld, das man hier verdient, sage ich das rote Geld.» Aha. Habe ich noch nie gehört. «Merke dir, Püppi: Das rote Geld ist wie Heroin – es macht sofort süchtig.» Ich nicke. Keine Ahnung, was sie genau meint, aber ich merke es mir. Palina steht auf. «Bis später», sagt sie und geht zu den anderen Frauen auf das lilafarbene Sofa.

Es dauert nicht lange, bis der Gelockte – jetzt im Bademantel – wieder auftaucht. Zielsicher kommt er zur Bar und setzt sich auf einen Hocker. «Ein Bier und einen Blowjob, bitte», sagt er. Ich verschlucke mich vor Aufregung: «Haha, öhöhö, hrrgs», huste ich. Ich brauche ein paar Sekunden, um mich zu fangen. Blondlocke mustert mich amüsiert. Er hat ein Grübchen in der Wange, wenn er lächelt. «Ich habe Helles oder Pils», sage ich schließlich und mache ein professionelles Gesicht. Zumindest hoffe ich das. «Und wegen, äh, der anderen Sache ... Das ist gar nicht mein ... äh, Kompetenzbereich.» Ich traue mich nicht, ihn direkt anzugucken. Jetzt lacht der Blonde richtig. In seinen Grübchen könnte man einen Bierkasten versenken, so tief sind die. «War ein Spaß, verehrte Bardame. Ich weiß, wie es hier läuft. Ein Augustiner, bitte. Ich bin Tobi.» Schweigend stelle ich ihm das Bier auf die Theke und leere den Aschenbecher. Frau muss ja beschäftigt wirken. Irgendwie habe ich nicht damit gerechnet, dass hier ein hübscher Typ mit Manieren und Humor auftaucht. Warum geht der nicht einfach im Glockenbach in eine Kneipe und lädt ein süßes Hipstermädchen auf ein Glas Wein ein?

«Du bist neu, oder?», fragt Tobi. Ich nicke. «Ja. Erste Schicht heute. Ich bin Fanny.» Tobi nippt an seinem Bier. «Und du ... bist öfter hier?» Ich bemühe mich um einen unverbindlichen Plauderton. Er nickt. «Als ich frisch nach München gezogen bin, hat mich mal ein Kumpel mitgenommen», sagt er. «Seitdem komme ich regelmäßig her.» Er mustert mich und bleibt an meinem T-Shirt hängen. «Und du magst Pink Floyd?», fragt er. Ich nicke wieder. «Natürlich! Welchen Grund könnte es geben, Pink Floyd nicht zu mögen?!» Tobi lacht. «Keine Ahnung. Vielleicht, wenn man eher auf Schlager steht?» Ich schüttele energisch den Kopf. «Gute Musik ist gute Musik», sage ich.

«Und Pink Floyd funktioniert immer. So wie alle guten Dingen eigentlich immer funktionieren.» Tobi lächelt wieder sein Bierkastengrübchen-Lächeln. «Eine weise Frau», sagt er schmunzelnd und zündet sich eine Zigarette an. Ich mache das, was weise Barfrauen eben so machen, wenn sie beschäftigt wirken wollen, und poliere ein paar Gläser. Unauffällig werfe ich Blicke in seine Richtung. Wenn man den Bademantel ignoriert, könnte er ein ganz normaler Gast in einer ganz normalen Bar sein. Na ja, und wenn man sich den Porno wegdenkt, den Tobi gerade interessiert verfolgt. «Was machst du eigentlich sonst so?», frage ich in einer kurze Bumspause. Tobi wendet sich bereitwillig vom Bildschirm ab und erzählt, dass er als Projektmanager in einer Eventagentur arbeitet. Am Wochenende feiert er gerne im Elektroclub «Rote Sonne». Im Winter fährt er Snowboard, im Sommer Mountainbike, im Herbst geht er jeden Tag auf die Wiesn. Diese Eckdaten passen in etwa auf jeden zweiten Münchner aus meinem Bekanntenkreis. Tobi prostet mir noch mal zu, dann lehnt er sich entspannt zurück und betrachtet die Frauen auf dem XXL-Sofa. Sein Blick bleibt an Maxi hängen. Er hebt die Hand und winkt ihr ganz leicht zu. Maxi steht sofort auf. Mit eleganten Bewegungen stolziert sie durch den Raum, streicht sich durch die Haare, lächelt. Ich bin mindestens so beeindruckt wie Tobi. Sie gibt ihm zwei Küsschen auf die Wange. Ein Hauch Vanille weht über den Tresen. «Möchtest du etwas trinken, Süße?», fragt Tobi. «Champagner, bitte», sagt Maxi und setzt sich neben ihn, ihr nacktes Bein berührt seines. Ich suche die richtige Kühlschublade und ziehe eine Flasche Moët & Chandon heraus. «Ist der recht?», frage ich und schaue die beiden an. Maxi wirft mir unter schweren

Augenlidern einen Schlafzimmerblick über die Theke und nickt. Tobi sagt nichts. Eventuell hat er gar nicht zugehört. Würde ich vermutlich auch nicht, wenn eine Hand auf meinem Oberschenkel nach oben wandern würde. Ich öffne den Champagner, stelle die Flasche in einen Eiskübel, suche zwei Gläser und stelle alles auf die Theke. Maxi leckt bereits an Tobis Hals. Es klingelt, und ich sehe Rosi nach vorne laufen. Wenig später schieben sich drei Männer auf einmal durch den samtroten Vorhang in den Club. Sie sind Ende 40, Anfang 50, tragen Anzüge und sind sehr schick. Sie lachen, reden laut durcheinander und knuffen sich in die Seite, als sie Richtung Umkleide verschwinden. Rosi kommt aus dem Kassenraum und winkt mich heran. «Immer schön Champagner verkaufen», raunt sie mir zu. «Die Mädels kriegen auf jede Flasche Provision. Und hol gleich die Bademäntel aus der Maschine und wirf sie in den Trockner.» Ich nicke. Dann frage ich Rosi noch schnell, ob es WLAN im Lollipop gibt, der Empfang hier ist lausig. «Klar», sagt sie. «Eierless-Lan – Passwort: Ficken5000.» Ich muss grinsen und gehe zurück zur Bar. Tobi und Maxi fummeln bereits aneinander herum. «Komm, wir machen es uns irgendwo gemütlich», flüstert er ihr ins Ohr. Maxi nimmt die Hand aus seinem Bademantel und steht auf. «Gerne», haucht sie. Tobi legt mir 100 Euro auf die Theke. «Stimmt so.» Ich strahle ihn an. Für so viel Trinkgeld müsste ich im Frühstückscafé drei Stunden arbeiten. Die beiden verschwinden im Clubinneren, ich stecke – immer noch begeistert – das Geld in meine Gürteltasche. So kann der Abend weitergehen.

In der Flasche ist noch ein guter Rest Champagner. Ich überlege gerade, was ich damit machen soll, als zwei von den Blondinen an der Bar auftauchen. «Hallo, du bist die Neue, ja?», fragt die Kleinere von den beiden. «Ja, ich bin Fanny», sage ich. «Hi, ich bin Polly», sagt die Kleine und zeigt auf sich, «und das ist Amy.» Polly trägt ein rotes Negligé und zarte Pumps, Amy steckt in einer schwarzen Korsage aus Leder und glänzenden Lackstiefeln. «Wollen wir nicht zusammen mit dem restlichen Champagner anstoßen?», fragt Amy. Unsicher schaue ich zwischen den Mädels und der Flasche hin und her. «Geht das denn?», frage ich zögernd. «Die kommen ja irgendwann zurück, und wenn die dann noch etwas trinken wollen ...?» «Das wird nicht passieren», sagt Polly. «Wenn die Männer fertig sind, gehen sie sofort nach Hause. Die wollen dann nichts mehr trinken.» «Sicher?», frage ich. «Sicher!», sagen Amy und Polly unisono. Na gut. Ich hole drei Gläser. «Kennt ihr den Typen, mit dem Maxi gerade aufs Zimmer gegangen ist?», frage ich. «Schon ewig», sagt Amy. «Der ist ganz lieb. Kommt einmal im Monat. Ist so einer, der viel reden will.» Ich nicke: «Und, äh, warum kommt der so oft hierher?» Amy und Polly lachen. «Du bist ja niedlich», sagt Polly und trinkt einen Schluck. Sie spricht mit leicht osteuropäischem Einschlag. Ich verdrehe die Augen. «Jaja, schon klar», sage ich. «Er will Sex. Mich wundert nur, dass ein Mann wie der hierherkommt. Tobi wirkt so normal.» Polly schmunzelt. Amy dagegen kneift ihre Augen zusammen. Ihr Lächeln ist verschwunden. «Was soll das heißen?», fragt sie. «Meinst du, wir sind nur gut genug für Asis, oder was?» Ich kratze mich am Kinn. Das wollte ich so gar nicht sagen. Schnell schenke ich Amy den letzten Schluck Champagner ein. «Nein, tut mir leid», sage ich. «Ich wollte nicht ... Eigentlich meinte ich bloß ... Ich war nur überrascht.» Amy wendet sich ab. «Ach Scheiße, was ist schon normal?», sage ich schließlich und fülle drei Stamperl mit Wodka. «Geht auf mich», sage ich und schaue sie bittend an. Nach kurzem Zögern greift Amy zu. Gott sei Dank. Wir heben die Gläser. Wenn das so weitergeht, kann ich später auf keinen Fall mehr Auto fahren.

Die beiden verziehen sich wieder auf das Sofa, und ich kümmere mich im Keller um die Wäsche. Als ich wieder nach oben komme, sitzen bereits die drei Anzugtypen am Tresen. Sie bestellen Bier, Whisky und eine Runde Schnaps. Rosi kommt aus ihrem Arbeitszimmer und setzt sich für einen Zigarillo an den Rand der Bar. Ich habe alle Hände voll zu tun, um die Typen mit ihren Getränken zu versorgen. Aus den Augenwinkeln mustere ich sie. Wie entscheidend doch die Abwesenheit eines Bademantels für die Würde eines Mannes ist. Die schicken Anzugmänner sehen plötzlich allesamt aus, als kämen sie gerade vom Seniorenschwimmen. Ein Blonder mit kindlichen Gesichtszügen und buschigen Augenbrauen bittet mich um Streichhölzer, sein Blick fällt auf den Flatscreen über der Bar. «Ah», sagt er, «Pimmel über Berlin. Ein Klassiker.» Ich nicke lässig: «Jaja, wir haben hier eine gute Mischung aus Klassikern, Fetisch und Lesben.» Rosi lacht in sich hinein und wirft mir einen amüsierten Blick zu. Sie scheint zufrieden mit mir zu sein. Sie nickt mir noch mal zu, dann verschwindet sie wieder Richtung Büro. Der Typ mit dem Whisky dreht sich zu mir und schnippt mit den Fingern. Er scheint der Älteste in der Runde zu sein. Graue Schläfen, tiefe Furchen im fahlen Gesicht, die Zähne sind gelblich verfärbt. Er sieht nach Jahrzehnten mit zu viel Arbeit, zu wenig Schlaf und zu viel Alkohol aus. «Mach gleich noch eine Runde, Kleines. Geht auf mich. Wir haben was zu feiern.» Schnippschnipp. Grimmig gieße ich eine neue Runde ein. Schnipsende Gäste stehen bei Kellnern auf der Arschloch-Liste ganz weit oben. «Kleines» finde ich persönlich auch schwierig. Das darf höchstens Humphrey Bogart sagen. Und das auch nur, wenn er einen Hut trägt.

Ein paar Minuten später sind der kleine Blonde und der dicke Dunkelhaarige verschwunden. Sie sind mit einer Flasche Champagner und vier Gläsern zum großen Sofa gegangen und prosten sich bereits mit Amy und der Asiatin zu. Momo heißt sie. Nur Mister Schnippschnipp sitzt noch an der Bar. «Was gibt es denn eigentlich zu feiern?», frage ich. Er nimmt einen tiefen Schluck Whisky und lehnt sich zurück. «Unsere Abteilung hat einen großen Kunden an Land gezogen. Da kann man es sich mal gutgehen lassen!» Er grinst. Sein Ehering blitzt kurz auf, als er das Whiskyglas abstellt. Ein Betriebsausflug ins Bordell also. Ob bei denen keine Frauen arbeiten? Oder haben die einfach was Süßes bekommen? Puffreis vielleicht.

Die Kuschelrock liegt in ihren letzten Liedern. «Tonight, I celebrate my love» schmachtet Peabo Bryson. Es könnte fast romantisch sein. Wenn nicht dieser Trottel mit seinem Whisky wäre. «Komm, Kleines, spiel mal was Flottes», sagt der zu mir. «Hier, wie heißt der DJ, David Dings, äh, Gätta? Haste den? Das hören doch die jungen Leute heute so!» Ich verdrehe innerlich die Augen. Wenn ich etwas noch weniger leiden kann als schlechtes Benehmen, dann ist es schlechter Musikgeschmack. Ich krame im CD-Stapel. Warum gibt es eigentlich keinen Sampler mit dem Titel «Musik, die junge Leute heute so hören»? Das wäre doch für alle eine prima Lösung: Wir hätten unsere Ruhe bei

Spotify und iTunes, und die Plattenindustrie würde von alten Leuten angekurbelt, die nicht einsehen wollen, dass sie alt sind. Ich notiere mir den Gedanken im Hinterkopf als Millionen-Dollar-Geschäftsidee und lege einen trashigen Partysampler von 2012 auf. «Mega Hitz für Megahitze». Strafe muss sein.

Whisky-Man hat Augenkontakt mit Palina aufgenommen, die an einer Palme vor dem Sofa steht und raucht. Er winkt sie zu sich. Für mich ist sie immer noch die schönste der Frauen. Sie trägt silberfarbene, schlicht geschnittene Unterwäsche, darüber einen federleichten Kimono, ihre Haare leuchten wie ein Glas Rotwein bei Kerzenlicht. Zwischen ihren Brüsten baumelt ein Totenkopfanhänger. «Da ist ja mein Prachtstück», sagt er zufrieden, als sie zur Bar kommt. «Heute gehörst du nur mir.» Er gibt Palina einen kräftigen Klaps auf den Po. Elegant stellt sich Palina neben ihn und nimmt sich, ohne zu fragen, eine Zigarette aus seiner Schachtel. Genüsslich bläst sie einen Rauchring und dreht sich zu ihm um. «Hi. Ich heiße Palina, und ich gehöre niemandem», sagt sie freundlich. Schnipsi legt den Kopf in den Nacken und lacht. Seine Zähne glänzen gelb im Barlicht. «Na so was, du kleines freches Ding. Dann tu, was ich sage, und trink was mit mir.» Er haut Palina noch mal auf den Po, deutlich fester diesmal. «Champagner, Fanny», sagt Palina in meine Richtung. Missmutig ziehe ich die Kühlschublade auf. Es gefällt mir nicht, dass Palina ausgerechnet den schmierigen Businesskasper mit schlechtem Musikgeschmack erwischt hat. Vielleicht habe ich auch einfach zu oft «Pretty Woman» geguckt. Rosi kommt noch mal an der Bar vorbei und bittet mich, dem Blonden und Amy hinterherzugehen, die es sich inzwischen auf der

Liegewiese bequem gemacht haben. Ich soll ihren Champagner in Einweggläser umfüllen. «Hier dürfen auf keinen Fall irgendwo Scherben rumliegen», sagt sie. «Und auch sonst haben wir sehr schlechte Erfahrungen damit gemacht, wenn Flaschen und Gläser mitgenommen werden.» «Was heißt das?», frage ich. «Ach», Rosi winkt ab. «Stell dir einen betrunkenen Mann vor, der auf Arschsachen steht. Und jetzt stellst du dir noch eine leere Flasche Champagner und die Wirkung eines Vakuums vor.» Rosi lacht auf ihre rostige Rosi-Art. «Da passieren die schlimmsten Unfälle, sag ich dir.» Ich schlucke und versuche verzweifelt, mir all diese Sachen NICHT vorzustellen. Wer möchte schon Szenen im Kopf, in denen die Worte Arsch, Flasche und Unfall eine Rolle spielen.

Als ich zurück zur Bar komme, tanzt Palina gerade einen Lapdance zu «Turn me on» von David Guetta. Ich ärgere mich, dass ich das Lied sofort erkenne, und zünde mir eine Zigarette an. Palina unterbricht kurz ihren Tanz, um einen Schluck zu trinken. «Ey!», ruft der Businesskasper. «Nicht aufhören! Na los! Tanz!» Er schnippt auffordernd mit den Fingern. Palina wirft mit einem Ruck ihre rote Mähne in den Nacken und sieht ihn an. In ihrem Blick liegt Verachtung. «Ich bin doch kein dressiertes Äffchen», sagt sie. «Hör auf zu schnipsen, das ist respektlos.» Der Typ rollt genervt mit den Augen. «Dann klatsche ich eben», sagt er, hebt die Hände und klatscht zweimal auffordernd Richtung Palina. «Tanz!», ruft er. Sie reagiert nicht. «Na los doch. Ich bezahle gutes Geld. Tanz!» Er klatscht wieder. Palina knallt ihr Champagnerglas so heftig auf den Tresen, dass es spritzt. Sie wickelt ihren Kimono um sich und starrt ihn mit vor Wut funkelnden Augen an. Ich halte die Luft an. Das eskaliert gleich, und ich habe keine Ahnung, was ich tun soll. Zum Glück kommt Rosi gerade aus ihrem Arbeitszimmer und läuft eilig zu uns rüber. Sie hat die angespannte Stimmung sofort erfasst. «Na, na, na», poltert sie. «Kommt, Kinder, alles mit der Ruhe. Ich spendiere eine Runde aufs Haus.» Ich verteile drei Gläser Wodka auf Eis. Whisky-Man ist inzwischen ziemlich betrunken, ich bin auf Apfelschorle umgestiegen. Rosi legt Palina eine Hand auf den Arm, sie kippt den Wodka runter und dreht sich um. «Ich gehe jetzt», murmelt sie. Whisky-Man springt auf. Er schwankt so heftig, dass er sich mit einer Hand an der Bar festhalten muss. Er schnippt Palina hinterher. «Hopp», sagt er. «Hopp, mein Äffchen.» Palina dreht sich um. «Verpiss dich, Arschloch», faucht sie. «So viel Geld kannst du gar nicht haben, um mich so zu behandeln.» Mit diesen Worten wendet sie sich endgültig ab und stöckelt auf ihren hohen silbernen Absätzen davon. Whisky-Man flucht. Das Lollipop sei der beschissenste Laden, den er jemals besucht habe. «Und den scheiß Schampus zahle ich schon mal gar nicht», lallt er und schlägt mit der Hand auf die Bar. Rosi zuckt zusammen. Ich betrachte den schwankenden Mann, dessen Gesicht inzwischen hochrot angelaufen ist. Er stößt auf und lallt wütend in Rosis Richtung: «Sieh zu, dass du mir dieses kleine Miststück zurückholst!» Er hält sich immer noch mit einer Hand am Tresen fest. «Du willst das doch auch», ruft er Palina hinterher und schnappt sich den Wodka, den Rosi nicht ausgetrunken hat. Er leert ihn mit einem großen Zug. Ich kenne Palina zwar noch nicht besonders gut, nehme aber an, dass sie den Abend lieber in einem Affenkäfig verbringen würde als mit ihm. Ich kippe einen Schluck Wodka in meine Apfelschorle und trinke auch erst mal einen Schluck. «Du willst das doch auch», hat er gesagt. Diesen Satz habe ich schon mal gehört. Nach einer feuchtfröhlichen Kneipennacht, an einem lauen Frühlingsmorgen, in einer Hofeinfahrt. Betrunken habe ich versucht, die feuchten Hände von mir fernzuhalten, die plötzlich überall zu sein schienen. Nein, ich wollte das nicht! Ich weiß noch, wie hilflos ich mich gefühlt habe. Wer weiß, was passiert wäre, wenn in diesem Moment nicht die Briefträgerin vorbeigekommen wäre. Wut kriecht in mir hoch. Mein Blick fällt auf den Schrank mit den Kondomen. Plötzlich habe ich eine Idee. Wenn es funktioniert, wird Gelbzahn heute keiner Frau mehr sagen, was sie will. Nicht, dass ich glaube, dass Palina beschützt werden muss. Aber Typen, die solche Sätze sagen, verdienen einen Denkzettel. «Hey, hör mal», sage ich und versuche freundlich und verheißungsvoll zu klingen. Mein Herz hämmert so heftig gegen meine Brust, als würde es versuchen, den Beat von David Guetta mitzuklopfen. «Wie wäre es denn, wenn ich einen ganz besonderen Rotwein für dich öffne?» Er kneift die Augen zusammen. «Den hat uns ein hochrangiger bayerischer Politiker als Dankeschön dagelassen.» Im Hintergrund sehe ich, wie sich Palina aufs Sofa setzt und eine Zigarette anzündet. Schnippi starrt schon wieder zu ihr rüber. «Den Wein hat der Minister aus seinem Weinkeller mitgebracht, ein Château Le Wix, Jahrgang 1961», fabuliere ich munter drauflos. Rosi guckt mich entgeistert an. «Trink ein Glas, dann hole ich dir Palina. Auf mich hört sie. Sie wird alles tun, was du willst.» «Ach ja?», Whisky-Man hebt mühsam den Kopf. Der ist wirklich total besoffen. «Jaja», nicke ich und entkorke im Schutz der Theke einen Dornfelder, den ich schon mal bei REWE gesehen habe. Dann schmeiße ich zwei Schlummertabletten in das Rotweinglas, rühre kräftig um und stelle es auf den Tresen. Mein Herz hat den Beat längst überholt, meine Hände zittern. Rosi verfolgt meine Aktion mit hochgezogenen Augenbrauen. «Das ist nicht nötig, Fanny. Ich hoffe, du weißt, was du tust?», raunt sie mir zu. Ich muss fast lachen. Ich habe keine Ahnung, was ich hier tue. Ich weiß nur, dass ich dem widerlichen Bumsonkel unbedingt eins auswischen will. «Unwossjetztmeinkleines Tanzäffchen?», lallt er. «Kommt sofort», sage ich freundlich. «Erst austrinken.»

Keine zehn Minuten später liegt Whisky-Man mit dem Kopf auf der Theke und schläft. Etwas Speichel läuft aus seinem geöffneten Mund, beim Ausatmen röchelt er. Der Bademantel steht offen. und seine Eheringhand umklammert aus unerfindlichen Gründen seinen schlaffen Penis. Ein Bild, das mindestens so absurd wie traurig ist. Ich überlege gerade, wie ich möglichst unauffällig ein Foto davon machen könnte, als Tobi und Maxi zurückkommen. Tobi verabschiedet sich herzlich von Maxi, gibt ihr zwei kleine Küsschen und zwinkert in meine Richtung: «Die guten Dinge sind einfach immer gut», sagt er. Dann verschwindet er Richtung Umkleide. Rosi steckt sich einen ihrer Zigarillos an, betrachtet das sabbernde Häufchen Elend mit einem leisen Lächeln und nickt mir zu. «Das war zwar völlig übertrieben, aber Talent hast du», sagt sie. «Aus dir mache ich die beste Bardame, die ein Münchner Puff je gesehen hat.»

Russenpeitsche Palina und ich sitzen an der Bar und trinken ein Sektchen. Es ist meine vierte Schicht im Lollipop, ich habe eine CD mit den größten Soulsongs aller Zeiten aufgelegt und Palina alles über meine Affäre mit Maik erzählt. Ich brauche mal eine andere Gesprächspartnerin als Lucy, die Maik nicht besonders gut leiden kann. Von Palina dagegen erhoffe ich mir mehr Verständnis. Fremdgehende Familienväter machen immerhin einen großen Teil ihrer Kundschaft aus. Vielleicht hat sie sogar einen guten Rat für mich. «Hier, das ist er», sage ich und öffne ein Foto auf meinem Handy. Ich finde, Maik sieht wirklich sehr gut darauf aus. Er sitzt in Jeans und Unterhemd auf dem Fußboden vor meinem Bett und lacht direkt in die Kamera. Palina hält sich das Display dicht vor die Augen und runzelt die Stirn. Dann legt sie das Handy wieder auf die Theke. «Und?», frage ich. Palina zündet sich eine Zigarette an. «Ich glaube, das ist kein guter Mann», sagt sie. Ich runzle die Stirn. «Hä? Und das siehst du an einem Foto?» Sie nickt. «Vertrau mir. Ich habe eine gute Menschenkenntnis. Ich kenne Typen wie den da. Lass die Finger von dem.» Ich schüttle den Kopf. «So ein Unfug», sage ich. «Maik ist ein toller Mann.» Jedenfalls, wenn er mir nicht gerade Zwinkersmileys schickt. Oder von seiner Frau spricht. Oder mich versetzt. Aber ganz objektiv gesehen ist Maik ein liebevoller, intelligenter und humorvoller Mann. Die Umstände sind halt schwierig. Palina schweigt und starrt auf ihre Zigarette. Ich stehe auf und fülle mit lautem Gerumpel die Getränkeschubladen hinter der Bar auf. Vielleicht war es doch eine schlechte Idee, mit Palina über mein Liebesleben zu sprechen.

Ich erinnere mich noch genau an diesen Tag vor ein paar Wochen. Maik stand spontan vor meiner Tür, er hatte Blumen für mich dabei. Es war ein sonniger Sonntagvormittag, und ich saß mit Tränen in den Augen über meinen Abrechnungen. Das Wochenende hatte ich in einem Iglu-Hotel auf der Zugspitze verbracht. Die Morgenpost wünschte sich eine lange Reportage über die Romantik im ewigen Eis. Bloß dass ich zwischen lauter verliebten Paaren in Partnerschneejacken die Einzige war, die alleine in ihrem Doppelschlafsack in der bitterkalten Nacht lag. Für die Reportage und drei Tage Arbeit bekam ich nicht mal genug Geld, um meine Nebenkostennachzahlung zu begleichen. Es war zum Verzweifeln. Aber ich will unbedingt das Volontariat bekommen. Also muss ich durchhalten. Irgendwie.

«Ich fühle mich so klein heute», murmelte ich statt einer Begrüßung und legte meinen Kopf an Maiks Brust. Er hob mich hoch, stellte mich auf meinen Schreibtischstuhl, guckte zu mir hoch und sagte: «Für mich bist du so groß!» Ich musste ein bisschen lachen, mir ein paar Tränchen aus den Augen wischen und fühlte mich nicht mehr ganz so trostlos.

Manchmal sagt Maik genau das Richtige. Er arbeitet als Kardiologe in einem Münchner Krankenhaus und lässt sich durch nichts aus der Ruhe bringen. Ich mag es, dass Maik vor nichts im Leben Angst zu haben scheint. Egal, ob es darum geht, jemanden vor einem Herzinfarkt zu retten oder sich heimlich mit mir zu treffen. Mit Maik fühlt sich das Leben an, als könne nichts schiefgehen. Wir haben den halben Tag auf der Matratze in meiner kleinen Dachwohnung gelegen und durch das Fenster in den Himmel geguckt. Kaffee getrunken, geknutscht, Musik gehört. Später, als Maik unter dem Bett seine Socken suchte, machte ich dieses Foto. Weil ich in diesem Moment so glücklich war. Danach musste Maik los. Er hatte versprochen, mit seiner Frau und den drei Söhnen einen Ausflug in den Zoo zu machen.

Gedankenverloren nippe ich an meinem Sekt. Die Luft im Lollipop ist dick und heiß. Wie immer eigentlich, aber heute bekomme ich davon Kopfschmerzen. «A quiet storm», jammert Smokey Robinson, und ich wünschte, es gäbe ein Fenster im Lollipop, durch das ich frische Luft in die dumpfe Hitze lassen könnte.

Palina zerdrückt ihre Zigarette im Aschenbecher. «Weiß Maik eigentlich, dass du hier arbeitest?», fragt sie. Ich schüttle entsetzt den Kopf. «Nein! Natürlich nicht!» Das soll er auch niemals erfahren. Ich fühle mich im direkten Vergleich mit seiner Frau eh immer schlecht. Seine Barbara arbeitet halbtags in einer Tierarztpraxis und kümmert sich den Rest der Zeit hingebungsvoll um Maik und die Kinder. Ich habe sie bei Facebook gestalkt. Sie kocht viel, immer mit Gemüse, und bastelt jeden Monat eine neue Fensterdekoration aus Tonkarton. Manchmal postet sie ein Foto von sich und einem niedlichen Tier mit Gipsfuß. Und hat trotzdem auf jedem Bild ordentlich manikürte Fingernägel. Maik würde seine perfekte Familie doch niemals für eine verlassen, die nur Tomatensuppe mit Reis kochen kann, an den Nägeln kaut und am Wochenende untervögelten Männern in Bademänteln Bier serviert. Das sage ich jetzt aber lieber nicht zu Palina. Sie sieht mich immer noch so komisch an. «Ich verstehe nicht, warum du das nötig hast», sagt sie schließlich. Na super. Jetzt fängt sie genauso an wie Lucy. Da habe ich gar keinen Bock drauf. «Die Frage könnte ich ziemlich genau so zurückgeben», knurre ich ungnädig. Palina dreht sich von mir weg.

Es ist kurz vor halb zehn. Insgesamt acht Frauen warten auf Kundschaft. Da sind Mini und Maxi, die Blondinen Amy und Polly, die Polin Magda mit dem schönen runden Gesicht, die zierlichen Asiatinnen Mia und Momo und Palina natürlich. Nach der vierten Schicht bin ich schon ziemlich routiniert, was meinen Job als Bordell-Barkeeperin angeht. Ich erschrecke mich nicht mehr vor Erektionen, die aus hygienespülergetränkten Bademänteln herausragen. Ich kann mehr Fetischpornotitel aufzählen als romantische Liebeskomödien mit Til Schweiger. Ich habe einen Drink mit Viagrastreuseltopping erfunden, den «Cosmoblowitan». Und ihn immerhin schon zweimal verkauft. Ich bin sehr gut darin, Handtücher in Lichtgeschwindigkeit sauber auf Kante zu falten, und kann mit absoluter Sicherheit sagen, dass Sperma in der Sauna zu den widerlichsten Dingen auf der Welt gehört. «Im Grunde ist das alles Fließbandarbeit», hat Rosi mal zu mir gesagt. «Es geht immer um die vier großen Bs: Bar, Bademantel, Bezahlen, Bumsen. Fertig. Wie in der Fabrik.» Zwischendurch trinke ich mit den Frauen Sekt, wir rauchen und warten auf neue Gäste. Im Grunde sind die Arbeitsabläufe hier so eingespielt wie im Warenrücknahmecenter von IKEA.

Zum ersten Mal an diesem Abend klingelt es. Ich habe inzwischen schon Erfahrung hinter der Rezeption. Man betritt das kleine Kabuff durch eine niedrige Tür, die Front ist aus stabilem Sicherheitsglas. Es gibt einen schmalen Ausgabespalt, durch den mir die Männer ihre Ausweise schieben. In dem winzigen Raum fühle ich mich komplett sicher. Ich mag es, die Männer einmal in Ruhe zu begutachten, bevor sie ihre private Kleidung gegen einen Lollipop-Bademantel eintauschen. Rosi lässt mich machen. Die Sache mit den Schlaftabletten im Rotwein scheint sie irgendwie beeindruckt zu haben. Jedenfalls vertraut sie mir immer mehr Aufgaben an. Verrückt. Was woanders mindestens ein Kündigungsgrund wäre, führt im Lollipop zu mehr Verantwortung. Ich gehe zur Rezeption und starre auf den winzigen Monitor mit den Aufnahmen der Außenkamera. Ein älterer Herr mit Schirmkappe steht vor der Tür. Ich erstarre. Ist das Pitt?! Das darf doch nicht wahr sein! Ich dachte immer, Pitt interessiert sich mehr für die Kurven schöner Autos als für die schöner Frauen. Ich stehe wie versteinert vor dem Bildschirm. Ich kenne Pitt jetzt schon seit zwei Jahren. Er ist so ziemlich der letzte Mann, den ich im Lollipop erwartet hätte. Okay, seine Werkstatt ist direkt nebenan. Aber das ist noch lange kein Grund, hier einfach aufzutauchen! Trotzig verschränke ich die Arme. Ich mache einfach nicht auf. Er tritt ungeduldig von einem Bein aufs andere. Es ist momentan wirklich sehr kalt in München. Nachts wird es bis minus 20 Grad. «Jetzt kommt die Russenpeitsche» titelte der Münchner Blitz. Palina lachte sich kaputt, als ich ihr die Schlagzeile auf meinem Handy zeigte. «Vielleicht sollte ich einen Fetischsalon eröffnen und das als Werbeslogan nehmen», sagte sie. «Palinas harte Russenpeitsche.»

Pitt klingelt ein zweites Mal und guckt direkt in die Kamera. «Nö!», sage ich laut und rühre mich keinen Zentimeter. In diesem Moment kommt Rosi angestürmt und schimpft: «Was ist denn hier los? Machst du wohl dem Pitt auf!?!» Sie drückt auf den Summer. Schmollend verziehe ich mich ins Clubinnere. Weil ich Pitt nicht gleich begegnen will, gehe ich erst mal in den Keller, um Getränke aus dem Lager zu holen und den Trockner anzuschmeißen. Ich lasse mir extra lange Zeit. Es überfordert mich, dass Pitt hier ist. Als ich wieder nach oben komme, sitzt er bereits an der Bar. Er trägt seine schmuddeligen Blaumannhosen und ein rot kariertes Hemd. Wenn Rosi das sieht, rastet sie aus. Hier darf nämlich kein Mann ohne Bademantel rumlaufen. Eiserne Regel. «Die Bademäntel sind die Bums-Uniform», hat sie mal gesagt. Pitt wird sicher gleich eine ordentliche Standpauke bekommen. «Was willst du trinken?», frage ich, ohne zu lächeln. Pitt bestellt Kaffee und Apfelsaftschorle. Ich knalle beides vor ihn hin. Rosi setzt sich zu uns und kramt ihre Müllkippenzigarillos hervor. «Na Rosilein», sagt Pitt und gibt ihr Feuer. «Was macht das Leben?» Rosi stößt eine stinkende Rauchwolke aus. «Es ist zu kalt», sagt sie. «Ist es zu warm oder zu kalt, wollen die Leute weniger Sex! Ich versteh das nicht. Als ich noch jung war, wollte ich immer Sex.» Pitt lacht. «Du alte Quatschtante. Hat dir schon jemand gesagt, dass du heute ganz besonders jung aussiehst?» Rosi schlägt die Augen nieder und versucht mädchenhaft zu kichern. Es klingt, als hätte Darth Vader einen Hustenanfall. Hallo? Wieso koffert sie ihn denn nicht wegen des Blaumanns an? Rosi ist doch sonst so konsequent. Missmutig gucke ich zwischen den beiden hin und her. Palina tippt unbeteiligt auf ihrem Handy. Bin ich die Einzige, die das alles widerlich findet? Die beiden flirten hier rum wie in einer Werbung für Seniorendating, und gleich kauft Pitt sich eine Frau, die seine Enkelin sein könnte. Ich flitsche eine Erdnuss über den Tresen. Sie landet mit einem leisen Plopp auf Pitts Schoß. Er merkt es nicht einmal. Palina grinst mich über ihr Handy hinweg an. «Komm mal her, kleine Grummelpüppi», sagt sie. «Ich massiere dich ein bisschen, dann geht es dir besser.» «Ach nein, alles gut», winke ich ab und wackle demonstrativ mit meinen Schultern. Vermutlich tut es ihr leid, dass sie wegen Maik so blöd reagiert hat. Sie gibt nicht nach. «Na los doch. Ich mache das gut. Komm her!» Ich trotte um die Bar herum und setze mich vor Palina auf einen Hocker. Sie trägt ein winziges Jeansröckchen und einen schwarzen Bralette-BH mit Spitze. Die roten Haare hat sie hochgesteckt, und um den Hals trägt sie eine prollige Gangster-Kette. Sanft fängt Palina an, meine Schultern zu kneten, an meinen Muskeln zu ziehen, mit den Handballen über meine verspannten Stellen zu streichen. «Wow», stöhne ich. «Das hast du aber gelernt, oder?» Palina massiert sich weiter meinen Rücken hinunter. «Ja, hab ich. Das hat sich so ergeben, als ich Günther verlassen habe.» «GÜNTHER?», frage ich verblüfft. Diesen Namen höre ich gerade zum ersten Mal. Palina lacht. «Ja. Der hat eine junge hübsche Frau gesucht. Und ich wollte eine Heimat, die besser ist als Russland.» Ich zünde mir eine Zigarette an. Solche deutschen Günthers kenne ich nur aus TV-Reportagen über Heiratstourismus in Asien. «Wie habt ihr euch kennengelernt?», frage ich. «Ach, es gibt da einschlägige Bars in Russland. Männer aus dem Westen kommen dahin, lernen eine Frau kennen und nehmen sie mit nach Hause.» Palina streicht mir ein paar Haare aus dem Nacken. «Günther hat mir Taschengeld gegeben. Das habe ich ein paar Monate lang gespart, dann bin ich abgehauen.» Ich wölbe meinen Rücken gegen ihre geschickten Hände. «Warum bist du abgehauen?», frage ich. Ich höre sie seufzen. «Ich habe ihn gehasst», sagt sie schließlich. Mit aller Kraft drückt sie mir ihre Fingerknöchel ins Kreuz. Ich ächze. «Und was hast du dann gemacht?» «Als das Geld aufgebraucht war, habe ich in einem Massagestudio angefangen. Bisschen massieren lernt man schnell, dachte ich.» Wie zum Beweis packt sie meine Schultern noch ein bisschen fester. Sie erzählt, wie sie in wenigen Wochen die wichtigsten Handgriffe lernte und dank Charme und kurzen Röcken auch ordentlich Trinkgeld bekam. «Eines Tages kam ein Kunde, der wollte, dass ich ihn ‹weiter unten› anfasse. Ich hab überhaupt nicht kapiert, was der von mir will», sagt sie und lacht. Ich spüre ihren warmen Atem an meinem Rücken. «Ich dachte, der will eine Fußmassage oder so.» Sie kichert. «Ich war ganz schön naiv.» Palina hat sich an meinem unteren Rücken festgeknetet und bohrt ihre Daumen tief in meine Muskeln. «Der Chef vom Studio hat mich beiseitegenommen und gesagt, wenn ich das nicht mache, kann ich gehen.» «Und?», frage ich. «Ich bin gegangen», sagt Palina prompt. «Was für eine Unverschämtheit!» Ich drehe mich zu ihr um. Zwischen ihren Augenbrauen ist eine kleine steile Falte erschienen. «Hübsche Mädchen für

Massagen einstellen, obwohl die eigentlich Sex machen sollen. Dreckskerl!» Palina schnaubt und dreht meinen Kopf ruckartig wieder nach vorne. «Stillhalten!», befiehlt sie. «Wie ging es weiter?», frage ich. Palina knetet noch eine Weile an meinem Rücken rum, dann klaut sie sich eine Zigarette von mir und trinkt einen Schluck Sekt. «Was hätte ich machen sollen? Ich habe keine Arbeitserlaubnis. Ich musste nehmen, was ich kriegen kann.» Sie starrt in ihre Rauchwolke. «Am Anfang hab ich nur angefasst. Bis ich gecheckt habe, dass ich für einen Blowjob das Doppelte nehmen kann. Ein paar Wochen später steckte einer in mir drin, und ich hab die ganze Zeit daran gedacht, was ich alles mit dem Geld machen könnte.» Sie schaut mich an. Die Zornesfalte ist verschwunden. Ich weiß nicht, was ich sagen soll. Eine Kollegin von der Morgenpost meinte neulich zu mir, sie hätte ihren beruflichen Tiefpunkt erreicht. Ihr Vertrag als Redakteurin wurde nicht verlängert, und sie hat einen Job in einer Werbeagentur angenommen. Mit so einer Art Tiefpunkt kann ich umgehen. Dazu kann ich was sagen. So was wie: «Mach dir keine Sorgen, Werbung kann auch Spaß machen.» Aber was soll Palina entgegnen? «Bumsen ist doch auch super?!» Ich trinke einen großen Schluck Sekt.

«Jedenfalls war der Chef vom Studio dann ein paar Monate mein Zuhälter», erzählt Palina weiter. «War richtig scheiße. Zum Glück hat mir eine Bekannte erzählt, dass das Lollipop manchmal auch Mädchen nimmt, die keine Papiere haben.» «Warum hast du denn eigentlich keine Arbeitserlaubnis?» Palina winkt ab. «Kompliziert. Ich habe halt keine. Kriege auch keine.» Sie spitzt die Lippen und bläst einen perfekten kleinen Rauchring über den Tresen.

Schweigend sitzen wir ein paar Momente nebeneinander an der Bar. Ich hänge meinen Gedanken nach. «Wie ist das denn, wenn ein Typ wirklich eklig oder unangenehm ist?», frage ich irgendwann. «Macht dir das nichts aus?» Sie zuckt die Achseln. «Na ja, wenn man nur mit Männern schlafen möchte, die einem richtig gut gefallen, sollte man nicht Nutte werden.» Ich grinse. Palina fährt fort: «Man gewöhnt sich daran. Die meisten Typen wollen ja nur Durchschnittssex und dann noch ein bisschen reden.» Sie drückt ihre Zigarette aus. «Aber wenn eine Frau ernsthaft überlegt, ins Geschäft einzusteigen, sollte sie sich mal in eine lange Supermarktschlange stellen.» Supermarktschlange? Ich schaue sie fragend an. «Nur wenn sie sich vorstellen kann, mit jedem zweiten Typen in der Reihe Sex zu haben, ist sie für den Job geeignet.» Ich versuche mir die Männer in Erinnerung zu rufen, mit denen ich vorhin bei Tengelmann an der Kasse stand. Da war keiner dabei, mit dem ich auch nur einen Kaffee hätte trinken wollen.

Palina schiebt ihr leeres Glas auf dem Tresen hin und her. «Wollen wir noch ein Schlückchen ...?» Ich stehe auf und ächze. Mein Rücken fühlt sich an, als sei er mehrfach gebrochen, zerhäxelt und angezündet worden. Es sind höllische Schmerzen. Mit krummen Schultern schleiche ich hinter die Bar. «Na? Hat gutgetan, oder?», fragt Palina. Ich lächle etwas verkrampft. «Ganz herrlich», bestätige ich mit zusammengebissenen Zähnen. Rosi wirft mir von der anderen Seite der Bar, wo sie immer noch mit Pitt sitzt, einen fragenden Blick zu. Ich muss sie gleich mal anhauen, ob sie irgendwo Schmerztabletten hat. Ich gieße Palina Prosecco nach. «Und wenn du dir jetzt und hier einen Traumberuf aussuchen könntest?», frage ich. «Was wäre das?» «Schauspielerin», sagt sie wie aus der Pistole geschossen. «Obwohl ich das natürlich eigentlich längst bin.» Sie lacht schallend. «In Russland hat mir meine Oma ein bisschen Schauspielunterricht gegeben, sie hat in ihrer Jugend ein paar Filme gemacht.» Sie lächelt versonnen. «Seitdem träume ich davon, ein berühmter Filmstar zu werden. Und du, Püppi?» Ich trinke einen Schluck. «Schriftstellerin», sage ich und muss grinsen. Da sitzen wir hier an der Bar vom Lollipop und haben Träume wie die kleinen Mädchen.

Es klingelt an der Tür. Ich lasse zwei Typen um die 40 in den Club, kassiere ihren Eintritt, lege die Ausweise zurück und schicke sie mit Bademantel und Schlappen Richtung Umkleide. Zurück an der Bar, lehne ich mich mit verschränkten Armen an die Spüle und werfe Pitt und Rosi giftige Blicke zu. Mich nervt ihr Geplänkel. Pitt soll sich benehmen wie alle anderen Kunden auch und endlich einen Bademantel anziehen. Palina lehnt sich über die Theke und boxt mich an die Schulter. «Fanny, ey», sagt sie. «Wasn los heute? Immer noch sauer wegen deinem bekloppten Stecher?» «Wegen deines bekloppten Stechers», korrigiere ich automatisch. Palina überhört das gekonnt. Ich starre Pitt an, der Rosi schon wieder mit übertrieben charmanter Geste Feuer gibt. Palina folgt meinem Blick und fängt an zu schmunzeln. «Ach, du Süße», sagt sie. «Denkst du, dass Pitt als Gast hier ist? Bist du deshalb so motzig?» Ich hebe die Augenbrauen. «Ist er nicht?», frage ich. Palina schüttelt heftig den Kopf. «Pitt doch nicht! Der kommt nur auf Kaffee und Quatschen vorbei. Ich glaube, er ist ein bisschen einsam.»

Ich strahle Palina an. «Nur ein bisschen einsam! Wie schön!»

Die beiden Männer, die ich gerade reingelassen habe, schlurfen aus der Umkleide, und Palina steht auf. Das gehört zu den Clubregeln: Die Frauen sollen nicht alleine an der Bar sitzen. Sie dürfen auch nicht flirten oder animieren, bevor sich der Mann eine Frau ausgesucht hat. «Sonst kratzen die sich die Augen aus», hat Rosi gesagt. Deshalb machen es sich die Mädchen meistens auf dem lilafarbenen Sofa bequem und warten, bis sie jemand gezielt anlächelt oder anspricht. Die zwei Typen kommen an die Bar, wo Rosi und Pitt immer noch in einer stinkenden Zigarillorauchwolke sitzen und kichern. Der ältere Typ mit dem grauen Brusthaar mustert die beiden irritiert und dreht sich zu seinem Kumpel um. «Hat uns der Taxifahrer in den Seniorenpuff gebracht, oder was?», raunt er ihm zu. «Stimmt genau!», sage ich fröhlich. Ich bin blendend gelaunt. Ich freue mich immer noch, dass Pitt nicht als Kunde hier ist. Vielleicht werde ich deshalb ein bisschen übermütig. «Willkommen im Seniorenpuff! Ein Stamperl Doppelherz, die Herren?», frage ich und verteile Bierdeckel auf der Theke. «Mein Geheimtipp: Wenn ihr eine ältere Dame mit herausnehmbarem Gebiss wählt, wird das der Blowjob eures Lebens.» Die beiden Typen gucken mich entgeistert an. Gut, vielleicht haben wir nicht denselben Humor. Nachdem ich glaubwürdig versichert habe, dass sie nicht im Seniorenpuff gelandet sind, bestellen sie Weißbier, und wir plaudern ein bisschen über München und die Kälte. Die Herren sind eigentlich aus Frankfurt und nur für zwei Tage auf Dienstreise hier. Der mit dem akkurat rasierten Vollbart trägt einen breiten goldenen Ehering.

«Und morgen geht's zurück nach ... ähm, Hause?», erkundige ich mich. Er nickt, nicht im Geringsten unangenehm berührt. «Zu Hause habe ich eine tolle Frau», sagt er. «Und zwei wunderbare Kinder! Schade, die Fotos sind im Portemonnaie.» Ich versuche, mir meine Überraschung nicht anmerken zu lassen. Der erzählt mir von seiner Frau, als sei ich eine gute Arbeitskollegin und nicht die Bardame in dem Bordell, in dem er ebendiese Frau gleich betrügen wird. Absurd. Sein Kollege schlendert zum großen Sofa, die brünette Polin Magda mit dem zarten, runden Gesicht scheint es ihm angetan zu haben. Obwohl sie nur mühsam Deutsch spricht, versucht er sie in ein Gespräch zu verwickeln. Mister «Ich-habe-so-eine-tolle-Frau» lächelt Palina quer durch den Raum hinweg an. Sie lächelt träge zurück und schlägt langsam die Beine übereinander. In etwa so wie in «Basic Instinct», nur dass man im Gegensatz zum Film bei Palina wirklich ganz sicher sein kann, dass sie nichts drunterträgt. Sie ist einfach ein verdammter Profi. Flirty und aufreizend und verführerisch. Wenn ich nur einen Hauch von ihrem erotischen Flirren abbekommen könnte, hätte ich vermutlich nie wieder Probleme mit Männern. Vielleicht färbt Palinas Ausstrahlung ja ein bisschen auf mich ab. Wir sind inzwischen ein hervorragend eingespieltes Team. Bevor sie mit einem Gast verschwindet, lege ich ihr ein paar Erdbeerkondome auf die Theke. Wenn sie mit einem Kunden fertig ist, stelle ich ihr einen Schnaps und eine Dose Kaugummis bereit. Irgendwann hat Palina eine CD mit russischen Liedern mitgebracht. Wenn sie gute Laune hat, muss ich die am Ende eines Abends auflegen. Dann tanzt sie vor der Bar herum und versucht mir russische Songtexte beizubringen. «Kalinka, kalinka, kalinka moja!», schreie ich, egal welches Lied läuft, und Palina lacht und will Wodka trinken.

Family-Man erhebt sich nach ihrem «Basic-Instict»-Move im Bruchteil von Sekunden und geht zu ihr rüber. Palina gibt mir per Handzeichen zu verstehen, dass sie gerne etwas zu trinken hätte. Ich öffne eine Flasche Champagner. Etwas anderes trinkt sie sowieso nicht. Wegen der Provision. Magda und der Vollbart verschwinden Richtung Saunalandschaft, ich wechsle die CD und lege als Kontrastprogramm zum wehmütigen Soul eine Bravo Hits aus den 90ern auf. Vergnügt wippe ich zu «Rhythm is a dancer» auf den Zehenspitzen. Rosi wirft mir einen strafenden Blick zu. Vielleicht steht sie nicht so auf Eurotrash. Ich drehe die Musik einen Tick leiser. «Wenn es keine Familienväter gäbe, müsste das Lollipop dichtmachen, oder?», frage ich Rosi. Sie lacht schrottig. «Da sind auf jeden Fall viele Stammkunden dabei», bestätigt sie. «Traurig», sage ich. Pitt nickt heftig. «Also, ich glaube ja», sagt Rosi, «dass es den Ehefrauen eigentlich ganz recht ist. Der Mann kommt doch nur zum Ficken. Das heißt, er verliebt sich nicht und verlässt seine Familie auch nicht für eine andere.» «Hhm», sage ich wenig überzeugt. Wenn ich verheiratet wäre, würde ich es bevorzugen, wenn mein Mann weder mit einer anderen abhaute noch ins Bordell ginge. «Dabei könnte man als Ehefrau die Männer so leicht vom Fremdgehen abhalten», behauptet Rosi. «Eine halbe Stunde jede Woche reicht.» «Eine halbe Stunde was?», frage ich. «Na ficken», sagt Rosi. «Oder blasen. Eigentlich egal was. Ein kleiner Blowjob im Auto, ein Quickie morgens unter der Dusche … Das ist doch alles nicht wild. Wenn er ein guter Mann ist, lohnt sich der Einsatz.» Ich zwirbele eine Haarsträhne zwischen meinen Fingern. «Aber Rosi», sage ich. «Du tust so, als sei Sex für Frauen eine unangenehme Pflicht. Das ist doch Unsinn.» Rosi breitet die Arme aus. «Wenn all die braven Hausfrauen und schicken Karrieretanten so wahnsinnig gerne mit ihren Männern vögeln würden, wo kommen dann die ganzen Typen her? Hm?» Ich sehe ratlos zu Pitt rüber. Er hebt leicht die Schultern. Ich muss an Maik denken. Er ist erst seit sechs Jahren mit Barbara zusammen. Sie hat ein Kind nach dem anderen bekommen, und seit dem dritten will sie keinen Sex mehr. Sagt Maik. Der dritte Sohn ist fast zwei Jahre alt. Ich versuche den Gedanken an Maik und seine Frau beiseitezuschieben und frage Pitt, ob er noch etwas trinken will. Er schüttelt den Kopf. «Es ist schon Viertel nach zehn. Ich muss langsam nach Hause», sagt er und steht auf. Rosi begleitet ihn zur Tür. Ich will mir gerade eine Kippe anzünden, als ich aufgeregte Stimmen höre. Dann schreit Rosi sehr laut: «WIR KRIEGEN BESUUUHUUUCH!!!!!» Der rote Vorhang öffnet sich, und eine blonde Frau Ende 30 und ein Mann um die 50 mit grauen Schläfen betreten den Raum. «Gewerbeaufsichtsamt», sagt der Mann statt einer Begrüßung. Die beiden gucken sich kurz um, sie scheinen sich auszukennen. Die Frau stellt sich zielstrebig vor die Tür, die Richtung Keller führt. Die Mädchen auf dem Sofa werden unruhig, ich sehe, wie Palina den Family-Man einfach stehen lässt und eilig im hinteren Teil des Clubs verschwindet. Mini folgt ihr. Der grau melierte Typ vom Ordnungsamt geht Richtung Sofa. «Keine Panik, die Damen», sagt er. «Wir machen nur eine kleine Standardkontrolle.» Ich glaube, er hat nicht mitbekommen, dass zwei der Frauen verschwunden sind.

Rosi kommt an die Bar, sie ist blass. Pitt ist doch nicht nach Hause gegangen, er verwickelt gerade die Blonde in ein Gespräch. «Fanny, wo ist Palina?», raunt Rosi mir zu. «Äh. Keine Ahnung.» Ich zucke mit den Achseln. «Was ist denn los?» Rosi rauft sich die Haare. «Die kontrollieren Ausweise und Arbeitserlaubnis», flüstert sie. Arbeitserlaubnis! Ich schlucke. Das ist schlecht. «Die Typen standen vor der Tür und sind einfach reingekommen, als Pitt gerade gehen wollte», sagt Rosi. «Normalerweise klingeln die, und die Mädels, die nicht sauber sind, können sich in Ruhe unten verstecken. Wir haben extra zwei Schränke leer gemacht, in denen man sich zur Not verkriechen kann.» Davon wusste ich bis eben nichts. Das ist ja schon richtig vorsätzlich kriminell. «Und jetzt?», frage ich. Rosi seufzt. «Palina wurde schon mal bei einem Job auf einer Sexparty erwischt. Sie könnte für ein Jahr in den Knast wandern.» Sie zündet sich einen Zigarillo an, ihre Hände zittern. Sie hat die Klingel ausgestellt, damit während der Kontrolle keine neuen Gäste in den Club kommen. Ich beobachte sie. Das scheint sie richtig mitzunehmen. Vermutlich droht ihr ein ordentliches Bußgeld.

Die blonde Kontrolleurin ist mit allen Mädchen gemeinsam in den Keller gegangen, um sich die Papiere zeigen zu lassen. Sogar Mini ist wiederaufgetaucht. Nur Palina nicht. Der Mann steht noch am Eingang und tippt in ein klobiges Gerät, das so ähnlich aussieht wie das von Fahrkartenkontrolleuren. Was sage ich jetzt eigentlich, wenn der zu mir kommt? Ich erinnere mich an das erste Gespräch mit Rosi. Ich soll sagen, dass ich zur Probe arbeite. Ich atme tief durch. Was soll schon passieren? Die können mich ja nicht gleich verhaften oder zum Spargelstechen nach Schrobenhausen schicken. Rosi und der Mann vom Gewerbeaufsichtsamt machen eine ausgiebige Kontrollrunde durch den Club, ich rauche erst mal eine Zigarette. Die beiden Frankfurter setzen sich wieder zu mir an die Bar, und ich spendiere ihnen eine Runde aufs Haus. Sie sind einigermaßen entspannt, nachdem ich beteuert habe, dass das alles Routine ist und die Frauen gleich wieder da sind. Ich bin trotzdem froh, als Mini und Momo als Erste wieder aus dem Keller nach oben kommen und sich zu ihnen setzen. «Weißt du, wo Palina ist?», flüstere ich Mini über den Tresen zu. Der Amtsmensch, der gerade mit Rosi um die Ecke biegt, schaut zu uns rüber. «Möchten Sie vielleicht einen Kaffee?», frage ich betont freundlich. Er schüttelt den Kopf. Mini flüstert fast lautlos «Hof» und macht mit ihren Kopf eine kleine Bewegung Richtung Hinterhof. Eine Fläche von vielleicht 15 Quadratmetern, auf der ein paar Müllcontainer stehen. Ich warte noch zehn Minuten, dann hole ich klappernd den vollen Müllbeutel aus dem Abfalleimer hinter der Bar und marschiere damit Richtung Hinterhof. Der Typ vom Amt bemerkt es kaum, Rosi quatscht ihn gerade zu. Kaum bin ich außer Sichtweite, fange ich an zu laufen. Erst nach ein paar Metern merke ich, dass Mini mir gefolgt ist. «Was habt ihr mit Palina gemacht?!», frage ich atemlos. «Wo ist sie?» «Hinter den Mülltonnen», wispert Mini. «Wir haben sie zugeschippt, damit man sie nicht findet.» Ich renne zum purpurnen Vorhang, der die Fensterfront zum Hinterhof vom Clubraum abschirmt. Ich schiebe ihn ein Stück zur Seite und drücke meine Nase gegen das Glas. Schneeflocken tanzen vor der Scheibe, ich erkenne mit Mühe die dunklen Mülltonnen in dem tobenden Weiß. Das Thermometer an der Tür zeigt minus 19 Grad. «SEID

IHR IRRE?!?», flüsterschreie ich. «Es ist eiskalt draußen, Palina ist quasi nackt, die erfriert doch!» Mini steht direkt hinter mir. «Wir haben sie in eine Decke gewickelt», sagt sie. Ich schnaube. Als ob das bei den Temperaturen helfen würde. Ich mache mich mit fahrigen Händen am Türhebel zu schaffen. Mini legt ihre Hand auf meinen Arm. «Fanny», sagt sie. «Durchatmen, bitte. Hör mir zu.» Ich beiße meine Zähne aufeinander, um nicht loszuschreien. «Palina hat uns darum gebeten», sagt sie. «Sie hat mehr Angst vor dem Knast als vor dem Schnee.»

Ich starre auf den Hinterhof. Der Schnee liegt fast kniehoch. Obwohl es im Club wie immer konstant 32 Grad warm ist, fröstle ich. Ich tippe in mein Handy: «Wie schnell erfriert man bei minus 19 Grad?» Es lädt. Es lädt immer noch. Der Empfang hier hinten ist eine Katastrophe. Unendlich langsam erscheinen ein paar Suchergebnisse. Ich klicke auf den ersten Link und lande in der Reportage eines Wissenschaftlers über Leben und Lieben in Sibirien. Entnervt stecke ich das Handy wieder weg. Mini legt mir ihre zarte Hand auf den Rücken. «Das ist doch verrückt», flüstere ich und schüttle ihre Hand ab. «Ich hole sie jetzt rein.» Mini schaut mich eindringlich an. «Noch ein paar Minuten, Fanny», sagt sie. «Alles andere würde Palina uns nicht verzeihen. Bleib ganz ruhig, wenn sie kommen. Man sieht draußen keine Spuren. Nichts.» Sie dreht sich um und verschwindet nach vorne. Ich stehe immer noch mit meinem Müllsack vor dem Vorhang. Ob ich Maik mal anrufe? Das darf ich ja eigentlich nicht. Auch nicht anonym. «Wenn die Sache auf so eine Art auffliegen würde, nutzt das niemandem etwas», sagt er immer. Aber das hier ist ganz klar ein Notfall. Und Maik ist der einzige Arzt, den ich kenne. Es tutet. «Ja bitte?», meldet Maik sich knapp. «Hallo, hier ist Fanny! Es tut mir sehr leid, dass ich anrufe, es ist ein Notfall!», sprudelt es aus mir heraus. «Herr Hintersberger», sagt Maik ganz ruhig. «Einen Moment bitte.» Ich höre, wie er leise mit jemandem im Hintergrund redet, dann klappt eine Tür. Ziemlich schnelle Reaktion, denke ich. Herr Hintersberger. Vermutlich sitzt seine Frau neben ihm. Es knackt in der Leitung. «Fanny», sagt er endlich. Täusche ich mich, oder klingt er genervt? «Was ist los?» «Ich habe eine Frage», flüstere ich hektisch. «Wie lange überlebt man, wenn man quasi nackt bei den aktuellen Temperaturen unter einem Schneeberg liegt?» Das klingt etwas irre, ich merke es selbst. «Was ist das für eine Frage, Fanny? Was soll das?» Eindeutig: Er ist genervt. «Ich kann das jetzt nicht erklären, Maik», zische ich deutlich lauter. «Bitte sag einfach!» Wieder Schweigen. Ich starre durch den Vorhang aus dem Fenster. Ist der Schnee in den letzten Minuten noch heftiger geworden? «Sag es. Bitte. Sag es einfach», flüstere ich. «Wie lange kann man so liegen, bis es gefährlich wird?» Wieder Schweigen. «Die Frage lässt sich absolut nicht seriös beantworten», knurrt Maik. «Das kommt auf Umstände, die Kleidung, allgemeine Konstitution ...» «WIE LANGE?» Jetzt schreie ich wirklich. Zum Glück scheint mich niemand gehört zu haben. «Du spinnst», sagt Maik. «Eine Stunde vielleicht.» Dann legt er einfach auf. Ich starre auf mein Handy und fange an zu rechnen. Es ist kurz vor elf. Pitt wollte gegen Viertel nach zehn gehen. Das heißt, Palina liegt jetzt seit rund einer Dreiviertelstunde hinter den Mülltonnen. Was meinte Maik überhaupt mit «vielleicht»? Und was passiert nach einer Stunde? Sterben dann die Gliedmaßen ab? Kriegt man einen Kreislaufzusammenbruch? Verdammt, hätte Maik nicht einfach in Ruhe mit mir reden können? Ich schließe kurz die Augen. Was für ein Wahnsinn. Ich hole Palina jetzt rein. Ich versuche gerade, den Türhebel nach unten zu drücken, als die beiden Beamten um die Ecke biegen. «Ah, gut, dass Sie aufmachen», sagt die Blonde. «Wir würden gerne einen kurzen Blick in den Hof werfen. Rein routinemäßig.» Ich reiße mich zusammen. Das geht bestimmt schnell. «Natürlich, gar kein Problem», sage ich. «Ich wollte den Müll rausbringen.» Ein winziges Außenlicht springt an, als ich die Tür öffne, der Himmel ist ein einziges Schneegewirbel. Hinter den Mülltonnen hat sich eine besonders hohe Schneewehe aufgetürmt. Da muss Palina liegen. Ich beiße mir auf die Unterlippe, stapfe durch den Schnee und schmeiße den Müllsack in die Tonne. Der Schnee peitscht mir ins Gesicht, bleibt an meinen Wimpern hängen. Der grauschläfige Beamte streckt kurz den Kopf aus der Tür und starrt einige Sekunden in den dunklen Hof. Dann zieht er den Kopf wieder rein. «In Ordnung. Vielen Dank. Beim nächsten Mal würden wir dann gerne auch Ihre vollständigen Papiere sehen. Aber die Chefin hat versichert, dass es keine Probleme gibt.» Er lächelt freundlich. Ich schaffe es nicht, zurückzulächeln. Ich will nur, dass sie endlich gehen. «Sagen Sie mal: Hatten Sie vorhin nicht was von Kaffee gesagt?», fragt der Beamte. Ich reiße entsetzt die Augen auf. «NEIN!», rufe ich. Mein Herz galoppiert panisch ohne mich um die Ecke. Dann sage ich, etwas ruhiger: «Ich meine: Ja. Natürlich. Jetzt muss ich aber leider in den Keller, die Wäsche machen. Vielleicht verschieben wir das aufs nächste Mal?» Die beiden Beamten sehen sich an. «Na gut, dann komm», sagt die Blonde zu ihrem Kollegen. «Ich bin auch froh, wenn wir aus dem Gewerbegebiet rauskommen, bevor die Straßen komplett dicht sind.» Ich begleite sie Richtung Bar, Rosi kommt uns entgegen, sie ist noch blasser als vorhin. «Kommen Sie», sagt sie. «Ich bringe Sie zur Tür.» Ich drehe mich auf dem Absatz um. Als ich um die Ecke gebogen bin, fange ich an zu rennen. Ich stürze zu der Schneewehe hinter den Mülltonnen, schaufle den Schnee mit den Händen beiseite. Sie tun sofort weh vor Kälte. «Palina, Palina, Palina!» Ich schluchze. Was, wenn sie hier hinten jämmerlich erfroren ist? Palina liegt zusammengekrümmt im Schnee. Sie ist in eine Wolldecke gewickelt. Ihre Lippen sind blau, sie schlägt die Augen nicht auf. Ich zerre sie mit aller Kraft aus dem Schnee, schaffe es, sie irgendwie über die Türschwelle zu ziehen. Ich bin nicht sicher, ob sie überhaupt atmet. In diesem Moment kommen Mini und Rosi angerannt, sie haben Decken dabei. Wir wickeln Palina darin ein und fangen an, ihre Füße und Hände zu massieren. Die Finger sind eiskalt und steif. Sie stöhnt. «Palina! Palina!» Ich weine bitterlich. Pitt biegt um die Ecke, er hält eine dampfende Tasse in den Händen, setzt sich neben uns auf den Boden und flößt Palina löffelweise warmen Tee ein. Er sagt nichts. Palina zittert am ganzen Körper, ihre Zähne klappern laut aufeinander. Mühsam dreht sie den Kopf. «Sind sie weg?», ist ihre erste Frage.

3:00 Uhr morgens. Palina liegt dick eingepackt unten im Schlafraum. Es geht ihr besser. Wir haben einen Heizstrahler neben das Bett gestellt und eine Thermoskanne mit heißem Tee. Oben im Club läuft zum dritten Mal die verdammte Bravo Hits. Ich hatte keinen Nerv, etwas anderes auszusuchen. «It's my life» schmettert Dr. Alban, und im Pool sitzen neue Gäste, drei mitteljunge Männer mit Polly, Mia und Maxi. Pitt ist gegen zwei nach Hause gegangen, und Rosi hat sich in ihrem Büro verkrochen. Ich fühle mich völlig leer. Ich weiß nicht, ob ich jemals so viel Angst hatte, und zünde mir die gefühlt hundertste Zigarette dieses Abends an. Aber wie viel Angst muss erst jemand haben, der sich nackt und bei Minusgraden in den Schnee legt? Ich starre auf das dunkle Display meines Telefons. Ich wünschte, ich könnte mit Maik reden. Er ist immer so ruhig und klar, er könnte mich bestimmt beruhigen. Aber ich kann ihm nicht sagen, dass ich hier arbeite. Ich weiß nicht mal, wie ich ihm meinen Panikanruf von vorhin erklären soll. Andererseits: Vielleicht muss ich das auch gar nicht. Maik scheint es nicht besonders zu interessieren. Er hat sich nicht noch mal gemeldet. Es pikt in meinem Herzen, als ich das Handy wieder zur Seite lege. Was für eine schreckliche Nacht.

Alle Penisse abhacken! Es schneit immer noch so heftig, als habe der Himmel beschlossen, München ein für alle Mal verschwinden zu lassen. Diese schreckliche Nacht ist noch nicht vorbei, Rolf und ich müssen es durch das Schneechaos noch irgendwie nach Hause schaffen. Im Schneckentempo kriechen wir durch die Stadt. Die Straßen sind glatt, in den Kurven türmen sich Schneewehen, und Rolf hat nur Allwetterreifen. Es ist kurz nach sechs, als ich ihn irgendwo im wirbelnden, weißen Nichts vor meiner Wohnung abstelle. Ich bin todmüde und hellwach. Das Adrenalin pumpt noch immer durch meinen Körper, und die Angst sitzt mir im Nacken. «Palina könnte tot sein!», flüstert sie mir ins Ohr.

Mit zitternden Knien stapfe ich durch den Schnee zu meiner Wohnung. Was für eine Nacht. Hatte ich wirklich geglaubt, das Lollipop sei nur eine skurrile Anekdote, die mein Leben ein bisschen aufregender macht? Es gab ja durchaus Zeiten, in denen ich wilde Geschichten provoziert habe, weil ich eh nichts zu verlieren hatte. In dem katholischen Dorf, in dem ich aufwuchs, gehörte ich immer zu den komischen Kindern. Ein Protestantenblag, und dann noch mit alleinerziehender Mutter. Die sich überdies strikt weigerte, am Gemeindeleben teilzunehmen, Karneval- und Schützenvereine verabscheute und mich statt zum Tennis bei einem Zauberkurs anmeldete. Ich war die mit den komischen Klamotten, der komischen Mutter und den komischen Hobbys. Kinder wie ich haben meistens nur zwei Möglichkeiten. Sie werden still, unsicher und selbstzerstörerisch, oder sie werden laut, schwierig und selbstzerstörerisch. Ich wurde Zweiteres. Einmal flog ich von der Schule, weil ich dem verhassten Mathelehrer mit Acryllack auf die Kühlerhaube seines BMW schrieb: «Liebe lässt sich nicht berechnen!» Der Hausmeister erwischte mich und fand die Botschaft nicht so witzig wie ich. Zum Glück zeigte mein Mathelehrer mich nicht an. Im Studium wurde ich ruhiger. Ich wählte Psychologie im Nebenfach – ein zulassungsbeschränktes Sammelbecken für komische Leute. Ich fiel nicht mehr so auf. Und eigentlich gefiel mir das zur Abwechslung sehr gut. Ich konzentrierte mich auf Seminare und Unipartys und war nur manchmal ein bisschen einsam.

Trotzdem habe ich an diesem Novemberabend vor drei Wochen an die Tür des Lollipops geklopft und gesagt, dass ich einen Job suche. Wieso? Das hätten meine ehemaligen Kommilitoninnen, die mit Gedichtbänden in den Körbchen ihrer niedlichen Hollandfahrräder zwischen ihrer WG in Schwabing und der Uni hin- und herfuhren, eher nicht getan. Vielleicht bin ich doch immer noch das komische Mädchen, das Sachen ausprobiert, die man eigentlich nicht macht. Weil es eben sowieso nicht dazugehört.

Ich wische mir Schnee aus den Augen und schließe die Haustür auf. Am besten suche ich mir einen Job im Bereich Kinderschminken auf Hüpfburgpartys. Irgendwas

Harmloses. Wie eine alte Frau schwanke ich das erste der fünf Stockwerke zu meiner Wohnung nach oben. Im Treppenhaus höre ich seltsame Geräusche. Ein Schnaufen und Schleifen und Rascheln und Klappern. Im vierten Stock habe ich die Geräusche eingeholt. Es ist Tibor. Er schleppt eine etwa zwei Meter hohe Yuccapalme in einem riesigen Tontopf nach oben. «Tibor», sage ich. «Was machst du da? Es ist sechs Uhr morgens.» Tibor stellt die Yuccapalme ab und keucht. «Lucy sagt, dass sie bei unseren tantrischen Yoga-Übungen eine direkte Verbindung zur Natur braucht und das warme Gefühl einer grünen Aura, die ihre Yoni ...» Ich hebe die Hand. «Bitte», sage ich matt. «Ich möchte das nicht wissen.» In diesem Moment geht ein Stockwerk über uns die Wohnungstür auf. «Baby», flötet Lucy. «Hast du die Palme? Wir warten schon auf dich!» «Wer ist wir?», rufe ich entsetzt. Lucy lacht und kommt uns entgegen. «Na, ich und meine Yoni», ruft sie fröhlich. Dann sieht sie mein Gesicht. «Fanny», sagt sie bestürzt und küsst mich auf die Wange. «Du siehst schrecklich aus. Ist was passiert?» Ich schüttele den Kopf und versuche, nicht in Tränen auszubrechen. «Tibor, ich glaube, wir müssen das verschieben. Lass die Palme hier stehen, vielleicht schaffen wir es nächste Woche», sagt Lucy und versucht die Palme mit dem Fuß ein Stück zur Seite zu schieben. Sie bewegt sich keinen Zentimeter. «Aber», sagt Tibor, «ich habe die halbe Nacht gebraucht, um die Palme aufzutreiben! Und draußen ist ein Schneesturm!» Wie zum Beweis ertönt von draußen ein dumpfer Knall. Wir starren aus dem Flurfenster. Ein Ast ist unter der Last des Schnees abgebrochen und auf den Bürgersteig geknallt. Tibor lässt die Schultern hängen. Er tut mir fast ein bisschen leid. Lucy tätschelt ihm den Arm. «Du schaffst das schon», sagt sie mitleidslos und zieht mich nach oben. In der Wohnung ist es warm und riecht phantastisch nach Essen. Lucy schiebt mich in die Küche und rührt in einem riesigen Kochtopf. «Ich habe Suppe gekocht. Setz dich.» Sie stellt zwei Schüsseln auf den kleinen grünen Küchentisch. «Wieso kochst du morgens um sechs Suppe??» Ich rieche an dem dampfenden Topf. «Ich bin schlafphilosophisch gesehen einfach eine Eule», sagt Lucy und wendet sich wieder dem Herd zu, als sei das Erklärung genug. Ich setze mich und beobachte sie beim Rühren und Abschmecken. «Hängt da mein Tee-Ei im Topf?», frage ich. Lucy strahlt mich an. «Ja! So koche ich immer die Knoblauchzehen mit. Dann beißt man beim Essen nicht plötzlich drauf. Genial, oder?» Ich seufze. Ich hatte mich neulich schon gewundert, warum meine Winterteemischung so bitter schmeckt.

Schweigend löffeln wir die Suppe. Sie ist köstlich. Viel Gemüse, kleine Nudeln und ein Hauch von Koriander. «Wie war's in der Tankstelle?», fragt Lucy. Ich nicke und kaue und grunze. Ich habe ihr immer noch nicht die Wahrheit erzählt. Und das, wo ich so schlecht lügen kann. Lucy schaut mich über ihren vollen Suppenlöffel an. «Verrätst du mir eigentlich irgendwann, was du wirklich machst?», fragt sie. Ich grunze wieder. «Ich weiß nicht, was du meinst», nuschle ich mit vollem Mund. «Fanny. Seit du in dieser Lastwagentankstelle jobbst, bist du komisch. Neulich hast du auf meinem Blog einen Beitrag kommentiert. Mitten in der Nacht. Ich habe die IP gecheckt, weil mir die E-Mail-Adresse merkwürdig vorkam: AllePenisseAbhackenJetzt@yahoo.de.» Ich tue so, als hätte ich mich verschluckt und huste vor mich hin. Lucy verschränkt die Arme und wartet.

«Ich wusste ja nicht, dass du die IP-Adressen überprüfst», murmle ich schließlich kleinlaut. Es war die Nacht nach meiner zweiten Schicht. Ein aalglatter Münchener um die 40 erzählte mir an der Bar, dass er nur herkäme, um Druck abzubauen. «Im Puff kann man für ein paar Euro irgendeine Nutte so richtig schön kaputt ficken», sagte er. Dann wählte er Mini und verschwand für eine Stunde mit ihr in einem der Schlafzimmer. Falls es schlimm war, ließ Mini sich nichts anmerken. Ich aber konnte für den Rest des Abends an nichts anderes mehr denken. Was ist das für eine Welt, in der ein Mann eine Frau «kaputt ficken» darf? Zu Hause kippte ich eine Viertelflasche Ouzo in mich hinein, um die Wut aus meinem Bauch zu kriegen. Doch statt betrunken und müde zu werden, steigerte ich mich in einen schnapsseligen Zustand des Männerhasses hinein. AllePenisseAbhackenJetzt schien mir die einzig adäquate E-Mail-Adresse zu sein, um einen Kommentar auf Lucys Blog zu hinterlassen. Aber was hatte ich noch mal geschrieben?

«Weißt du noch, was du geschrieben hast?», fragt Lucy, als könnte sie meine Gedanken lesen. Ich schüttle den Kopf. Lucy zückt ihr Handy: «Die Welt wäre um einiges besser, wenn Männer keine Schwänze hätten», liest sie vor. Ich halte mir die Hände vors Gesicht. «Au weia», nuschle ich. Das habe ich völlig verdrängt. Ich gebe mir einen Ruck. «Ich arbeite gar nicht an der Tankstelle», sage ich. «Ich habe vergangenen Monat angefangen, in einem Bordell zu kellnern. Es heißt Lollipop, ich mache wirklich nur Drinks, die Frauen sind sehr schön und nett. Die schönste von allen heißt Palina und ist heute fast hinter den Mülltonnen erfroren.» Lucy schnappt nach Luft. «Waaaaas?!», ruft sie und lässt ihren Suppenlöffel klappernd auf den Boden fallen. «Du kellnerst im Puff?! Fanny, ey, du bist so krass!» Sie fängt an, sich eine Zigarette zu drehen. «Und mir erzählst du, du arbeitest an einer Tankstelle?! Wie geht es dir? Wieso erfroren? Wie geht es der Frau? Wieso hast du mich angelogen?!» Bei dem Versuch, ihr Paper anzulecken, lässt sie den gesamten Tabak auf den Tisch fallen. Ich atme kurz durch und versuche Lucys Fragen durchzugehen. «Palina hat keine Papiere und musste sich vor dem Gewerbeaufsichtsamt verstecken. Es geht ihr gut», sage ich. «Und angelogen habe ich dich, weil ich mir sicher war, du würdest mich hassen.» Ich schiebe ein paar Tabakkrümel auf der Tischplatte hin und her. «Du bist doch sicher gegen Prostitution.» Lucy reibt sich mit den Händen über die Schläfen. «Puh, Fanny», sagt sie. «Eins nach dem anderen.» Sie zündet sich ihre Zigarette an. «Also, ich persönlich sage ja immer: Arbeit ist Arbeit, und Kunde ist Kunde.» Ich hebe den Zeigefinger: «Aber scheiß Arbeit und scheiß Kunden», erwidere ich. «Und warum genau arbeitest du dann da?» Ich denke kurz nach. «Das habe ich mich auch schon gefragt», sage ich schließlich. Ich nehme mir ebenfalls eine Zigarette. «Weil ich das Geld brauche. Weil ich die Leute mag. Weil ich neugierig bin.» Lucy schiebt mir ihr Feuerzeug über den Tisch. «Weißt du: Ich finde es eigentlich gut, dass du das machst», sagt sie. Ich hebe überrascht den Kopf. Damit hatte ich jetzt nicht gerechnet. Lucy nickt bekräftigend. «Eigentlich geht es beim Thema Sexarbeit darum, die Arbeitsumstände zu verbessern. Die Frauen sollten dieselben Rechte bekommen wie bei einem normalen Dienstleisterjob.» Ich nehme einen tiefen Zug von meiner Kippe. Mein Kopf fühlt sich matschig an. Ich hoffe,

Lucy hält jetzt nicht eine ihrer Weltverbesserungsreden. Dafür bin ich viel zu müde. «Du kannst jetzt so viel lernen über die Frauen und ihre Bedürfnisse und über die Männer und ihre Bedürfnisse», sagt Lucy mit leuchtenden Augen. «Und dann?», frage ich. «Und dann überlegen wir, was wir mit diesem konkreten Wissen anfangen können. Öffentlichkeit herstellen, Vereine unterstützen, die Politik unter Druck setzen. So was! Uns fällt schon was ein.» Allein die Vorstellung macht mich noch müder. «Gerade nach einem Abend wie heute finde ich, dass Männer vielleicht einfach nicht in den Puff gehen sollten», sage ich. Lucy verbeißt sich ein Schmunzeln. «Das wird erst passieren, wenn wir in einer gleichberechtigten Gesellschaft ohne Abhängigkeitsverhältnisse leben.» Sie wedelt mit ihrer brennenden Zigarette in der Luft herum. «Weil das aber noch etwas dauern könnte, muss es erst mal darum gehen, das Thema Sexarbeit aus der Schmuddelecke zu holen», sagt sie. Ich nicke müde. «Ich verkaufe aber nur Drinks, weißt du? Ich kann da nicht viel machen», sage ich. Lucy verdreht die Augen. «Genau das ist dein Problem, Fanny», erwidert sie. «Du denkst die Dinge einfach nicht zu Ende.» Sie steht auf und verschwindet bis zu den Schultern im Küchenschrank. Mit einer Flasche Heidelbeerglühwein taucht sie wieder auf. «Jetzt erzähl mir doch erst mal alles. Von vorne.» Sie kippt den Glühwein in den Wasserkocher und schaltet ihn ein.

Das Rote Geld Rolf hat geknattert und geröchelt und eine Rußwolke in der Größe Kanadas ausgestoßen. Angesprungen ist er nicht. Ich musste ein paar Gäste aus der Kneipe gegenüber bitten, mich das erste Stück anzuschieben. Die Kneipe gegenüber heißt «Hüttnzauber», und das Durchschnittsalter des Stammpublikums liegt jenseits der 60. Staunend beobachteten die Nachbarn vom Balkon aus, wie ein Grüppchen angetrunkener Senioren meinen Golf mit vereinten Kräften über das Kopfsteinpflaster rollte. Erst nach ein paar hundert Metern hatte Rolf ein Einsehen und sprang an. Nun stehe ich vor Pitts Autoparadies. Es ist fast 20 Uhr, in ein paar Tagen ist Weihnachten. Pitt hängt bis zu den Schultern in Rolfs Motorraum und flucht. «Fannylein», sagt er, als er wieder auftaucht. «Das ist eine schlimme Schüttelroste! Bist du sicher, dass du da noch Geld reinstecken willst?!» Ich zücke mein Portemonnaie. Finanziell hat sich die Kellnerei im Lollipop gelohnt. Ich halte Pitt die abgezählten Geldscheine hin: 475 Euro. Der stolze Rest, der nach Nebenkosten, BAföG-Schulden und einem neuen Wintermantel von meiner Puff-Kellnerei übrig geblieben ist. Für Rolf brauche ich einen neuen Anlasser, eine Lichtmaschine, und der Auspuffkessel müsste dringend gelötet werden. Falls Pitt dann noch langweilig ist, könnte er sich um den Kofferraum kümmern, der sich nicht mehr abschließen lässt. Pitt seufzt. «Ich schau mal, was ich tun kann. Vielleicht kriegen wir die Kiste ja vor Silvester wieder flott. Jetzt mache ich nur schnell das Nötigste, damit du Rolf nachher wieder mitnehmen kannst.» Ich drücke Pitt mein gesamtes Geld in die Hand und stapfe über den Hof zum Club. Jetzt bin ich wieder komplett pleite. Aber ich brauche Rolf. Für den Job hier. Und für die Aufträge von der Morgenpost, die ein bisschen außerhalb liegen. Vergangene Woche habe ich über den Professor aus dem Berchtesgadener Land geschrieben, der krebsheilendes Bier brauen will. Nächste Woche besuche ich die Staatsanwältin, die ihren Job gekündigt hat, um eine Dackelkneipe in Fürstenfeldbruck zu eröffnen. Das sind alles tolle Geschichten. Bloß genug Geld für einen neuen Kühlschrank bringen sie mir leider nicht. Der alte ist kaputt, die Lebensmittel hängen bei uns zurzeit in einer Plastiktüte aus dem Dachfenster, und die Getränke lagern Lucy und ich in der Regenrinne. Hoffentlich bekomme ich heute Abend wenigstens ordentlich Trinkgeld. Und hoffentlich bleiben die Temperaturen noch eine Weile unter 10 Grad.

Schon im Vorraum höre ich Musik aus den Boxen wummern. Polka. Mehrere Frauenstimmen grölen fröhlich, aber schief mit. Ich schaue auf die Uhr. Nicht mal halb neun. Ich trete durch den samtenen Vorhang. Rosi und Palina tanzen – offensichtlich angeheitert – vor der Bar, Mini und Maxi lehnen am Tresen und knutschen. Bevor ich mich darüber wundern kann, winkt Palina mir mit einer 1,5-Liter-Flasche Champagner entgegen. Viel ist da nicht mehr drin. «Faaaaannyyyyyy!», ruft sie. «Komm, trink mit uns!» Ich ziehe meine Jacke aus und wurschtle meine Haare zu einem Pferdeschwanz. «Aha», sage ich spitz. «Was gibt es denn zu feiern? Eine Arbeitserlaubnis vielleicht?» Palinas Lächeln verschwindet sofort. Seit dem Vorfall vor zwei Wochen habe ich mehrmals versucht, mit ihr oder Rosi darüber zu sprechen. Immerhin ist Palina um ein Haar hinter den Mülltonnen erfroren. Das Einzige, was sich seitdem verändert hat: Es gibt jetzt hinten bei den Whirlpools eine große Truhe für Handtücher. Da könnte zur Not auch ein erwachsener Mensch drinliegen. Damit hat sich für Rosi das Problem gelöst. «Ich hab schon Schlimmeres erlebt», sagte sie und würgte sämtliche Gesprächsversuche ab. Mit Palina war es genauso aussichtslos. «Mach dir keine Sorgen. Ich kümmere mich bald um die Papiere», antwortete sie wieder und wieder. Mehr nicht. Warum sie keine Arbeitserlaubnis hat, weiß ich immer noch nicht.

Rosi klapst mir mit der Hand auf den Kopf, als sei ich ein ungezogener Welpe. «Möchtest du jetzt einen Schluck Prickelwasser oder nicht?» Ich nehme einen Zug direkt aus der Flasche. «Warum seid ihr denn alle so fröhlich?», frage ich in die Runde. Palina strahlt wieder. «Ich habe eine Wochenendbuchung klargemacht!», ruft sie und macht ein Victory-Zeichen. «4000 fucking Tacken!» Nun verstehe ich die Aufregung. Wochenendbuchungen sind selten. Rosi hat mir mal davon erzählt. Während großer Messen kommt das manchmal vor, wenn anreisende Geschäftsmänner solche Summen aus der Portokasse zahlen. Die legen, ohne mit der Wimper zu zucken, zwischen 3000 und 5000 Euro auf den Tisch, und dafür begleitet ihn die Frau für zwei oder drei Tage. Sie tut, was er sich wünscht, immer und überall. «Nutte to go» nennt Rosi das. Im Gegensatz zum klassischen Escort-Service ginge es vor allem um Sex und Phantasien, nicht um eine «gehobene» Begleitung. «Ist das nicht furchtbar anstrengend?», frage ich Palina. Sie zögert kurz. «Doch, schon», sagt sie. «Und es kann sogar mal was schiefgehen.» Sie erzählt von einer Bekannten, die das ganze Wochenende einen Mann begleitete, der sich am Ende weigerte, den vereinbarten Preis zu zahlen. Eine andere Freundin nahm gemeinsam mit dem Kunden haufenweise Drogen. Im Rausch wurden aus zwei Tagen vier, sie konnte sich an nichts erinnern, wurde von ihrem Zuhälter verprügelt und musste erst mal zum HIV-Test. Zum Glück negativ. «Das klingt schrecklich», sage ich. «Meistens geht es ja gut, und es ist einfach scheiße viel Kohle», wehrt Palina ab. Ich seufze. «Jeder ist käuflich», sagt Palina und nimmt mir den Champagner wieder ab. «Jedenfalls jeder, der dringend Geld braucht.»

Ich fange an, die Bar vorzubereiten, Pornos einzulegen und Musik auszusuchen. Heute starten wir mit Herbert Grönemeyer. Maxi hat mal gesagt, dass sie gerne besser Deutsch lernen würde. Sie ist vor zwei Jahren aus Brasilien gekommen. «Ein Freund» versprach ihr ein besseres Leben in Deutschland. Als sie am Flughafen ankam, wurde sie von ihrem zukünftigen Zuhälter abgeholt, der sich um sie «kümmerte». Bis heute muss sie die Einnahmen vom Lollipop mit ihm teilen. Von wegen eigenes Gewerbe. Ich drehe die Musik lauter. Wenn ich sie dazu kriege, Herbis Genuschle zu verstehen, kann ihr in diesem Land zumindest sprachtheoretisch nichts mehr passieren. Mini und Maxi knutschen immer noch. Ich lehne mich über den Tresen. «Was ist denn eigentlich hier los?», frage ich und schaue von einer zur anderen. «Seid ihr, äh, zusammen?» Die beiden lachen. «Wir nur ausprobieren», sagt Maxi. «Hier, habe ich ein neues Piercing, aber noch nie geküsst.» Sie streckt mir ihre Zunge raus. Eine erbsengroße goldene Kugel blitzt mir entgegen. «Und?», frage ich. «Wie knutscht es sich damit?» «Geil», antworten beide gleichzeitig. Ich grinse. «Küsst ihr eigentlich eure Kunden auf den Mund?», frage ich weiter. Meine Vorstellungen darüber, ob Prostituierte küssen oder nicht, basieren auf dem Film «Pretty Woman». Es dauert endlos lange Filmminuten, bis Julia Roberts ihren reichen Gönner Richard Gere endlich auf den Mund küsst. So romantisch! Julia Roberts ist aber auch eine wirklich süße Prostituierte. Und er ein wirklich anständiger Freier. Schade, dass Hollywood so weit weg ist. Mini seufzt. «Ich küsse nicht gerne», sagt sie. «Aber ich hab kleine Brüste, deshalb muss ich manchmal.» «Was hat das denn mit den Brüsten zu tun?», frage ich baff. Rosi, die bis gerade schweigend vor sich hin geraucht hat, schiebt von der Seite ihr wirklich beeindruckendes Dekolleté in mein Sichtfeld. Es steckt in einem giftgrünen, knallengen Tüllkleid, aus dem ihre Rundungen nur so hervorquellen. In ihren blonden Locken hängt ein winziges Hütchen, um das sich eine grüne Schlange aus Stoff kringelt. «Na überleg doch mal», sagt Rosi. «Wenn ein Typ dich küssen will, drückst du ihm einfach die hier» – sie wackelt mit ihren Brüsten – «ins Gesicht! Was meinst du, wie schnell der vergessen hat, was er eigentlich gerade machen wollte?!» Ich nicke anerkennend. «Clever», sage ich. «Zu meiner Zeit war das alles noch nicht so üblich», sagt Rosi. «Wenn mich da ein Typ knutschen wollte, habe ich gelacht und gesagt: Küssen kostet extra!»

Gedankenversunken starre ich ins trübe Barlicht. Ich könnte ja niemals mit jemandem ins Bett gehen, ohne vorher anständig geknutscht zu haben. Ich habe schon Dates abgebrochen, weil der Typ küsste wie eine Waschmaschine. Nass, rumpelig und mit nur einem Programm. Das sind die Schlimmsten. Dicht gefolgt von den Schnappern, die ihre Lippen über den fremden Mund stülpen wie ein verendender Karpfen. Bäh! Sofort muss ich an Maik denken. Der küsst eher trocken. Und ganz vorsichtig, als hätte er Angst, etwas kaputt zu machen. Oder sollte ich besser sagen: küsste? Seit meinem Panikanruf neulich haben wir uns nicht mehr gesehen. Erst war er auf einem Kongress in Mailand. Dann war sein jüngster Sohn krank. Er hat aber versprochen, dass es nach Weihnachten bei ihm ein bisschen ruhiger wird und wir uns dann treffen. Bis dahin versuche ich – mäßig erfolgreich – nicht so viel über ihn nachzudenken.

«Fühl mich leer und verbraucht, alles tut weh, hab Flugzeuge in meinem Bauch», nuschelt Grönemeyer. «Hier, hör mal hin», sage ich zu Maxi. «Verstehst du, was er singt?» Maxi hört angestrengt zu. «Äh», sagt sie und runzelt die Stirn. «Der Mann hat Flugsseuge in seine Bauch? Ist das gut oder schlecht?» «Schlecht», sage ich. «Wenn man frisch verliebt ist, hat man Schmetterlinge im Bauch. Aber wenn man Liebeskummer hat, sind es Flugzeuge. Militärische Kampfjets oder so.» «Kampfjets?» Maxi runzelt die Stirn. «Genau!», rufe ich. «Durch deinen Bauch rauscht ein Schlachtgeschwader, das brennende Bomben auf dein Herz wirft! Das fühlt sich an wie Krieg in dir drin.» Zufrieden mit meiner anschaulichen Erklärung zünde ich eine Zigarette an. Maxi lauscht angestrengt noch ein paar Sekunden auf den Song, dann schüttelt sie den Kopf. «Ihr Deutschen seid seltsam: Ihr solltet wirklich essen weniger Schmetterlinge und Flugzeuge.» Rosi, die unseren Dialog verfolgt hat, lacht. Ihre gewaltige Oberweite wackelt dabei so heftig, dass sie vermutlich noch bis Silvester nachschwingt. Staunend beobachte ich ihre bebende Dekolletéritze. Rosi bemerkt meinen Blick und streckt ihre Brüste noch ein bisschen weiter nach vorne. «Früher konnte ich 100 DM für einen Tittenfick nehmen», sagt sie und streicht sich mit der Hand über das Brustgebirge. «100 DM! Das sind über 50 Euro!» Palina nickt anerkennend. «So viel habe ich noch nie geschafft», sagt sie. Ich ziehe unauffällig mein Oberteil glatt. Ein Ton-Steine-Scherben-T-Shirt aus den Achtzigern. Maik hat es mir zum Geburtstag geschenkt. Das Glattstreichen hilft natürlich nicht. Meine Brüste sehen noch genauso klein aus wie vorher. Ich seufze, und Rosi mustert mich amüsiert. «Brüste sind nicht alles, Fanny», sagt sie. «Was kannst du denn besonders gut?» Mini und Maxi kichern. Ich trinke einen Schluck Champagner. «Öhm», sage ich. «Ich kann sehr gut schreiben und hervorragend einparken und ‹Beast of Burden› auf Gitarre spielen ...» Ich höre auf zu reden, weil alle lachen. Rosi grinst über das ganze Gesicht. «Ich meinte natürlich im Bett», sagt sie. «Mit Sex ist es doch wie mit allem im Leben: Je öfter man es tut, desto geschickter wird man. Je geschickter man wird, desto mehr Spaß macht es.» Die vier Frauen schauen mich erwartungsvoll an. «Na, was denn?», frage ich. «Wollt ihr jetzt wissen, ob ich irgendwelche Kunststücke im Bett kann, oder was?» Rosi, Palina, Mini und Maxi nicken eifrig. «Ich glaube, ich kann ganz gut küssen», sage ich. Die vier lachen sich kaputt. Palina drückt mir ein feuchtes Bussi auf die Schläfe. «Bleib so, Püppi!»

«Wir könnten Fanny ja was beibringen», sagt Mini unternehmungslustig. «Ich finde, jede Frau sollte in der Lage sein, ein Kondom mit dem Mund überzuziehen!» «Au ja!», ruft Maxi. «Ich glaube, ich habe unten noch eine Banane.» Sie rennt in den Keller und kommt mit einer gut gebauten Banane zurück. «Jetzt reicht es aber», sage ich. «Ich bin doch nicht eure Sexpraktikantin!» Palina verdreht die Augen, steckt sich ein Kondom mit Erdbeergeschmack zwischen die Lippen und zieht es mit einer einzigen Bewegung komplett über die Banane.

Es klingelt an der Tür. Rosi geht in den Empfangsraum, die Mädels verschwinden Richtung Sofa. Ich pelle die Banane mühsam wieder aus dem Kondom und lege sie hinter die Bar. Vielleicht hat später noch jemand Hunger.

Die beiden ersten Männer des Abends sind um die 35 Jahre alt. Sie sind athletisch gebaut, haben Trainingsjacken und Turnschuhe an. Der Kleinere hat dunkle volle Haare und sieht südländisch aus, der andere hat kaum Haare und kaffeegelbe Zähne. Der Dunkle stellt sich als Paolo vor, bevor er sich an die Bar setzt. Er achtet penibel darauf, dass der flauschige Bademantel fest verschlossen bleibt, lächelt mich vorsichtig an und streicht sich mit beiden Händen durch die Haare. Ich glaube, er ist aufgeregt. Sein Kumpel, den er als Mark vorstellt, ist mir gegenüber kurz angebunden, fast schon unhöflich. Ihm scheint alles nicht schnell genug zu gehen. Er bestellt Weißbier und Korn. Paolo fragt, ob ich einen guten Rotwein dahätte. Na klar. Hab ich. Ich kenne mich sogar ganz gut aus. Ich habe mal am Odeonsplatz in einem der ältesten Weinkeller der Stadt gekellnert. Seitdem bin ich nicht nur ausgesprochen trinkfest, sondern verfüge auch über genug Angeberwissen, um mich vor Laien als Weinexpertin aufzuspielen. Während ich eine Flasche Cabernet entkorke, erzähle ich professionell klingenden Unsinn über Rebsorten und Lakritzaromen. Paolo staunt mich mit offenem Mund an. «Du bist ja krass. Arbeitest in so einem Laden, bist aber Weinexpertin?!» Ungläubig schüttelt er den Kopf. Er sieht nett aus, hat Lachfältchen um die Augen und ein paar Sommersprossen. Eine kleine Narbe über einem vollen Mund. Seine Frage ärgert mich. Ich erinnere mich an eine ähnliche Situation während meiner ersten Schicht mit Amy. Sie war sauer auf mich, weil ich mich darüber gewundert habe, dass «ganz normale Männer» ins Lollipop kommen. Ich schaue Paolo fest in die Augen. «Findest du, es würde reichen, wenn ich billigen Schnaps ausschenken kann?», frage ich. Paolo senkt seinen Blick. «Ey, komm, jetzt lass die», sagt Mark, bevor sein Freund reagieren kann. «Wir gehen mal rüber.» Er deutet mit dem Kinn Richtung Sofa. Sieben Mädels sind inzwischen da. Mini, Maxi, Palina, Magda, eine runde Blondine namens Julie, die Asiatinnen Momo und Mia. «Los geht's», sagt Mark und steht auf. Er kommt mir vage bekannt vor, ich habe aber keine Ahnung, woher. Paolo zieht den Kragen seines Bademantels etwas fester zusammen. «Geh schon mal vor», sagt er. «Ich komme sofort.» Irgendwie freue ich mich, dass er noch an der Bar bleibt. Paolo nippt an seinem Wein, spült den Schluck hin und her und nickt zufrieden. Ich stecke mir eine Zigarette zwischen die Lippen. Paolo schnappt sich eine Schachtel Streichhölzer von der Theke und gibt mir Feuer. «Hey du, es tut mir leid, wenn das gerade doof rüberkam. Ich mache so was wie hier nicht oft. Ich hatte einfach das Gefühl, du passt nicht so richtig dazu.» Ich nicke großmütig. «Ist okay», sage ich. «Ich mache so was auch nicht oft.» Paolo lacht und fragt, wie ich zu diesem Job gekommen bin. Ich erzähle von meinem leeren Konto, von Rolf und der Autowerkstatt und erwähne sogar die Sache mit der absturzgefährdeten Lebensmitteltüte auf dem Dach. Paolo nippt an seinem Wein, lacht an den richtigen Stellen und dreht nebenbei einen Bierdeckel in den Händen. Kein Ehering. Schöne Hände.

Mark hat sich hinten beim Sofa für Maxi entschieden. Jetzt kommen sie gemeinsam an die Bar. Ich öffne schon mal eine Flasche Champagner und stelle drei Gläser für Paolo, Maxi und Mark auf den Tresen. «Komm mal mit rüber, Alter. Du bist nicht zum Quatschen hier. Da sind echt heiße Girls», sagt Mark zu Paolo. Maxi spielt mit ihrem Piercing und lässt es mit leisem Pling gegen das Champagnerglas schlagen. «Möchtest du ein Gläschen mit uns trinken?», fragt mich Paolo. Mark schiebt die Flasche ein Stück zur Seite. «Ey, hör ma auf jetzt! Da ist so ne ganz süße Polackin, die wird dir gefallen. Gib der was aus. Das hier bringt doch nix.» Ich zucke zusammen. «Oder kann man dich kaufen?», fragt Mark und schaut mich herausfordernd an. Ich verschränke die Arme. «Äh, nein», sage ich. «Mich kann man nicht kaufen. Höchstens zum Essen einladen.» Mark mustert mich abschätzig. «Jo. Essen tuste gern, ne?», sagt er. Ich ziehe den Bauch ein und fange beleidigt an, ein paar Gläser zu spülen. Ich werde definitiv öfter zum Essen eingeladen, als Mark-Arsch sich die Zähne putzt, denke ich, traue mich aber nicht, es laut zu sagen. «Muss das sein?», höre ich Paolo leise fragen und sehe aus den Augenwinkeln, wie Mark genervt abwinkt. «Komm, zeig mir mal, was du alles mit deinem Piercing anstellen kannst», sagt er und zieht Maxi weg.

Während ich hinter der Bar beschäftigt war, hat Rosi drei weitere Männer in den Club gelassen. Sie sind alle Mitte bis Ende 40 und wirken einigermaßen gepflegt. Einer sieht mit seinen grauen Schläfen und dem kantigen Gesicht aus wie Sean Connery. Der andere trägt eine feine goldene Brille und wirkt sogar im Bademantel so intellektuell, dass ich ihn am liebsten siezen würde. Der Dritte ist etwas pummelig und wischt sich dauernd den Schweiß von der Stirn. Die Männer hocken sich an die Bar und tuscheln, der Intellektuelle bestellt eine Runde Bier. Sie prosten sich zu, beobachten die Mädchen auf dem großen Sofa und unterhalten sich leise. Paolo ist immer noch da und bestellt noch ein Glas Rotwein «und einen billigen Schnaps bitte». Ich lache und schenke ihm einen Schluck Asbach ein. Paolo kippt das Glas entschlossen runter und schüttelt sich. «Nur für dich!», ruft er. Die Herrenrunde schaut irritiert zu uns rüber, und ich kichere in mich hinein. Paolo erzählt, dass er Ingenieur bei BMW ist. Er liebt Autos. Er kriegt nicht genug von ihren Formen, ihrem Geruch, ihrer Technik. Obwohl ihm BMW immer das neueste Modell als Dienstwagen stellt, fährt er privat lieber einen alten Opel Admiral. Ich habe sofort ein Bild vor Augen. Paolo strahlend aus dem Fenster seines Opels gelehnt, im Hintergrund Berge und viel Sonne. Ein Postkartenbild. Schade, dass Pitt heute Abend nicht da ist. Die beiden würden sich bestimmt blendend verstehen. Ich erzähle noch einen Schwank aus meinem wenig postkartenhaften Leben und bin gerade bei Rolf und der Altherrenrunde aus dem Hüttnzauber angelangt, als Rosi an der Bar vorbeiläuft. Sie wirft mir einen warnenden Blick zu. Vielleicht bin ich ihr gerade ZU nett und freundlich? Paolo sitzt schon überdurchschnittlich lange hier an der Bar.

Ich stelle Sean Connery, der gerade eine Zigarre angezündet hat, den passenden Aschenbecher hin. «Entschuldigung», raunt er mit tiefer Stimme. «Wärest du so nett und würdest mir die Dame mit den roten Haaren rüberholen?» Er meint Palina. Natürlich. Sie hockt seit einer Weile einen Tick zu breitbeinig auf der neuen Truhe bei den Whirlpools und raucht. Ich gehe zu ihr rüber. «Sean Connery hätte gerne ein Date mit dir», sage ich. Palina lacht. «Zum Glück nicht der Fette», erwidert sie. Sie trägt eine seidige Korsage in leuchtendem Türkis, die roten Haare fallen in offenen Wellen bis zur Mitte ihres Rückens. Sie sieht aus wie die Erotikversion von Arielle, der Meerjungfrau. Langsam und mit wiegenden Hüften spaziert sie zur Bar. Ich sammle noch schnell ein paar Aschenbecher und leere Gläser ein, und als ich zurückkomme, fummeln Sean und Palina bereits aneinander herum. Polly ist auch plötzlich da und schmiegt sich an Paolo. Das ging jetzt aber schnell. Außerdem bricht sie damit die Animationsregel. Da habe ich als Bardame natürlich auch immer ein Auge drauf. «Hi», sage ich und runzle die Stirn. «Rosi sagt, ich soll mich um diesen gut aussehenden, einsamen jungen Mann kümmern», erklärt Polly, während sie Paolo durch die dichten schwarzen Haare zwirbelt. Aha. Daher weht also der Wind. Doch Paolo will nicht. Sanft schiebt er Pollys Arm von sich weg. Er hat keinen Blick für ihren verführerisch geschürzten Mund und ihre zarte Hand auf seiner Brust. «Ich glaube, ich bin nicht in Stimmung», sagt er und wendet sich wieder seinem Weinglas zu. Polly startet noch einen letzten Versuch, ihn auf einen gemeinsamen Drink zu überreden, doch er springt nicht an. Der Pummelige beugt sich zu mir über den Tresen. Er hätte da ein, zwei Sonderwünsche, würde aber gut bezahlen. Ob ich da ein Mädchen empfehlen könnte ...? Ich winke Amy zu uns. Sie übernimmt immer gerne die Fetischjobs. So wie meistens trägt sie auch heute Lack und Leder. Eine Korsage, die wahnwitzig eng geschnürt ist, absurd hohe Lackstiefel, die weit über die Knie reichen, und Latexhandschuhe bis zu den Oberarmen. Sie und der Typ wechseln keine zwei Sätze, dann sind sie sich schon einig geworden und verschwinden von der Bar.

Der Intellektuelle sitzt zusammengesunken auf seinem Hocker. «Brauchst du noch was?», frage ich. Er guckt traurig auf das leere Erdnussschälchen. «Zu essen habt ihr nix, oder?» Strahlend hebe ich die Banane in die Luft. «Doch!» Der Brillenmann fängt sofort an zu schälen. Er schnuppert. «Sag mal, kann es sein, dass die nach Erdbeere riecht?», fragt er. Ich winke ab. «Auf keinen Fall», sage ich. Frisch gestärkt macht er sich wenig später auf den Weg zu den Frauen auf dem Sofa. Der Bademantel sitzt etwas knapp, und ich versuche, ihm nicht in den Schritt zu gucken. Als er sich noch mal kurz umdreht, um Sean Connery zu winken, öffnet sich der Bademantel endgültig, und ich nehme mir vor, später unbedingt «Mikropenis» zu googeln.

Palina blinzelt mir noch einmal zu, dann zieht sie ihren grauschläfigen Filmstarverschnitt Richtung Liegewiese. Und schon bin ich wieder mit Paolo allein an der Bar. «Was machen wir denn jetzt mit dir?», frage ich. «Ich habe zu arbeiten. Du solltest dir ein Mädchen suchen.» Paolo dreht wieder den Bierdeckel in seinen Händen. «Vielleicht will ich das gar nicht», sagt er langsam. «Ehrlich gesagt finde ich, du bist die spannendste Frau hier. Vielleicht würde ich dich gerne mal zum Essen einladen. Du darfst auch den Wein aussuchen.»

Ich schaue Paolo nachdenklich an. Seine Einladung klingt ehrlich. Hätten wir uns in einer normalen Bar oder auf einer Party kennengelernt, würde ich vermutlich zusagen. So aber entscheide ich mich für eine Absage und eine Portion Ehrlichkeit. «Nein, vielen Dank», sage ich höflich. «Das fände ich komisch. Wenn du ein Date suchst, solltest du nicht ins Bordell gehen.» Was für eine Geschichte würden wir denn bitte unseren Enkeln erzählen? «Opa wollte gerade eine Frau für Sex bezahlen, aber dann hat er Oma kennengelernt»?! Paolo seufzt. «Ich bin nicht so ein Typ, wie du vielleicht gerade denkst. Eigentlich bin ich nur meinem Kumpel zuliebe mitgekommen», sagt er. Natürlich, denke ich. Dem Kumpel zuliebe! Was für ein Unsinn. Ich bin vielleicht manchmal etwas gutgläubig, aber doch nicht doof! Paolo gibt nicht auf. «Ich bleibe einfach hier sitzen. Ich lasse mich lieber von dir ignorieren als von einer anderen Frau verführen.» Und auch wenn ich es nicht will, fühle ich mich jetzt doch geschmeichelt. Die Mädchen hier sind oberste Liga. Sie sind die roten Ferraris unter den Frauen. Glänzende, elegante Männerträume. Ich bin mehr so der senfgelbe Ford Escort mit Rostbeule im Kotflügel. Schon schön, man müsste aber noch viel Zeit und Liebe reinstecken. Dass hier jemand sitzt und trotzdem mich anflirtet, fühlt sich gut an. Rosi setzt sich auf einen Zigarillo zu uns an die Bar. Ihr Blick fällt auf die fast leere Flasche Wein, die Paolo den Abend über getrunken hat. «Ach», sagt Rosi.

«Das war die letzte Flasche Cabernet, die wir auf Lager hatten. Wie schade. Ich hätte gerade so Lust auf ein Glas.» Ich schaue sie irritiert an. «Was?», frage ich. «Du hast noch nie Rotwein getrunken. Du hast gesagt, du verträgst keinen Rotwein. Kopfschmerzen aus der Hölle und so?!» Rosi bläst mir genüsslich eine Stinkwolke ins Gesicht. «Stimmt. Hatte ich fast vergessen. Manchmal will man etwas unbedingt, nur weil man es nicht haben kann.» Ich starre auf die Flasche Rotwein. Wovon redet Rosi denn da? Möchte sie nun Rotwein oder nicht? Rosi guckt vielsagend zu Paolo. Moment. Sie meint gar nicht den Wein, sondern Paolo? Spielt sie darauf an, dass er sich nur für mich interessiert, weil ich die Einzige hier bin, die nicht für ihn zu haben ist? Trotzig stelle ich ein leeres Glas auf den Tresen und kippe das Minischlückchen Rest-Merlot hinein. «Bitte sehr», sage ich. Rosi soll mich mit ihren Weisheiten verschonen. Ich bin ein großes Mädchen. Rosi ignoriert das Glas, drückt ihren Zigarillo aus und verschwindet im Hinterzimmer. Die kleine grüne Schlange auf ihrem Hut wirft mir einen vorwurfsvollen Blick zu. Paolo schüttelt kurz irritiert den Kopf, fragt aber nicht weiter nach. Er holt tief Luft. «Okay», sagt er und kramt in seinen Bademanteltaschen. «Letzter Versuch, damit du weißt, wie ernst ich es meine. Hier ist mein ganzes Geld. 500 Euro.» Er legt einen Stapel Scheine auf den Tresen. «Ich lasse die hier liegen, und du kannst dir billigen Schnaps davon kaufen oder Rotwein oder einen neuen Kühlschrank. Dafür bekomme ich deine Telefonnummer. Ich werde dich anrufen und zum Essen einladen. Was sagst du?»

Ich starre fassungslos auf das Geld. 500 Euro! Für meine Telefonnummer?! Ich strecke die Hand nach dem Stapel

aus und berühre den ersten Schein. Soll ich? Als ich hoch-
blicke, sehe ich direkt in Paolos Augen. Braun. Sanft. Was
soll denn schon passieren? Wir würden uns ja nur zum Essen treffen. Und danach gehe ich wieder nach Hause. Ich
muss nichts machen, was ich nicht will. 500 Euro! Paolo
dreht schweigend den Bierdeckel in seinen Händen.

Während ich noch über Paolos mittelmoralisches Angebot
nachdenke, kommen Palina und Sean Connery zurück.
Das ging ja flott. Er küsst sie formvollendet links und
rechts auf die Wange und geht Richtung Umkleide. Palina
setzt sich etwas abseits an die Bar, zündet eine Zigarette
an und richtet ihre Haare. Ich schiebe ihr einen Wodka und
die Pfefferminzkaugummis rüber. Paolo wartet immer
noch auf meine Antwort. Er schaut mich an und legt den
Kopf schief. Als er lächelt, vertiefen sich die Lachfältchen
um seine Augen. Ich gebe mir einen Ruck. Vermutlich
mache ich mir unnötig viele Gedanken. Ich will gerade
nach dem Geld greifen, als aus dem hinteren Teil des Clubs
laute Stimmen zu hören sind. «Du fieser eklige SCHEISS-
KERL!» Maxi stürmt durch den Raum. Sie ist nackt. Mark
stolpert fluchend hinter ihr her. «FASS mich nicht an!
HAU AB!» Maxis Stimme überschlägt sich. Rosi kommt
aus dem Büro angelaufen, Palina springt auf und fängt
sie ab. «Was ist passiert?», fragt sie und legt schützend
einen Arm um sie. Maxi zittert vor Wut. «Die Kondom ist
kaputtgegangen beim Anssiehen mit die Mund, wegen
die scheiß Piercing!», schreit sie völlig außer Atem. «Und
diese Mistsack hatte gesagt, ist doch egal, halt still, stell
dich nichte an!» Paolo ist aufgestanden und hat sich an
die Seite von Mark gestellt. «Er hat einfach weitergemacht,
obwohl ich nein gesagt habe! Ich musste richtig beißen

und kratzen!» Erst jetzt bemerke ich blutige Spuren an Marks Hals. Er wirft vorwurfsvoll die Arme in die Luft und wendet sich an Rosi. «Die soll sich nicht so anstellen, verdammt noch mal!», ruft er. «Ich werde regelmäßig ärztlich untersucht, ich bin sauber. Das wisst ihr doch.» «Ich habe aber NEIN gesagt, du Arschloch», brüllt Maxi. «Ich gehe zu Presse, ich sage allen, dass die große Fußballstar ist eine dreckige Vergewaltiger!» Ah. Daher kenne ich den Typen. Irgendwas mit Fußball. Jetzt geht Rosi dazwischen. «Schluss jetzt!» Sie schickt Maxi zum Duschen, holt Desinfektionsspray aus dem Schrank, verarztet Marks blutige Schrammen und drückt ihm ein paar Scheine in die Hand. «Tut mir wirklich sehr leid», sagt sie. «Kommt nicht wieder vor.» Mark knurrt in sich hinein und verzieht sich in die Umkleide. Paolo hat während der ganzen Aktion kein Wort gesagt. Seine 500 Euro liegen immer noch auf der Theke. «Ich komme gleich wieder», raunt er mir leise zu und läuft Mark hinterher. Ich schaue Palina an und schüttle den Kopf. «Wieso macht Rosi das? Wieso schmeißt sie das Arschloch nicht raus?» Palina zuckt mit den Achseln und macht eine Kaugummiblase. «Guter Kunde. Können wir uns nicht leisten zu verlieren. Außerdem sind die Spitzensportler wirklich immer sauber, das weiß Maxi auch.» «Hhm», sage ich. «Wieso kommen solche Leute eigentlich hierher? Nichts gegen das Lollipop, aber der könnte sich doch sicher was Schickeres leisten, oder?» Palina macht eine Kaugummiblase. «Rosi hat einen guten Ruf in der Branche. Absolute Diskretion, gute Frauen, faire Preise», sagt sie. Klingt wie eine Amazon-Bewertung. «Ich glaube, sie wird noch oft von ihren alten Kunden aus den Achtzigern empfohlen, die ihr einen Gefallen tun wollen. Damals war sie die Nummer eins und das Lollipop ein echter Edelschuppen.» Palina trinkt ihren Wodka aus. Ihr Blick fällt auf die Geldscheine, die an der Bar liegen. Sie schaut mich fragend an, sagt aber nichts. Dann steht sie auf und geht Richtung Keller. Ich zünde eine Zigarette an und nehme das Geld in die Hand. Fünf 100-Euro-Scheine. Fast so viel, wie ich Pitt vorhin für Rolf gegeben habe. «Das rote Geld», schießt es mir plötzlich durch den Kopf. Ich beiße mir auf die Unterlippe. Was hat Palina mal zu mir gesagt? «Das rote Geld ist wie Heroin – es macht sofort süchtig.» Ich ziehe meine Hand zurück.

Stunden später, als die Gäste längst alle gegangen sind und ich die Bar sauber mache, kommt Palina zu mir hinter den Tresen. Sie umarmt mich und flüstert mir ins Ohr: «Ich bin stolz auf dich, kleine Püppi.» Ich seufze schwer und aus tiefstem Herzen: «Weißt du zufällig, wo ich einen billigen Kühlschrank herkriege?»

Weihnachten ist Fickzeit In ein paar Tagen ist Weihnachten, und ich hab so gar keinen Bock. Ich bin müde, erkältet und trotzdem auf dem Weg zu einer Extraschicht im Club. «Weihnachten ist Fickzeit», hat Rosi gesagt und mir damit auch den letzten Funken Besinnlichkeit aus dem Herzen getrieben. Bei Rolf ist die Heizung ausgefallen, und ich habe mir eine Wärmflasche unter die Beine geschoben, um die halbstündige Autofahrt ohne Frostbeulen zu überstehen. Ansonsten ist Rolf aber in Bestform. Pitt hat den Wackler im Erregerkreis repariert, seitdem rollt mein Auto zuverlässig zwischen Lollipop und meiner Wohnung hin und her.

Es ist kurz nach acht, als ich Rolf vor dem Club abstelle. Fast stürze ich auf den vereisten Stufen. Rosi sollte dringend mal streuen, sonst packt sich hier noch jemand hin. Sie drückt mir die Tür auf, kommt mir aber nicht entgegen, wie sonst immer. Im Club ist alles leer, die Barlichter sind noch dunkel. Aus Rosis kleinem Arbeitszimmer dringen gedämpfte Stimmen. Ich stecke den Kopf durch die Tür. «Huuuhuu!», rufe ich fröhlich. Rosi, Pitt und Palina hocken auf dem kleinen Sofa, reagieren aber kaum auf meine Begrüßung. Pitt hat eine Hand auf Palinas Rücken gelegt, sie hat den Kopf in den Händen vergraben. Die Luft steht. Eine Mischung aus zu vielen Zigaretten, Schweiß und Parfüm. Ich muss sofort husten und wedle mit der Hand in der dunstigen Luft. «Ist irgendwas passiert?», frage ich besorgt. Niemand antwortet.

Palina hebt den Kopf, und ich zucke zusammen. Ihr Gesicht ist aufgedunsen, ihre Wangen sind grünblau angelaufen. Das rechte Auge ist komplett zugeschwollen. Ihre Lippen sind aufgeplatzt und blutig verkrustet. Ich lehne mich mit dem Rücken gegen die Wand. Heute war der erste Tag ihrer Wochenendbuchung. «Er hat dich geschlagen?», frage ich heiser. «Nee, Püppi. Er hat mir teuren Schmuck geschenkt und die Füße massiert», erwidert Palina. Ich hocke mich auf die Sofalehne, meine Knie zittern. «Was ist denn passiert?», frage ich. Palina holt tief Luft. «Wir haben uns im Hotel getroffen, eine Runde gevögelt, danach Sushi und Champagner bestellt. Ich dachte, alles läuft gut.» Sie versucht, so zu sprechen, dass sie ihre geschwollene Unterlippe so wenig wie möglich bewegen muss. Es klingt ein bisschen, als würde sie lallen. «Aber dann hat er eine Kamera aufgebaut und wollte eine Vergewaltigung nachspielen. Das ist nicht so mein Ding, also habe ich nein gesagt. Außerdem wollte ich auf keinen Fall gefilmt werden.» Sie tupft sich etwas Spucke aus dem Mundwinkel und verzieht das Gesicht. «Als ich die ganze Sache abbrechen wollte, hat er mich verprügelt. Ich wusste nicht mehr, wo oben und unten ist. Dann hat er mich gefickt. Vor laufender Kamera.»

Ich habe das Gefühl, als würde sich mein Magen einmal um sich selbst drehen. Ich schaue zu Rosi. In sich zusammengesunken sitzt sie da, sie ist blass. In Palinas Augen glitzern Tränen. «Als ich zu mir gekommen bin, war er weg. Auf dem Flurtisch lag ein Stapel Geld. Fast 1000 Euro mehr als ausgemacht. Aber ich habe keine Ahnung, was der jetzt mit den Aufnahmen macht.» Pitt atmet schwer, er streicht mit seiner Hand immer noch ihren Rücken auf und ab. Palinas Stimme klingt dumpf. «Ich habe mir ein Taxi genommen und bin hergefahren. Ich will jetzt nicht nach Hause.» Ich zünde mir mit bebenden Händen eine Zigarette an. «Und jetzt?», frage ich. «Brauchst du einen Arzt? Habt ihr schon die Polizei angerufen?» Palina lacht bitter und fasst sich sofort an die Lippe. «Fanny, das war alles schwarz. Ich kann nicht die Polizei rufen. Ich weiß nicht mal, wie der heißt.» Sie lehnt den Kopf an Pitts Schulter und schluchzt leise.

«Rosi, sag du doch auch mal was!» Ich schaue sie herausfordernd an. Sie hebt die Schultern. «Ich wüsste nicht, was wir tun können», sagt sie. Ich fange an, in dem kleinen Raum auf und ab zu laufen. Wenn wir nicht die Polizei einschalten, dann könnten wir ihm vielleicht einen Schlägertrupp auf den Hals schicken. Wozu kennt Rosi Gott und die Welt? «Wir müssen doch irgendwas tun!», rufe ich. «Der darf nicht einfach damit durchkommen!» Auf dem Couchtisch liegen Salbe, Desinfektionsmittel und ein Kühlpad. Pitt tupft Palina mit einem Taschentuch vorsichtig im Gesicht herum. «Was möchtest DU denn tun?», fragt er sie. «Ich will nur schlafen», erwidert sie. «Am liebsten hier im Keller, dann fühle ich mich nicht so allein.» «Natürlich», sagt Rosi sofort. «Ich bringe dir gleich einen Tee», ergänzt Pitt. Einige Sekunden ist es still im Raum. Dann schreie ich los: «DAS IST ALLES?!» Ich fasse es einfach nicht. «Da läuft ein Typ in München rum, der Palina misshandelt und vergewaltigt und dabei gefilmt hat! Und alles, was euch einfällt, ist ein bisschen Salbe und Tee?!» Rosi, Pitt und Palina schauen mich an. «Komm mal mit, Fanny», sagt Rosi schließlich, steht auf und schiebt mich aus dem Raum. Sie schaltet die Barbeleuchtung an und gießt uns zwei Gläser Wodka ein. «Was soll ich tun?», fragt sie, nachdem sie den ersten Schluck getrunken hat. «Palina darf bei mir arbeiten, obwohl sie keine Arbeitserlaubnis hat.» Sie zündet sich einen ihrer Zigarillos an. «Aber ich bin nicht Mutter Teresa. Niemand hat sie gezwungen, diese Buchung anzunehmen. Ich kann hier niemanden retten.»

Ich kämpfe gegen die Tränen. Nach der Sache mit Palina hinter den Mülltonnen dachte ich, ich hätte das Schlimmste erlebt. Ich habe mich geirrt. Am liebsten würde ich sofort alles hinschmeißen und nach Hause fahren. In Ruhe nachdenken. Mit Lucy reden.

Rosi legt mir ihre Hand auf den Arm. Sie hat die Haare zu einem schlichten Dutt gedreht und trägt ein elegantes schwarzes Seidenkleid. Damit sieht sie aus wie eine reiche Bogenhausener Witwe. «Wenn du Palina wirklich helfen willst, dann sei für sie da. Was sie braucht, ist eine ganz normale Freundin.» Ich schlucke. Kann man ganz normal mit jemandem befreundet sein, der solche Sachen erlebt? «Ich weiß nicht, ob ich das schaffe», flüstere ich. Rosi drückt ihren Zigarillo aus. «Es ist ein hartes Geschäft. Überleg dir, wie du weitermachen willst.» Sie steht auf und lässt mich alleine an der Bar sitzen. Ich rauche noch eine Zigarette – und habe keine Ahnung, was ich machen will. Oder soll. Jetzt versuche ich erst mal, diesen Abend hinter mich zu bringen. Wie ferngesteuert laufe ich durch den Club und lege Pornos in die Player. Hinten bei den

Pools steht tatsächlich ein Weihnachtsbaum. Eine majestätische Tanne mit Plastikkerzen, goldenem Lametta und roten Kugeln. Fast wie in einem deutschen Durchschnittswohnzimmer, wenn auf der Spitze nicht statt eines Weihnachtssterns ein blinkender Engel in Strapsen sitzen würde. «Niemand hat Palina gezwungen», hat Rosi gesagt. Aber was heißt schon zwingen? Mini hat mal erzählt, dass sie eigentlich Altenpflegerin ist. Sie kommt jedes zweite Wochenende her, um ihr Gehalt aufzustocken. «Davon kann man in München nämlich als Alleinerziehende von zwei Kindern nicht leben», sagt sie. Ist sie nach Rosis Argumentation dann freiwillig hier? In trübe Gedanken versunken, gehe ich in den Keller und stelle eine Maschine Wäsche an. Als ich wieder nach oben komme, spricht Rosi gerade mit einem blonden Mädchen, das ich nicht kenne. Sie sieht keinen Tag älter aus als 16. Ganz zart und blass, mit einer kleinen Stupsnase und Sommersprossen im Gesicht. Ich lächle ihr zu. Sie schiebt sich mit zitternden Händen die Haare hinter die Ohren und lächelt zurück. Dann geht sie durch die Tür Richtung Keller. Rosi kommt auf mich zu. «Das ist Lisa», sagt sie. «Ihre Schwester hat sie geschickt. Sie ist heute zum ersten Mal hier. Hab doch bitte ein Auge auf sie und sag Bescheid, wenn irgendwas ist.» Was auch immer das heißen mag. Ich nicke trotzdem und bereite einen Aperol Spritz für Lisa vor. Pitt kommt aus dem kleinen Nebenzimmer, setzt sich zu mir an die Bar und bestellt Kaffee. Extra stark und mit zwei Päckchen Sahne. Seine Sorgenfalten sehen heute besonders tief aus. «Das ist alles so eine verdammte Scheiße», murmelt er. Warum tut Pitt sich das überhaupt an? Er könnte doch auch einfach bowlen gehen, Briefmarken sammeln oder einen Oldtimer-Stammtisch gründen. «Woher kennst du Rosi eigentlich?», frage ich. Pitt seufzt. «Ich arbeite seit 35 Jahren in dieser Werkstatt und kenne Rosi seit ihrem allerersten Tag im Lollipop, Anfang der Achtziger.» Er erzählt, was für eine Schönheit Rosi damals war. «Und sie war gerne Prostituierte. Sie liebte den Luxus und arbeitete wie eine Verrückte.» Er rührt in seiner Tasse. «In weniger als zwei Jahren war sie eine der bekanntesten Prostituierten in München. Die reichsten Männer der Stadt wollten nur sie.»

Ich lächle. Das kann ich mir total gut vorstellen. «Für mich war das natürlich auch ein super Geschäft», sagt Pitt verschmitzt. Während die Männer rüber zu Rosi gingen, machte er schnell einen Ölwechsel oder reparierte Kleinigkeiten. Auf seinem Hof parkten regelmäßig bunte Oldtimer und edle Luxuskarossen. «Irgendwann hat Rosi einen Rotlichtkönig geheiratet. Das war keine gute Idee. Ein Säufer und ein Spieler. Er hat sie regelmäßig verprügelt und ihr ganzes Geld verprasst.» Pitt trinkt einen Schluck, seine Augen sind in weite Ferne gerichtet. «Bodo hieß der. Ein brutaler, gefährlicher Mann. Der hatte so viel Dreck am Stecken, dass er sich Anfang der Neunziger ins Ausland abgesetzt hat. Nicht wegen der Polizei. Wegen der Feinde, die er sich in der Szene gemacht hat. Irgendwann hätten die ihn umgelegt.» Er erzählt, wie Rosi noch mal von vorne anfangen musste. Ohne Geld und nicht mehr die Jüngste. «Aber sie hat gekämpft», sagt Pitt. «Sie hat immer gekämpft.» Er streicht ein imaginäres Stäubchen von der Theke. «Ich kenn niemanden auf der Welt, der so stark und tapfer ist wie Rosi.» Gerührt schaue ich Pitt an. Das war ja schon fast eine Liebeserklärung.

Ich will gerade fragen, ob zwischen ihm und Rosi mal was lief, als Lisa aus dem Keller nach oben kommt. Sie ist dezent geschminkt und hat ihre blonden Haare zu einem mädchenhaften Pferdeschwanz geflochten. Sie trägt ein weißes Spitzenunterhemd und ein kurzes rosafarbenes Höschen. Als sie an der Bar vorbei Richtung Sofa läuft, winke ich ihr zu. «Hey Lisa», rufe ich. «Ich hab dir einen Drink gemacht. Setz dich doch kurz zu uns.» Ich werfe einen Blick auf die Uhr. Gute 20 Minuten noch, bis es offiziell losgeht. Heute sind so viele Frauen da wie noch nie. Ich zähle 13. Ein paar von ihnen kenne ich noch gar nicht. Ich stelle Lisa den Aperol Spritz auf die Theke. «Hier, ich wusste nicht, was du magst. Aber so ein Spritz geht ja eigentlich immer», sage ich freundlich. Lisa setzt sich auf einen Hocker. «Danke sehr», sagt sie und rührt mit dem Strohhalm im Glas. «Ich trinke normalerweise nicht viel Alkohol.»

Ihre großen braunen Augen wandern durch den Raum und bleiben auf dem Flatscreen über der Bar hängen. Ich folge ihrem Blick. Drei großzügig behaarte Männer beschäftigen sich mit jeder verfügbaren Körperöffnung einer dürren Blondine. Lisa erstarrt. «Ja, also, und das ist Pitt», versuche ich sie abzulenken. «Er arbeitet nebenan und trinkt manchmal einen Kaffee hier. Er ist aber kein Kunde.» Langsam löst Lisa ihren Blick vom Flatscreen und schaut Pitt an, der zwei Finger an seine Schirmkappe legt wie ein alter Seemann. Lisa trinkt ein Mäuseschlückchen von ihrem Aperol. «Hallo Pitt», sagt sie. «Meine Schwester war schon ein paarmal da, sie hat von dir erzählt.» «Was denn?», frage ich neugierig. «Dass Pitt der netteste Mann ist, den sie je kennengelernt hat.» Pitt räuspert sich und

schiebt mir seine Tasse und die zwei leeren Sahnepäck-
chen entgegen. «Räum doch hier mal auf, wie sieht das
denn aus?», sagt er. Ich grinse und zwinkere ihm zu. «Wie
alt bist du denn eigentlich?», frage ich Lisa. «Ich bin vergangene Woche 20 geworden.»
Ich schlucke. Das ist verdammt jung. «Hast du gefeiert?»,
frage ich, weil ich nicht weiß, was ich sonst sagen soll.
Sie zuckt mit ihren schmalen Schultern. «Nicht so viel»,
sagt sie. «Zum Frühstück habe ich ein Glas Prosecco getrunken. Da hatte ich ziemlich einen sitzen.» Sie lächelt
zaghaft. Ihr Blick wandert wieder zum Bildschirm über
der Bar. Ich denke nach. Was habe ich eigentlich mit 20
gemacht? Ich wohnte am Rande einer Kleinstadt, lernte
fürs Abi und wollte unbedingt Gitarre spielen. Natürlich
verliebte ich mich in den lockigen Musikstudenten, der
mir jeden Dienstagabend geduldig die Finger auf die richtigen Saiten schob. Wir wurden ein Paar und blieben bis
zu meinem Studium ein Herz und eine Seele. Einen besseren Mann für die erste große Liebe hätte ich mir nicht
wünschen können. Er war treu und geduldig, großzügig
und liebevoll. Dass sich andere in meinem Alter für Sex
bezahlen lassen, war für mich genauso weit weg wie eine
Karriere in Hollywood. Das Verruchteste, was meine Le-
benswelt damals erreichte: das Schulhofgerücht, die große Cousine einer Mitschülerin würde am Wochenende in
einer Pornovideothek jobben. Und selbst das war eigentlich unvorstellbar. Meinen 20. Geburtstag feierte ich mit
meinen besten Freunden im Partykeller zu Hause. Es
gab selbstgemachten Punsch und Konfettikanonen, und
mein Freund, der Musikstudent, spielte auf seiner Gitarre. Meine Mutter brachte um Mitternacht eine Torte mit

brennenden Kerzen in den Keller, was mir natürlich sehr peinlich war.

Ich sehe Lisa lange an. Wie sie dasitzt und an ihrem Getränk nippt. Wie sie an ihrem weißen Unterhemdchen zupft und auf dem Barhocker hin und her rutscht. Wie sie manchmal zu dem großen Flatscreen rüberschielt und ihr kleines Stupsnäschen mit den Sommersprossen kräuselt. Ich würde sie so gerne nach Hause schicken. Sie sollte eine Geburtstagsparty feiern und einen netten Jungen kennenlernen. Vielleicht einen, der auch ein bisschen schüchtern ist und mit dem sie sich vor der Welt verkriechen kann. Sie sollte hier nicht sitzen. Warum sie es dennoch tut? Ich traue mich nicht zu fragen. Für heute Abend habe ich genug gehört.

«Hast du ein Lieblingslied?», frage ich sie stattdessen. Bisher habe ich noch keine CD eingelegt, und das einzige Hintergrundgeräusch ist das leise Stöhnen der Pornodarsteller. «Adele vielleicht? Set fire to the rain? Ginge das?», fragt Lisa. Ich durchsuche den CD-Stapel und werde tatsächlich fündig. Adeles Stimme flüstert und streichelt, trotzt und tröstet sich durch den Raum. Völlig in die Musik versunken, sitzt Lisa für einige Minuten da. Irgendwann klingelt es an der Tür. «Du musst jetzt rübergehen», sage ich und deute mit dem Kopf in Richtung des großen Sofas. Sie nickt und steht auf. Streicht unnötigerweise ihr Unterhemdchen noch mal glatt. «Es wird schon!», rufe ich ihr nach und komme mir tantig und doof vor.

Im Hintergrund erscheinen die ersten Gäste des Abends. Drei Typen um die 30. Sie lallen laut durcheinander, einer trägt eine Nikolausmütze, ein anderer eine rote Kette mit kleinen Christbaumkugeln. Vielleicht kommen sie gerade von einer Weihnachtsfeier. Ihnen folgen zwei ältere Typen um die 50. Beide haben leichtes Übergewicht und sehen aus wie die langweiligsten Menschen der Welt. Elegante, aber spießige Anzüge und Haare, die aussehen, als hätten sie zum Friseur gesagt: «Einmal völlig egal, bitte.» Während die Männer in der Umkleide verschwinden, fange ich auf Verdacht an, Pils vom Fass für die Weihnachtsfeierjungs vorzuzapfen. Inzwischen kenne ich ja meine Pappenheimer. Adeles tiefe, traurige Stimme füllt das Lollipop bis in die letzte Ecke mit Melancholie. Das passt vielleicht nicht so richtig für Leute, die betrunken von einer Weihnachtsfeier kommen. Ich wechsle zu einem Sampler mit Weihnachtsliedern und ertappe mich dabei, wie ich den Refrain von «Driving Home for Christmas» mitsumme.

Pitt sitzt mit krummem Rücken über den Tresen gebeugt und schielt zum Sofa hinüber, wo Lisa sitzt. Brav hat sie die Hände gefaltet und auf ihre nackten Beine gelegt. Pitt wendet sich ab und kneift seine braunen Augen zusammen, als wolle er das Bild schnell wieder loswerden. Wie es sich wohl für eine Mutter oder einen Vater anfühlt, wenn die eigene Tochter sich prostituiert? «Hast du eigentlich Kinder?», frage ich ihn. Er starrt ins Leere. «Nein», sagt er. «Hat sich nie ergeben.» «Ach schade, warum denn nicht? Du bist doch voll der Kindertyp», hake ich nach. Pitt schaut nicht auf. Er rührt in seiner Tasse. «Nie die richtige Frau», murmelt er leise. «Und jetzt mach mir bitte einen richtigen Kaffee, der erste war viel zu dünn.»
Die Weihnachtsfeierjungs kommen als Erstes an die Bar. Sie tragen ihre Bademäntel betont lässig, der eine hat seine Nikolausmütze einfach angelassen. «Drei Pils bidde!», be-

stellt er. Ha! Wusste ich es doch. Ich setze den vorbereiteten Pils eine frische Schaumkrone auf. Wham! singt «Last Christmas», und Pitt erhebt sich mühsam von seinem Barhocker. «Ich mach mich mal auf den Weg», sagt er und tippt grüßend an seine Schirmmütze. Die Jungs drehen sich nach ihm um. «Ach Opi, bleib doch noch!», ruft einer. «Komm wir geben dir einen aus!» Pitt winkt ab. «Macht ihr mal», sagt er über seine Schulter zurück. «Und vergesst die Liebe nicht.» Er lächelt etwas angestrengt, dann dreht er sich endgültig um. Die drei brechen in Gelächter aus. «Ein Romantiker!» «Schlechten Tag gehabt?» «Ist das Viagra leer?», spotten sie. Idioten. Mein Herz wirft Pitt eine Kusshand hinterher. «Wie heißt ihr denn?», frage ich sie und lege so viel Verachtung in meine Stimme, wie mir möglich ist. Sie kichern immer noch albern vor sich hin und stoßen sich mit den Ellenbogen an. «Wir sind Tick, Trick und Track», sagt schließlich der Kleinste von ihnen, und alle lachen. Ich verziehe keine Miene. «Hätte ich mir ja denken können, bei dem Gequake», knurre ich. Die drei kommen tatsächlich direkt von ihrer Weihnachtsfeier. «Ey und die Weiber da ...», sagt Trick. Das ist der mit der Nikolausmütze. «... die Weiber sind so megaanstrengend.» «Meeegaaaa!» Track nickt eifrig. Ich ahne, was jetzt kommt. Ich stütze meinen Kopf auf die Hände und warte. «Weißt du», sagt Tick, «Frauen sind manchmal echt kompliziert, wenn es um Sex geht. Erst wollen die zum Essen eingeladen werden. Dann wollen sie bestenfalls knutschen, um zu gucken, ob es sich richtig anfühlt.» «Genau», ruft Trick, «und vor dem dritten Date läuft eh nix und dann auch nur vielleicht, und nach der ersten Nacht wollen sie gleich Ringe aussuchen und die Eltern kennenlernen.» Ich notiere mir gedanklich, dass ich bei Gelegenheit mit Lucy ein Puff-Bull-shitbingo basteln muss, in dem all die Sätze vorkommen, die ich hier schon von Kunden gehört habe: «Ich mache das nicht so oft.» «Ich bin halt auch nur ein Mann.» «Das hat mit meiner Frau gar nichts zu tun.» «Besser, als wenn ich eine Affäre hätte.» «Es ist doch nur Sex.» «Ich respektiere Frauen total.»

Keine zehn Minuten später liegt die Gruppe mit vier Frauen im Whirlpool. Ich recke den Kopf. Mini, Maxi, Momo und eine Blonde, die ich nicht kenne. Lisa ist nicht dabei. Sie sitzt immer noch auf dem großen Sofa. Den Kopf gesenkt, den Blick starr auf den Boden gerichtet. Vielleicht versucht sie sich wegzuwünschen. Ich würde es verstehen. Aus der Umkleide kommen die beiden Langweiler an die Bar. Das hat ja ewig bei denen gedauert. Was die wohl trinken? Ich tippe auf Bananenweizen. Irgendwas Uncooles jedenfalls. «Hallo junge Frau, zwei Weißweinschorlen bitte», bestellt der Blonde. Mist. Hätte ich selbst draufkommen können. Weißweinschorle ist richtig uncool. Wie eine lauwarme Affäre. Bisschen Lust hat man schon, traut sich aber nicht, Vollgas zu geben, weil man Angst vor dem Kater hat. Wieso muss ich jetzt eigentlich an Maik denken? Bin ich für Maik so was wie Weißweinschorle? Ich schiebe den Gedanken hastig beiseite und krame nach dem billigen Veltliner, der schon so nach Sodbrennen aussieht. Alleine deshalb sollte man niemals Weißweinschorle bestellen: Die Barkeeper nehmen für Schorle nie den guten Wein von der Karte. Wozu auch? Billig-Riesling tut es genauso, merkt eh keiner. Freundlich lächelnd pansche ich den beiden ihre Getränke zusammen. Die Schorlentrinker reden über ihre Arbeit. Es geht um irgendeinen Fall, den sie vor Gericht gewonnen

haben. Anwälte also. Mit gespitzten Ohren spüle ich ein paar Gläser. Der blonde langweilige Mann hat fettige Haut mit großen Poren, wässrig blaue Augen ohne Wimpern und eine klumpige Nase. Im linken Nasenloch hängt ein dicker gelber Popel. Wenn ich richtig gelauscht habe, sind die beiden Scheidungsanwälte, und der Blonde ist irgendwie der Chef. «Der Trottel sollte seiner Alten richtig viel Kohle zahlen», sagt Popelmann gerade. «Und wofür? Weil sie den Sohn großgezogen hat. Der will jetzt Schauspieler werden. Zum Kotzen.» Der Dunkelhaarige nickt die ganze Zeit und sagt «Jajajaja». Er sieht ein bisschen aus wie Thomas Anders. Hat der gezupfte Augenbrauen? Er bemerkt meinen Blick und runzelt leicht die Stirn. «Ähem», sage ich schnell. «Noch Wein?» Obwohl ich ihn gar nicht meinte, nickt der Blonde und schiebt sein Glas in meine Richtung. Ich gieße ihm nach und versuche, ihm dabei nicht zu nahe zu kommen. Ich habe Angst, dass sich der große gelbe Popel löst und in meine Richtung segelt. Ich will gerade nach unten gehen und nach Palina sehen, als Lisa vom Sofa aufsteht und an die Bar kommt. Unsicher hält sie mir ihren Becher entgegen. «Könnte ich noch etwas Wasser bekommen, bitte?», fragt sie leise. «Klar.»
Ich nehme den Becher und laufe zum Kühlschrank. Das Scheidungsanwaltarschlochgespräch ist plötzlich verstummt. Oh nein. «Hey du, komm mal her!», ruft der Blonde im Chefton zu Lisa rüber. Sie zupft an ihrem Hemdchen. «Iiich?», fragt sie, und ihre Stimme klingt noch piepsiger als ohnehin schon. «Na klar, du!», ruft er. «Die Barfrau werde ich ja wohl kaum meinen.» Ich verdrehe die Augen. Ist es zu spät, ihm in den Wein zu spucken? Lisa stellt sich zu den Männern. «Hallo», piepst sie. «Ich bin die Lisa.» Der

Blonde mustert sie genüsslich von oben bis unten. «Sehr schön», sagt er. «Wir beide machen uns jetzt einen gemütlichen Abend.» Die arme Lisa. Ich habe kein gutes Gefühl bei dem. Den ersten Kunden vergisst man bestimmt nie. Ich hätte Lisa etwas anderes gewünscht. Einen sympathischen Jüngeren. Nicht so einen aalglatten Schnöselarsch. «Möchtet ihr denn was trinken? Champagner vielleicht?», frage ich. Der Anwalt winkt ab und kippt sein Weißweinglas in einem Zug runter. «Was bekommst du?», fragt er mich. «9,50 Euro bitte.» Er kramt in seinem Bademantel und zählt mir sorgfältig 9,50 Euro auf den Tresen. Kopfschüttelnd schmeiße ich das Kleingeld in die Kasse. Solche Typen müssen sich echt nicht wundern, wenn ihnen mal irgendeine Kellnerin im Restaurant Zehennägel in den Parmesan mischt. Thomas Anders hat die Szene aufmerksam verfolgt. Er schaut mich an und hebt die Schultern. Es sieht fast entschuldigend aus.

Ich wische die Theke ab. «Und du?», frage ich Thomas Anders. «Noch was trinken?» Er nickt, schiebt mir seine halb ausgetrunkene Weißweinschorle zu und bestellt ein Bier. Im Whirlpool grölen die Jungs inzwischen lautstark: «All I want for christmas is youuuuuu ...» Der mit der tropfnassen Nikolausmütze schlägt im Takt dazu auf Minis nackten Hintern, der sexy Weihnachtsengel auf der Tannenbaumspitze blinkt. Amy läuft vorbei und versucht, Thomas Anders heiße Blicke zuzuwerfen. Er schaut nicht mal auf. «Nicht dein Typ?», frage ich. Er schüttelt den Kopf. «Schwul?», schiebe ich scherzhaft hinterher. Er zuckt zusammen. «Nein, nein», sagt er einen Tick zu schnell. Ich ziehe die Augenbrauen hoch. «Ich trinke in Ruhe mein Bier und gehe dann. Okay?» Ich nicke. Aus der Umkleide kommen schon wieder drei neue Männer in Bademänteln Richtung Bar. Haben die denn alle so kurz vor Weihnachten nichts Besseres zu tun? Ich schaue noch schnell bei Rosi in die Kommandozentrale. «Na?», sie schaut mich erschöpft an. «Wie schaut's?» Ich hole tief Luft. «Palina wurde misshandelt, eine 20-Jährige hat als ersten Kunden ein widerliches Anwaltsarschloch erwischt, und an der Bar sitzt ein ungeouteter Schwuler, der gleich anfängt zu heulen», fasse ich zusammen. Rosi lächelt nur matt. Es stehen schon wieder Männer vor der Tür.

Mir bleibt nicht viel Zeit für trostlose Gedanken. Ich bin damit beschäftigt, Getränke auszuschenken, Gläser, Handtücher und Aschenbecher einzusammeln, Waschmaschine und Trockner vollzuladen und wieder auszuräumen und die Bar zu schmeißen. Es ist doppelt so viel los wie an normalen Wochenenden. Ich renne viel. Zwischendurch bringe ich Palina einen Tee. Sie liegt zusammengerollt in einem der unteren Stockbetten, hat eine von Rosis Schlummerpillen genommen und wird nun vermutlich zwölf Stunden durchschlafen. Ich stopfe die Decke um sie herum fest und streiche ihr über die Haare. Und während ich oben an der Bar im Akkord Schaumkronen aufsetze, geht mir ihr zerschlagenes Gesicht nicht aus dem Kopf.

Thomas Anders geht irgendwann mit besten Grüßen an seinen Chef und gibt mir ein großzügiges Trinkgeld. Tick, Trick und Track haben sich von mir ein Taxi rufen lassen. Mini kommt an die Bar und bittet mich um ein großes Glas Wasser mit Eiswürfeln. Ihre blonden Haare sind zerzaust, das Make-up verschmiert. «Und?», frage ich neugierig. «Wie war's?» Sie war mit dem Nikolausmützenjungen auf dem Zimmer. Sie winkt ab. «Hat keinen hochgekriegt», sagt sie und trinkt einen großen Schluck. Ich verkneife mir ein Grinsen.

Ich will mir gerade eine Zigarette anzünden, als Lisa zurückkommt. Sie war ganz schön lange mit dem Popelmann unterwegs. Von dem ist allerdings nichts zu sehen. Lisa ist alleine. Ihr blasses Gesicht ist rot und verschwitzt, das weiße Hemdchen fleckig und zerknittert. Sie schwankt ein bisschen und hält sich mit einer Hand an der Bar fest. Als sie weiterlaufen will, den Blick fest auf die Tür Richtung Keller gerichtet, taumelt sie so heftig, dass sie fast stürzt. Die Treppe ist eindeutig zu steil für ihren Zustand, und noch mehr blaue Flecke kann ich heute nicht ertragen. «Hey, hey, warte!», rufe ich und laufe um die Bar. Ich erwische sie in letzter Sekunde, bevor sie umkippt. Ich helfe ihr auf einen Barhocker und gieße ihr ein großes Glas Cola ein. Zucker für den Kreislauf und so. Sie trinkt ein winziges Schlückchen und fängt an zu weinen. Die Wimperntusche läuft in breiten, schwarzen Bahnen über ihr Kindergesicht. Im Hintergrund sehe ich den Blonden eilig in der Umkleide verschwinden. «Alles okay?», frage ich Lisa. «Ist was passiert?» Sie schluckt und schnieft und wischt ihre Stupsnase ab und schluckt noch mal. Dann haspelt sie: «Wir hatten Sex und dann ist er kurz eingeschlafen und dann wollte er noch mal und diesmal in der Sauna und ich musste blasen und das habe ich gemacht und es war sehr heiß und dann ging es so schnell und dann hat er mir nur die Hälfte vom Geld gegeben, weil er gesagt hat, für drei Minuten Blasen bezahlt er mir nicht den vollen Preis und dann hat er gelacht und gesagt, ich könnte ihn ja verklagen.» Sie starrt mich verheult an. «Aber ich hab es doch gemacht, ich hab doch alles richtig gemacht! Ich kann doch nichts dafür, wenn er so schnell ist.» Sie fängt wieder an, lautlos zu weinen, die Tränen tropfen auf das blank gescheuerte Holz des Tresens.

Ich rufe Mini aus dem Keller und bitte sie, sich kurz um Lisa zu kümmern. Dann gehe ich zu Rosi und erzähle ihr mit bebender Stimme alles. «Arschloch», sagt sie. «Und jetzt?», frage ich. «Das kann der doch nicht machen!» Rosi zuckt mit den Schultern. «Nichts und jetzt», sagt sie. «Ich hab es dir vorhin schon versucht zu erklären: Das ist die Sache der Mädchen. Ich mische mich nicht in ihre Angelegenheiten.» Ich bin so wütend, dass mir Tränen in die Augen schießen, was mich noch wütender macht. Rosi starrt mich an, unsere Gesichter sind ganz dicht beieinander. Ich sehe die Spuren des dunklen Make-ups, das sich in ihren Hautfalten gesammelt hat. Rieche ihren Zigarillo-Atem. Irgendwann drehe ich mich weg. Im Anstarr-Spiel war ich schon immer schlecht. Rosi kramt in der Schublade nach einer neuen Schachtel Zigarillos. Mein Blick fällt auf die Ausweise, die sie ebenfalls in der Schublade aufbewahrt. Ganz oben liegt der Perso von dem blonden Anwaltarschloch. Ich recke den Kopf. Aha. Markus Leichtfried heißt der also. Gut zu wissen. Schnell gehe ich zurück an die Bar, fange an zu googeln und stoße sofort auf einen Zeitungsartikel vom Münchner Blitz.

Als Popelmarkus wenig später aus der Umkleide kommt, lehne ich scheinbar entspannt rauchend vor dem roten Vorhang, der den Club vom Vorraum abtrennt. «Herr Leichtfried», sage ich freundlich. «Wie schade, dass Sie schon gehen.» Ohne darüber nachzudenken, habe ich angefangen, ihn zu siezen. Er bleibt irritiert stehen. «Was wollen Sie?», fragt er. «Nichts, nichts», sage ich. «Ich wollte Ihnen nur noch mal persönlich gratulieren. Habe beim Blitz gelesen, wie Sie den Scheidungskrieg unseres Bayern-Stars gewonnen haben. Toll! Ich wusste gar nicht, dass sein Sohn Schauspieler werden will.» Er starrt mich an. Er scheint nicht recht zu wissen, was er von der Sache halten soll. «Ja. Danke. Bis dann also», sagt er und will an mir vorbei. Und jetzt? Ich fange an zu schwitzen. So weit hatte ich ehrlicherweise nicht gedacht. In meinem Kopf hat es vollkommen gereicht, seinen Namen herauszufinden und ihn anzusprechen. In meiner Vorstellung hat er sich sofort ertappt gefühlt, entschuldigt, seine Schulden bezahlt und ist reumütig aus dem Club verschwunden. Ich bin eine Idiotin. «Darf ich bitte», sagt Popelmarkus und macht einen Schritt auf mich zu. Okay, ruhig bleiben, denke ich. Was würde Lucy jetzt sagen? Sie würde vermutlich sagen, dass ein Blowjob eine ganz normale Dienstleistung ist. Und bei einer ganz normalen Dienstleistung würde auch niemand auf die Idee kommen, den Preis zu drücken, nur weil die Aufgabe schneller erledigt wurde als geplant. Ich richte mich zu meinen vollen 1 Meter 65 auf.

«Man muss sich an ein verabredetes Honorar halten! Ein Blowjob ist im Grunde dasselbe wie ein Scheidungsprozess! Lisa bekommt noch Geld von Ihnen», sage ich entschlossen. Markus Leichtfried zieht die Augenbrauen zusammen. Er sieht ganz und gar nicht so aus, als hätte ihn meine Argumentation überzeugt. Ich weiß nicht weiter. Mit zitternden Händen krame ich in meinem Bauchgürtel nach Zigaretten. Vor lauter Gezittere fällt mir der Geldbeutel runter, und ein paar Karten verteilen sich über den Boden. Kinogutschein, Organspendeausweis, EC-Karte und mein Presseausweis. Markus Leichtfried hat ihn auch gesehen, und sein Lächeln verschwindet sofort. «Was soll das? Für wen arbeiten Sie? Wie heißen Sie?», blafft er los und bückt sich. Zum Glück bin ich schneller und schnappe mir den Ausweis. Der Ausdruck in seinen Augen ist eindeutig: Er hat Angst. Ich zünde mir die Zigarette an und puste ihm den Rauch ins Gesicht. «Kennen Sie zufälligerweise die Investigativabteilung des Bayerischen Rundfunks?», frage ich. Mein Herz klopft so heftig, dass ich Angst habe, er könnte es hören. Keine Ahnung, ob der BR eine Investigativabteilung hat. Und mein Presseausweis ist seit einem Jahr abgelaufen. Seine Augen glubschen, wie bei diesen kleinen Knet-Tieren zum Drücken. In seinem rechten Nasenloch bildet sich wieder eine gelbe Rotzblase. «Da fällt mir ein», sage ich und schlage mir leicht an die Stirn: «Ich glaube, ich habe mich vorhin bei Ihren Getränken verrechnet. Das waren nicht 9,50 Euro, sondern 59,50 Euro.» Ich strecke die rechte Hand aus und lausche auf mein pochendes Herz.

Kurz darauf verlässt der Herr Anwalt das Lollipop. Mit meiner heißen, schwitzigen Hand umklammere ich den 50-Euro-Schein. Lucy wäre stolz auf mich, denke ich und atme ein paarmal tief durch. Was für eine Aktion. Ich schiebe den Vorhang beiseite und gehe zu Rosi ins Kassenhäuschen. Ich möchte noch mal in Ruhe mit ihr reden. In diesem Moment ertönt von draußen lautes Gepolter, gefolgt von heftigem Fluchen. «Oh Scheiße, was war das?», frage ich erschrocken. Rosi und ich blicken auf den Bildschirm, der den Eingangsbereich zeigt. Der Herr Anwalt ist auf der glatten Treppe ausgerutscht und hat sich auf die Fresse gelegt. Wie ein dicker, hässlicher Käfer liegt er auf dem Rücken und strampelt mit den Beinen. Rosi und ich beobachten die Szene, ohne uns zu rühren. Faszinierend. Er kommt wirklich nicht mehr auf die Beine. «Meinst du, wir sollten ihm vielleicht helfen?», frage ich irgendwann. «Du bist ja bestimmt haftbar und so.» Rosi lächelt. «Ich weiß nicht, was du meinst», sagt sie und knipst den Bildschirm aus.

Indiskutabel Es ist kurz nach 5 Uhr, als ich endlich zu Hause ankomme. Palina schlief tief und fest, als ich ging. Jetzt stehe ich vor der Wohnungstür, kann sie aber nicht öffnen. Irgendwas scheint dahinter zu stehen und sie zu blockieren. Ich stemme mich mit meinem ganzen Gewicht dagegen und schaffe es, sie einen winzigen Spalt aufzudrücken. Ich schiele in den Flur. Auf dem Boden liegt ein riesiger Tannenbaum. «Luuuuucy!», rufe ich. Sie ist sicher noch wach. Lucy ist immer wach. Egal, wann ich aus dem Lollipop nach Hause komme, Lucy ist immer gerade mit irgendwas beschäftigt, was sie tagsüber nicht geschafft hat. Kochen, Yoga, Wäsche abhängen, Aquarelle malen. «Luuuuucy!», rufe ich noch einmal. In der Wohnung rumort es. Dann erscheint Lucy hinter der Tanne und strahlt mich an. «Fanny! Guten Morgen! Guck mal! Ich habe einen Weihnachtsbaum für uns besorgt!» Sie zerrt an den Zweigen. Die Tür geht einen halben Zentimeter weiter auf. «Das ist ganz prima», sage ich mit Grabesstimme. «Heißt das, dass ich erst nach Silvester wieder in die Wohnung kann?» Lucy lacht. «Irgendwie hat der sich verkeilt», sagt sie. «Du schiebst, ich ziehe?» Ich seufze. «Ja, das ist genau das, was ich morgens um fünf machen möchte», nörgele ich und stelle meine Tasche in den Flur. «Auf drei», ruft sie. «Drei, zwei, eins … los!» Ich stemme mich mit meinem Körper gegen die Tür, Lucy hängt sich von innen an den Baum. Plötzlich gibt die Tür nach, ich stolpere vorwärts und falle mit dem Gesicht voran in den Weihnachtsbaum. Ich stöhne und spucke ein paar Tannennadeln aus. Lucy reicht mir die Hand und zieht mich aus den Zweigen. Erschöpft plumpse ich auf den Fußboden und starre den Baum an. Er ist etwa so groß wie die Frauenkirche. Lucy setzt sich neben mich und gibt mir ein Küsschen auf die Wange. «Schön, dich zu sehen, du riechst gut», säuselt sie. «Wie hast du dieses Ungetüm hier hochbekommen?», frage ich übellaunig. Sie zieht ihren Schmollmund. «Tibor wollte mir eine Freude machen», sagt sie. «Süß, oder?» Ich starre auf den Baum. Seine Zweige reichen sogar im Liegen bis an die schräge Decke unserer Dachwohnung. Es muss Stunden gedauert haben, dieses grüne Monster nach oben zu schaffen. «Wenn du Tibor umbringen möchtest», sage ich nachdenklich, «warum lässt du ihn dann dauernd schwere Pflanzen in den fünften Stock schleppen? Wäre vergiften nicht viel einfacher?» Lucy schubst mich gegen die Schulter. «Du bist doof.» Ich ziehe an einem der Zweige und lasse ihn zurückflitschen. «Wieso bist du eigentlich noch wach? Und wo ist Tibor jetzt?», frage ich. Sie zuckt die Schultern. «Ich hatte noch zu arbeiten und hab ihn weggeschickt. Er kommt aber demnächst zum Frühstück zurück.» Ich strecke mich und gähne. «Trinken wir noch einen kleinen Absacker?», frage ich. Ich würde gerne mit Lucy über Palina reden. Ich konnte während der gesamten Autofahrt an nichts anderes denken. Lucy nickt und steht auf. Aus der Regenrinne vor dem Küchenfenster angelt sie eine Flasche Weißwein und gießt uns zwei Gläser ein. «Bereust du langsam, dass du neulich Paolo nicht deine Nummer gegeben hast?», fragt sie mit schiefem Grinsen. «Von den 500 Euro hätten wir einen wirklich schönen Kühlschrank kaufen können.» Sie stellt die Flasche zurück in die Regenrinne und schlägt das Fenster zu. «Nein, natürlich nicht», sage ich. «Genau so fängt es nämlich an.»

Es hat einige Zeit gedauert, bis ich das verstanden habe. Keine der Frauen, die ich im Lollipop kennengelernt habe, ist von null auf hundert zur Profiprostituierten geworden. Vielmehr sind sie langsam ins Milieu hineingerutscht. Bei Mini war es der «Freund-Trick». Beim Tabledance hat sie sich in ihren Chef verliebt. Er versprach ihr die Welt, und sie glaubte, er sei die Liebe ihres Lebens. «Ich habe bei ihm gewohnt, er war mein Chef. Ich war total abhängig», erzählte sie. «Als er mich das erste Mal um einen ‹Gefallen› für einen Geschäftspartner gebeten hat, konnte ich nicht nein sagen.» Ihr eigener Freund wurde ihr Zuhälter. Amy dagegen verkaufte zuerst nur ihre getragenen Höschen im Netz. Irgendwann schrieb ihr jemand, dass er ihr das Dreifache zahlen würde, wenn sie ihm das Höschen in einer Bar persönlich und noch warm überreichen würde. Irgendwann ließ sie ihn mal zwischen ihre Beine fassen, nach ein paar Wochen gingen sie zusammen ins Hotel. «Er war ein sehr guter erster Kunde», sagte Amy. «Höflich, anständig und respektvoll.» Beide arbeiten heute im Lollipop. «Ich mag meinen Job hier», sagte Mini mal zu mir. «Ich stehe auf eigenen Beinen, kann mir meine Kunden aussuchen und verdiene gutes Geld.»

Ich nehme mir eine Kippe aus Lucys Schachtel auf dem Tisch. Sie schaut mich immer noch fragend an. «Klar hätte ich einfach das Geld nehmen und mit Paolo essen gehen können», sage ich. «Aber was, wenn das nur der Anfang gewesen wäre. Was, wenn ich eine Nacht mit ihm verbracht hätte und am nächsten Morgen hätte er mir 200 Euro ‹fürs Taxi› hingelegt?» «Dann hätte er dir definitiv zu wenig bezahlt», sagt Lucy wie aus der Pistole geschossen und lacht. Ich lächle schwach. Ich will gerade ansetzen, um endlich von Palina zu erzählen. Doch Lucy kommt mir zuvor.

«Apropos essen gehen und so», sagt sie und lehnt sich zurück. «Wann warst du eigentlich mit Maik das letzte Mal so richtig schick aus?» Ich muss nachdenken. Wir waren mal bei einem kleinen Nobel-Italiener in Haidhausen. Das war der Abend, an dem mir Maik das Ton-Steine-Scherben-T-Shirt nachträglich zum Geburtstag geschenkt hat. Das muss also irgendwann im Sommer gewesen sein. «Fanny, warum musst du denn da so lange überlegen?», unterbricht Lucy meine Grübelei. «Was findest du bloß an diesem Typen?»

Ich schweige.

«Ganz ehrlich: Der sieht aus wie Jürgen Vogel und hat den Humor von Mario Barth», legt sie nach. Ich seufze. Das ist natürlich vollkommen übertrieben. Auch wenn ich zugeben muss, dass sich die beiden tatsächlich in einem ungünstigen Moment kennengelernt haben. Lucy feierte ihren Geburtstag und hatte rund 100 Leute in eine Bar eingeladen. Maik kam spät, und ich stand gerade mit Lucy und einigen ihrer Bekannten zusammen. Wir hatten alle schon ordentlich einen im Kahn, und ich stellte Maik als «den Mann, der immer zu spät kommt» vor. Maik lachte, gab mir einen Kuss auf die Stirn und sagte freundlich lächelnd in die Runde: «Das meint sie nicht so. Aber das kennt ihr ja: Frauen sind nur zickig, weil sie Lust auf Versöhnungs- sex haben.» Dann lachte er noch mal laut und ging zur Bar, um sich einen Wein zu holen. Lucys vernichtenden Blick werde ich nie vergessen.

Dabei kann Maik wirklich witzig sein. Wir lachen viel zu- sammen. Er liebt die Rolling Stones genauso wie ich, sieht furchtbar rührend aus, wenn er tanzt, und kocht phan- tastische Spaghetti carbonara. Doch das Wichtigste für mich: Er hat sein Leben im Griff. Menschen wie Maik ha- ben mich schon immer unwiderstehlich angezogen. Es ist, als hätten solche Menschen auf der Fahrt des Lebens direkt vor sich unsichtbare Griffe, an denen sie sich festhalten, wenn um sie herum alles schwankt. Sie stolpern nie, und sie zweifeln nie, sie stehen einfach da, unerschütterlich und bombenfest. Ich mag das. Die Vorstellung, dass mir im Notfall jemand die Hand hinhält, lässt mich ruhiger schla- fen. Ich glaube, wenn Maik richtig fest und offiziell mit mir zusammen wäre, würde ich mich vor nichts auf der Welt mehr fürchten.

Ich schaue Lucy über den Küchentisch hinweg an. Ob sie das versteht? Ich versuche ihr meine Lebenshaltegrifftheo- rie zu erklären. Sie trinkt einen Schluck Wein. Und noch einen. Sie schüttelt den Kopf. «Was denn für ein Notfall?», fragt sie und klingt genervt. «Und überhaupt! Selbst wenn der Typ ein ganzes Lebenshaltegriff-Outlet besitzen wür- de», knurrt sie. «Er verhält sich trotzdem wie ein Arsch- loch!» «Ey», sage ich verletzt. «Rede nicht so über ihn. Was ist denn dein Problem?» «Mein Problem?», erwidert Lucy und schnauft, «Maik verarscht dich. Er benutzt dich als Ego-Anschubser und sonst nichts. Und du bist auch noch so verknallt und gutmütig, dass du es nicht mitbekommst. Das ist indiskutabel!»

Ich versuche, meine Gedanken zu sortieren. Maik ist sicher nicht perfekt, aber er ist mir wichtig. Das zumindest könnte Lucy ruhig akzeptieren. Und eigentlich will ich mich überhaupt nicht mit Lucy über Maik streiten. Eigentlich will ich doch über Palina reden. Ich muss mir auf die Unterlippe beißen, damit sie nicht zittert. Nach der heutigen Nacht bin ich einfach ziemlich dünnhäutig. «Hey, tut mir leid», lenkt Lucy ein. «Ich möchte nur, dass es dir gutgeht.» Ich reibe mir über die brennenden Augen, zucke erschöpft mit den Achseln und hole mehr Weißwein aus der Regenrinne. Ich bin so unendlich müde. Es ist fast 6 Uhr. Lucy zwirbelt eine Haarsträhne mit den Fingern. Ich schaue sie über mein Weinglas hinweg an. Sie trägt ein graues T-Shirt, auf dem steht: «On Wednesday we smash patriarchy.» Ihre blonden Haare sind ungekämmt und stehen um ihren Kopf wie eine Flamme. Lucy ist genau die Art Frau, für die Menschen Lieder singen, Bücher schreiben und fremde Königreiche niederbrennen.

Sie gähnt und streckt sich dabei wie eine Katze. «Ich muss dir noch was erzählen», sage ich, und mir schießen sofort Tränen in die Augen. Lucy beugt sich über den Tisch und legt ihre Hand auf meine. «Was ist passiert?» «Palina wurde vergewaltigt», sage ich. Lucy schlägt die Hände vors Gesicht. «Oh nein.» Ich wische mir über die Augen und nicke. Und dann erzähle ich endlich von der Wochenendbuchung, von dem Kunden, von Palinas blauen Flecken und von meiner Hilflosigkeit. Lucy schüttelt immer wieder den Kopf und fängt an, sich eine Zigarette zu drehen. «Und das Ende vom Lied ist, dass sie ihn nicht anzeigen kann und dieses Arschloch einfach damit davonkommt», beende ich meine Geschichte. Müdigkeit kriecht durch jeden Zentimeter meines Körpers. Der Wein schmeckt bitter, und Lucys Zigarettenrauch beißt in meinen Augen. Sie massiert sich die Schläfen. Sie sieht blass aus. «Das tut mir alles so leid», sagt sie. «Weißt du, ob so was das erste Mal passiert ist?» Ich schaue sie an und weiß nicht, was ich sagen soll. Es ist mir fast peinlich, aber diese Frage habe ich mir noch überhaupt nicht gestellt. Weil es unvorstellbar für mich ist, dass jemand ein solches Erlebnis mehr als ein Mal durchstehen könnte. Weil Palina immer so stark und fröhlich ist. «Ich weiß es nicht», flüstere ich und vergrabe mein Gesicht in den Händen. Lucy schaut mich durch eine Rauchwolke prüfend an. «Ich will mal mit ins Lollipop kommen», sagt sie unvermittelt. «Was?», ich hebe entgeistert den Kopf. Lucy nickt heftig. «Du bist doch offensichtlich völlig überfordert mit allem.» Ich runzle die Stirn. «Herzlichen Dank», sage ich. «Und was genau ist bitte dein brillanter Plan, mit dem du die Welt zu einem besseren Ort machen wirst?» Lucy knistert mit ihrem Tabak. «Es fängt damit an, dass endlich mal jemand die richtigen Fragen stellt. Und sich dann überlegt, ob oder was man konkret tun kann. Du jammerst nur rum. Das ist indiskutabel.» Scheint ihr neues Lieblingswort zu sein. «Das ist aber KEIN Plan!», entgegne ich genervt. «Das ist einfach nur unfair. Und es ist auch nicht so, als würden die Frauen dort alle darauf warten, von einer kleinen Hippiefeministin wie dir gerettet zu werden.» Lucy funkelt mich an. «Kleine Hippiefeministin? Wow, Fanny. Weißt du was? Es ist mir gerade scheißegal, was du von mir hältst. Ich will eigentlich nur, dass du mich ins Lollipop bringst, damit ich mir selber ein

Bild machen kann.» Wir starren uns über den Küchentisch an. «Das überlege ich mir mal in Ruhe», sage ich schließlich abweisend.

Es klingelt an der Tür. Lucy und ich schauen uns an. «Erwartest du jemanden?», frage ich gereizt. «Tibor vielleicht?», antwortet sie und kämpft sich am Tannenbaum vorbei zur Sprechanlage. «Ja?», fragt sie in den Hörer. «Ja, hier ist Lucy ... ausgesperrt?! ... Ja, dann mache ich mal auf.» Ich kippe mit dem Küchenstuhl nach hinten, um durch die Küchentür in den Flur sehen zu können. «Was ist los?», frage ich. Lucy kommt zurück in die Küche. «Das war Herr Schlumprecht aus dem dritten Stock. Er hat seine Haustürschlüssel verloren und wollte, dass ich ihn reinlasse», sagt sie und setzt sich wieder zu mir an den Tisch. «Er klang ein bisschen angetrunken», fügt sie hinzu. «Verrückt», sage ich. «Ich hätte schwören können, bei Schlumprecht wohnt eine alte Dame.» Lucy zuckt mit den Schultern.

Wir starren uns wieder über den Küchentisch an. Die kleine Unterbrechung hat die aggressive Stimmung zwischen uns etwas entspannt. Ich warte darauf, dass sie den ersten Schritt macht und etwas sagt. Wir trinken beide einen Schluck aus unseren Weingläsern, ich schaue auf die Uhr und gähne. Lucy sagt immer noch nichts. Dann eben nicht. Ich stehe auf. «Ich gehe jetzt ins Bett», sage ich. «Wir können ja noch mal sprechen, wenn du bereit bist, mich nicht so von oben herab zu behandeln.» Sie verdreht die Augen. «Wenn DU bereit bist, es dir nicht immer so verdammt einfach zu machen», gibt sie zurück.

Ich habe keine Lust mehr zu antworten und überlege, wie ich durch den Tannenbaum zu meinem Zimmer komme.

Da klopft es heftig gegen die Tür. «Hallooo?», ruft eine Männerstimme. «LUUUUCYYY!» Ich starre die Tür an. «Herr Schlumprecht?», frage ich irritiert. «Mach auf, verdammte Schlampe!», kommt es von draußen. «Ich glaube, das ist nicht Herr Schlumprecht», flüstert Lucy. «Sondern?!» Sie schaut mich ratlos an. «Ich habe keine Ahnung.» Der Weißwein dreht sich in meinem Kopf. «Lass mich rein, Lucy, du verklemmtes Stück!», ruft es vor der Tür. Ich ziehe die Augenbrauen hoch. «Wer weiß denn überhaupt, dass du hier wohnst?», frage ich. «Na ja.» Lucy kratzt sich am Kopf. «Ehrlich gesagt, steht unsere Adresse im Impressum von meinem Blog ...» Ich schlage mir mit der Hand gegen den Kopf. Das darf doch alles nicht wahr sein. «Wer ist da?», rufe ich streng. «Und was wollen Sie?» «Harhar! Überraschung!», lallt es von draußen. «Hier ist Brozilla. Hast du gehört? BROZILLA!! Klingelt's, Lucy, du Miststück?» Lucy wird blass. «Au weia», flüstert sie. «Das ist ein so freakiger Frauenhasser, der auf meinem Blog jeden einzelnen Beitrag kommentiert und findet, ich müsste nur mal ordentlich durchgefickt werden.» Meine Knie werden weich. «Und der hat jetzt einfach auf die Klingelschilder geguckt und behauptet, er sei Schlumprecht», schlussfolgere ich entsetzt. Lucy nickt. «Ich hab den vergangene Woche geblockt, seitdem schreibt er doppelt so viele Nachrichten von Fakeaccounts. Und jetzt dachte er wahrscheinlich, er kommt am besten mal persönlich vorbei.»
Wir starren auf die Tür. Mein Herz flattert wie ein Schmetterling im Marmeladenglas. Der Typ klopft heftig gegen die Tür, und sie wackelt bedenklich in unserem ausgeleierten Türrahmen. Warum schließen wir eigentlich nie ab? Wenn der so weitermacht, geht die Tür gleich auf. Auf-

geregt drehe ich mich zu Lucy um. «Wir müssen sofort die Polizei rufen und dann aus dem Fenster klettern!», schreiflüstere ich. Lucy verdreht die Augen. Ich renne aufgescheucht zwischen Baum und Küchentür hin und her und überlege, welches Fenster für unsere Flucht am besten geeignet wäre. Ich sehe uns schon wie die Hühner auf der Regenrinne sitzen und auf die Polizei warten. Um ehrlich zu sein, sehe ich sogar schon die Schlagzeile im Münchner Blitz: *Dem Vergewaltiger entkommen! Mutige Münchnerinnen machen auf Mary Poppins!*

«Hallo Deckshure!», schreit Brozilla. Wenn es schlecht läuft, lautet die Zeile vielleicht auch: *Stalker zerstückelt Freundinnen!* Brozilla brüllt weiter. «Hallo Dreckshure! Freust du dich gar nicht, dass ich extra nach meinem Stammtisch bei dir vorbeikomme?!»

Das Schloss wackelt. Ich halte die Luft an. Die Tür knackt. Aber sie geht nicht auf. Noch nicht. Ich drehe mich zu Lucy um. Sie hat den Wok in der Hand, den mir meine Tante vor drei Jahren zu Weihnachten geschenkt hat und den ich bisher nur als Salatschüssel benutzt habe. «Hier», sie drückt mir das schwere Ding in die Hand. «Los. Stell dich hinter die Tür. Und wenn er es reinschafft, schlägst du ihm auf den Kopf», befiehlt sie. «Wieso denn ich?» «Ich hab mir beim Yoga das Schultergelenk verrenkt. Ich habe nicht genug Kraft. Also, schlag einfach zu.» «Bist du irre? Wir brauchen Hilfe! Was, wenn der uns umbringt und zerstückelt und in die Tiefkühltruhe steckt?!» Ich schnappatme panisch und starre sie an. Lucy runzelt die Stirn. «Wir haben gar keine Tiefkühltruhe», sagt sie. «Dann zersägt er unsere Leichenteile, bringt sie zu sich nach Hause und steckt sie da in die Tiefkühltruhe!», kreischflüstere ich. Draußen rumpelt es.

«Lass mich endlich rein, du frigide Schlampe», pöbelt der Typ. «Dann fick ich dich, bis du Sternchen siehst!» Lucy schaut mich an. «Und mit was soll er unsere Leichen zerstückeln?», fragt sie und macht ihr Klugscheißergesicht. «MIT EINER KETTENSÄGE?!» Meine Stimme überschlägt sich im oberen Frequenzbereich. Lucy schnappt sich eine Dose Haarspray, die auf der Flurkommode steht, und richtet sie wie eine Waffe auf die Tür.

«EY DU!», ruft sie. «Hast du eine Kettensäge dabei?» Draußen rumpelt es wieder. «Äh, was?», kommt es zurück, und der Wahnsinnige klingt ernsthaft irritiert. «Nein. Und jetzt mach auf, du widerliches Flittchen!» Lucy wirft mir einen triumphierenden Blick zu. «Siehst du, keine Säge.» Ich schaue sie wütend an. Die Tür bebt wieder, und diesmal springt sie fast auf. Lucy und ich schrecken zusammen. Zwischen der Tür und uns liegt der Tannenbaum. «Hat jetzt eigentlich jemand die Polizei gerufen?», frage ich. Lucy lässt das Haarspray sinken. «Aaaaahhh!», schreit sie. «GENAU DAS meine ich, Fanny! Du übernimmst NIE Verantwortung! Entweder es kümmert sich JEMAND oder eben niemand! Du bist unmöglich!» «Hör auf, mich anzuschreien», schreie ich zurück. «INDISKUTABEL!», motzt Lucy. Draußen wirft sich der Brozilla gegen die Tür. Ein Stück Putz bröckelt von der Wand. Ich hebe den Wok über meinen Kopf. Lucy sprüht eine Wolke Haarspray Richtung Tür. Ich huste. In diesem Moment bimmelt die Türklingel. Ich lasse den Wok wieder sinken und angle über den Tannenbaum hinweg den Hörer von der Sprechanlage. Es ist Tibor. «Nein, du störst gar nicht!», kreische ich in den Hörer. «KOMM SCHNELL HOCH, SONST WERDEN WIR ZERSTÜCKELT!» Unsere Tür ächzt noch ein letztes Mal, dann gibt sie nach. Ein untersetzter, schwitzender Typ stolpert in die Wohnung, fällt kopfüber über den Tannenbaum und schlägt der Länge nach zwischen die Zweige. Er stinkt nach Schnaps. Lucy schreit und sprüht ununterbrochen Haarspray auf ihn runter, der Typ flucht und versucht, sich die Hände vor die Augen zu halten. Ich hole entschlossen aus und schlage ihm mit dem Wok auf den Hinterkopf. Es macht ein sattes Klonggeräusch, dann sackt Brozilla in sich zusammen. Es ist plötzlich beunruhigend still. Lucy und ich sehen uns an. «Ist der jetzt tot?», frage ich unsicher. Lucy hält ihm den Zeigefinger unter die Nase. Der Stalker schnauft und versucht, den Kopf anzuheben. Ich hole aus und schlage mit dem Wok noch mal zu. Sicher ist sicher. Der Stalkerschädel sinkt wieder in die Zweige. Es poltert im Treppenhaus, und Tibor erscheint mit einer Brötchentüte an der Tür. Er ist völlig außer Atem. «Was ist denn HIER los?», japst er und schnappt nach Luft. Ich winke ab. «Frag nicht», sage ich. «Hast du zufälligerweise eine Kettensäge dabei?»

Das letzte Mal Ich hasse Silvester. Fast noch mehr als Weihnachten. Heute ist der 31. Dezember. Über die Feiertage bin ich zu Hause bei Lucy geblieben. Ich wollte sie ungern alleine lassen. Brozilla, der eigentlich Hubert Knittel heißt, wurde zwar 20 Minuten nach Tibors Anruf von der Polizei abgeholt. Nach einem Tag in der Ausnüchterungszelle haben sie ihn aber wieder laufenlassen. «Druckssystem», fluchte Lucy. «Damit sie den in Untersuchungshaft nehmen, müsste er schon Erkan statt Hubert heißen.» Immerhin haben wir jetzt ein Hochsicherheitsschloss für unsere Wohnungstür.

Ansonsten habe ich die Weihnachtszeit genutzt, um für die Lokalredaktion eine Porträtserie über Schneepflugfahrer zu schreiben. Tagsüber knatterte ich stundenlang in eisiger Kälte mit wortkargen Pflugfahren irgendwo zwischen München und Dingolfing herum, nachts schrieb ich ihre Geschichten auf. Am meisten mochte ich Wolfgang, der mit seinen 60 Jahren jeden Winter in Gammelsdorf auf Tour ist. Er hat mal eine Hochschwangere bei Glatteis und Schneechaos ins Krankenhaus gefahren, weil sonst nichts mehr ging, und ihr erst mal einen Schluck von seinem heißen Grog eingeflößt. «Damit sie nicht mehr so hysterisch ist.» Die Serie nannte ich «Von Männern mit kalten Schaufeln und warmen Herzen». Der Chefredakteur hat geseufzt. «Musst du immer so pathetisch sein, Fanny?», fragte er und strich fast alle meine Lieblingsstellen raus. Frustriert schrieb ich daraufhin Maik eine Nachricht, obwohl ich mir vorgenommen hatte, zu schweigen, bis er sich meldet. Seit dem Panikanruf aus dem Lollipop haben wir kaum voneinander gehört. Aber, oh Wunder, er hatte spontan Zeit und Lust, mich zu sehen. Wir machten einen Spaziergang an der Isar. Als kleine Weihnachtsüberraschung hatte mir Maik einen Adapter gekauft, in den wir beide unsere Kopfhörer einstecken und gleichzeitig Musik hören können. Wir probierten es gleich aus. Maik spielte «She was hot» von den Stones und grinste mich an. «Da denke ich immer an dich und dein heißes Outfit an dem Abend, als wir uns kennengelernt haben.» Die enge Kellnerinnenbluse mit Stones-Unterhemd drunter, schon klar. Ich musste grinsen, und es fühlte sich an, als sei es zwischen uns nie schwierig gewesen. Über meinen Anruf sprachen wir nicht. Ich wollte die Stimmung nicht kaputt machen, und Maik redet von sich aus nie über Dinge, die kompliziert sein könnten. An einem Kiosk kaufte er warme Waffeln für uns, und ich verfütterte meine an eine Ente, weil die so hungrig aussah. Sie bekam sogar meine letzten Hustenpastillen, der Winter ist ja noch lang. Maik beobachtete die zerrupfte Ente, wie sie aufgeregt am Boden herumpickte, dann nahm er mein Gesicht in beide Hände und küsste mich. «Ohne dich ist die Welt viel weniger bunt.» Auf einem abgelegenen Parkplatz hatten wir Sex im Auto. Die Scheiben beschlugen, das Auto wackelte, und ich habe jetzt einen blauen Fleck von der Handbremse an meinem Oberschenkel.

Als wir zurück in die Stadt fuhren, hätte ich Maik fast von meinem Job im Lollipop erzählt. Damit er mich in den Arm nimmt und mir sagt, dass alles gut wird. Seit dem Abend, an dem Palina grün und blau geprügelt im Lollipop auftauchte, geht es mir nicht so gut. Ich schlafe schlecht, und wenn, dann träume ich von Männern, die mich nackt in mit Schnee gefüllte Müllcontainer werfen und beim Erfrieren filmen. Wenn ich wach bin, kann ich keinem Mann in die Augen gucken. Egal, ob es der Kassierer im Supermarkt ist, mein Hausarzt oder der Barkeeper in der Kneipe. Wenn ich einen Mann ansehe, stelle ich mir immer dieselben Fragen: «Hast du schon mal bei einer Frau für Sex bezahlt? Und wenn ja: Hast du ihr ein gutes Trinkgeld gegeben, oder wolltest du sie nur ‹kaputt ficken›?» Sogar bei meinen Schneepflugfahrern konnte ich an kaum etwas anderes denken. Vielleicht ist meine Überschrift deshalb so pathetisch geworden. Weil ich unbedingt daran glauben möchte, dass es die Guten noch gibt. Gute Männer wie Pitt oder Maik.

Ich traute mich dann doch nicht, ihm davon zu erzählen. Vielleicht ein bisschen viel für eine 20-minütige Autofahrt. Ein anderes Mal.

Obwohl heute der 31. Januar ist, bin ich auf dem Weg ins Lollipop. Rosi hat mich gefragt, ob ich einspringen könnte. Auch wenn nicht viel los sein werde. «Silvester sind die Leute auf Partys, von denen sie danach erzählen müssen, da traut sich keiner her», meinte sie. Sie hat sich aber vor ein paar Tagen beim Champagnerkistenschleppen den Rücken verknackst und braucht dringend Unterstützung. Sie hat mir sogar einen Feiertagsbonus versprochen. Mir ist es recht. Ich lege keinen Wert auf Silvesterpartys. Zur Feier des Tages trage ich ein glitzerndes Blondie-T-Shirt und extra viel roten Lippenstift. Hoffentlich ist Palina heute wieder da. Wenn es jemanden gibt, mit dem ich auf ein besseres neues Jahr anstoßen will, dann mit ihr. In der vergangenen Woche war sie nicht im Club gewesen. Ich habe ihr eine Nachricht geschrieben und gefragt, wie es ihr geht, aber sie hat nur knapp geantwortet: «Mit der zerschlägerten Fresse kann ich eh nicht arbeiten. Wir sehen uns bald.»

Ich parke Rolf direkt vor dem Lollipop, Rosi öffnet die Tür. «Fanny! Danke, dass du heute einspringst», ruft sie und umarmt mich. «Klar», sage ich und nehme mir ein paar Sekunden Zeit, um Rosi zu bestaunen. Sie trägt ein goldenes Abendkleid, das aus Pailletten besteht und bei jeder Bewegung leise klimpert. Um ihren Hals liegt eine Pelzstola mit Fuchskopf an einem Ende, der mich aus toten, glasigen Augen anstarrt. In den hochtoupierten Haaren blitzt ein kleines Krönchen, ihre Wimpern sind mit goldenen Fake Lashes verlängert. Das gesamte Outfit sieht aus, als wäre Marlene Dietrich kopfüber in ein Becken mit Blattgold gesprungen. «Wow», sage ich. «Hast du heute Abend noch was vor?» Rosi lacht. «Man muss das neue Jahr mit Pauken und Trompeten begrüßen», sagt sie. «Und zwar so, wie man will, dass es wird.» «Ach, und du willst nächstes Jahr Königin werden?», frage ich. «Geiler Plan. Ich bin dabei.»

Es ist kurz vor 21 Uhr, nur ein paar Mädchen sind heute da. Mini, Maxi, Amy, Mia und eine kurvige Blondine namens Julie. Ich habe sie erst bei zwei Schichten gesehen und kaum ein Wort mit ihr gewechselt. Ich schiebe eine Frank-

Sinatra-CD in die Anlage. So soll das neue Jahr werden: Elegant. Erfolgreich. Unvergesslich.

Rosi setzt sich zu mir an die Bar und qualmt einen Stinkezigarillo. Glitzernd, umhüllt von ihrer Rauchwolke und der ewigen Stimme von Frank Sinatra im Hintergrund, wirkt sie wie eine Diva aus einer vergangenen Zeit. Es klingelt, und ich laufe nach vorne, um aufzumachen. Vor der Tür steht Palina. «Püppi, wie schön, dich zu sehen!» Sie fällt mir um den Hals. «Hübsch siehst du aus, ist das 'ne Transe?», sie deutet auf die singende Debbie Harry auf meinem Shirt. Ich verdrehe die Augen. Palina ist sehr dick geschminkt. Die blauen Flecken in ihrem Gesicht sieht man nur, wenn man weiß, dass sie da sind. Ich sehe sie also. «Warum bist du heute überhaupt gekommen?», frage ich. «Ist doch eh nicht viel los.» Palina schält sich aus ihrem Mantel. «Rosi hat gesagt, dass ein guter Freund von Pitt kommt und sie sich freuen würde, wenn ich dabei wäre.» Sie zuckt mit den Achseln. «Ich habe eh nix Besseres vor.» Dann verschwindet sie im Keller, um sich umzuziehen. Rosi und ich trinken ein Gläschen Prosecco an der Bar. Rosi ist trotz Rückenschmerzen bestens gelaunt. Als ich sie nach ihrem schönsten Silvester frage, erzählt sie, wie sie Ende der Achtziger mit ihrem Mann um Mitternacht auf der Corneliusbrücke gefeiert hat. «Mit Bodo?», frage ich. Sie nickt und erzählt, dass sie die Ohrringe ihrer Urgroßmutter trug, ein Erbstück. «Wunderschön und sehr wertvoll», sagt sie und lacht. Als sie sich über das Geländer lehnte, um besser sehen zu können, passierte es: Einer der Ohrringe löste sich, fiel hinab und versank sofort in der dunklen Isar. Rosi war untröstlich. «Am nächsten Tag ist dann die halbe Rotlichtszene Münchens verkatert an der

Brücke aufgetaucht. Mein Mann hatte sie alle angerufen und herbestellt», sagt Rosi, ihre Augen leuchten. «Zum Glück haben wir an einer Stelle gestanden, wo die Isar sehr flach ist. Also haben alle ihre Hosen hochgekrempelt und sind reingestiegen, um den Ohrring zu suchen. Obwohl es natürlich arschkalt war. Es gab literweise Champagner und Whisky zum Warmtrinken.» Rosi nippt an ihrem Sekt. «Nutten, Zuhälter, Dealer, Clubbesitzer – alle standen sie mit nackten Füßen in der Isar. Herrlich war das!» «Und der Ohrring?», frage ich. Rosi winkt ab. «Nie wieder aufgetaucht. Viel wichtiger war aber das Abenteuer, der Mann, die Liebe.» Sie lächelt verträumt. Ich runzle die Stirn. «Ist das eigentlich derselbe Bodo, von dem Pitt erzählt hat?», frage ich. Ich finde es komisch, dass Rosi so von ihm schwärmt. Pitts Version klang eindeutig weniger romantisch. Rosi zuckt die Schultern. «Der Bodo hat viel Scheiße gebaut. Der war wie Dr. Jekyll and Mr. Hyde. Mal so, mal so. Pitt hat natürlich nur was von ihm mitbekommen, wenn es schlechtlief.» Sie zupft an ihren Haaren. «Was einem immer klar sein muss: Wenn man eines Tages alt und einsam ist, erinnert man sich nicht mehr an jedes Silvester. Man verdrängt die dunklen Zeiten. Aber wie dir dein Mann barfuß im Schnee mit Whiskyatem ins Ohr flüstert, dass er einfach alles für dich tun würde – das vergisst du nie!»

Andächtig puste ich Rauchwolken in das trübe Barlicht. Ob für mich auch irgendjemand einfach alles tun würde? Mir fällt ein, dass ich bei einem Date mit Maik auch mal einen Ohrring verloren habe. Einen kleinen Holzpapagei, für den ich als Kind wochenlang mein Taschengeld gespart hatte. Ich mähte für die Nachbarn Rasen und erledigte Einkäufe, bis ich die unfassbaren 9 Mark 99 zusammenhatte. Zu einem meiner ersten Dates mit Maik trug ich diese Ohrringe aus meiner Kindheit, weil sie mich daran erinnern sollten, dass Träume manchmal wahr werden. Einer von ihnen muss beim wilden Knutschen in der Bar runtergefallen sein. Ich war den Tränen nahe, als ich es im Taxi bemerkte. «Sei nicht traurig, Süße», flüsterte Maik und küsste gleichzeitig meinen Hals. «Wir besorgen dir einen neuen.» Bis heute wohnt der übrig gebliebene Papagei in einer leeren Kaffeedose und wartet auf einen neuen Gefährten. Ich drücke meine Zigarette etwas heftiger als nötig im Aschenbecher aus und tue mir selber leid. In diesem Moment kommt Palina aus dem Keller zurück. Langsam und aufrecht stolziert sie durch den Raum, jeder Schritt, jeder Blick, jedes Lächeln von ihr verspricht Sex. So würde ich auch gerne gehen können. Aber ich gehe halt einfach nur. Nach vorne. Oder rückwärts. Manchmal auch zur Seite. Je nachdem.

Palina trägt ein hautenges silbernes Kleid und einen paillettenbesetzten Haarreifen in den offenen Haaren. In ihrem Dekolleté hat sie eine großzügige Ladung Glitzer verteilt. Sie setzt sich zu uns an die Bar und zündet sich eine Zigarette an. «Na Mädels? Was geht?», fragt sie und nimmt einen tiefen Zug. Sie wirkt cool wie immer. Sie lächelt wie immer. Ich weiß nicht, was genau ich erwartet hatte, aber eine Vergewaltigung wie bei dieser Wochenendbuchung kann doch nicht spurlos an ihr vorübergehen? Ich hätte vermutlich für den Rest meines Lebens Albträume. Und ob ich jemals wieder unbeschwert mit einem Mann schlafen könnte, weiß ich auch nicht.

Ich hole ein Glas und schenke ihr Prosecco ein. «Hier ist alles gut», sage ich. «Aber wie geht es dir? Hast du vielleicht doch mal überlegt, zur Polizei zu gehen?» Palina schüttelt den Kopf. «Bringt doch nix», sagt sie und trinkt einen Schluck. «Es geht mir besser. Scheiße passiert. Dann vergisst man sie. Dann passiert andere Scheiße. Das ist das Leben.» Ich zwinge mich zu einem Lächeln.

Wenig später klingelt es. Es ist Pitt. «Servus!», ruft er fröhlich, als ich die Tür öffne. «Seid ihr bereit für einen Ehrengast?» Auf der Straße steht ein Großraumtaxi, die Türen sind bereits geöffnet, und der Fahrer lässt vorsichtig einen alten Mann im Rollstuhl die Rampe hinab. «Guten Abend», sagt der mit überraschend tiefer und fester Stimme und hebt zum Gruß eine zitternde Hand. «Ich bin Otto.»

Otto ist deutlich über 70 Jahre alt, sehr dürr und sehr blass. Die Haut seiner Hände wirkt papierdünn und ist von blauen Adern durchzogen. Sein Kopf ist winzig und eiförmig, nur einige wenige Härchen flattern aufgeregt in der Zugluft. Über seinen dürren Beinen liegt eine braune Wolldecke, obenrum trägt er eine Anzugjacke, die ihm vielleicht mal gepasst hat, jetzt aber formlos um die knochigen Schultern schlackert. Das Einzige, was an ihm gesund aussieht, sind seine Augen. Strahlend blau und wach verfolgen sie alles, was um ihn herum passiert. Wenn er lächelt, verschwinden sie fast vollständig in den Tiefen seiner Lachfalten, und er sieht gleichzeitig steinalt und jungenhaft aus.

Im Club fährt Pitt mit Otto in Rosis Büro. Palina und ich setzen uns auf ihr kleines Ecksofa und zünden erst mal eine Zigarette an. Pitt zieht seinen Mantel aus und wirft ihn über die Sofalehne. Ich sehe ihn heute zum ersten Mal ohne Blaumann. Er trägt eine saubere schwarze Jeans und ein blaues Hemd. Nicht, dass das besonders gut zusammenpassen würde, aber für Pitts Verhältnisse ist es geradezu feierlich. Rosi kommt mit einem Tablett in den Raum und verteilt an alle ein Glas Champagner. Pitt rümpft die Nase. Er hätte vermutlich lieber ein Bier. Otto dagegen strahlt und trinkt einen großen Schluck. Er zittert so sehr, dass er das zierliche Glas mit beiden Händen festhalten muss, um nichts zu verschütten. Auf dem Bildschirm an der Wand läuft ein Lesbenporno.

«Woher kennt ihr beiden euch denn?», fragt Palina. Otto macht eine großzügige Handbewegung zu Pitt: «Fang du an, alter Freund», sagt er. Pitt trinkt noch einen Schluck aus seinem Champagnerglas und rümpft wieder die Nase, bevor er anfängt zu erzählen. Die beiden lernten sich kennen, als Otto eine Panne mit seinem Oldtimer hatte und auf einer Landstraße bei München liegenblieb. Pitt fuhr zufällig vorbei und kümmerte sich um alles. Das war 1975. Seitdem sind sie Freunde. Otto ist 79 Jahre alt, heißt mit vollem Namen Ottfried Huber und hat nach dem Krieg mit der Produktion von Schnaps ein Unternehmen aufgebaut. Er wurde zum international bedeutendsten Lieferanten für Kräuterschnaps und Liköre. «Dieser Mann hatte so viel Kohle, er wusste gar nicht, wohin damit. Immer die schönsten Autos, ein Anwesen am Starnberger See, ein Boot – alles», erzählt Pitt. Otto nickt. «Nicht zu vergessen meine hübsche Frau und zwei kluge Töchter», fügt er hinzu. Vor ein paar Jahren dann wurde Otto krank. Der Krebs begann, seinen Körper zu zerfressen, Dutzende Operationen und Therapien konnten die Krankheit nicht vollständig besiegen. Der Krebs kehrte immer wieder zurück. Otto seufzt. «Meine Frau liegt seit ein paar Jahren im

Pflegeheim. Meine jüngere Tochter ist weit weg im Ausland und kann sich nicht kümmern. Ich bin ein bisschen einsam.» Rosi füllt ihm sein Glas noch einmal mit Champagner. «Und deine älteste Tochter?», fragt sie. «Die Ulla?» Ich schaue sie an. «Ihr kennt euch auch?», frage ich. Rosi nickt. «Ulla war damals in Ottos Unternehmen für die Großlieferungen in Bayern zuständig», erklärt sie. «Bodo hat jahrelang bei ihr den kompletten Schnapsbestand für seine Bars eingekauft. Daher kennen wir uns.» Otto nickt. «Das hat sie auch gut gemacht. Leider hat sich bei der Ulla der Charakter in die falsche Richtung entwickelt. Sie ist eine geizige alte Schachtel geworden, die nur an mein Geld will. Die ist überhaupt nur noch deshalb nett zu mir, damit ich sie nicht enterbe.» Er streicht die Wolldecke über seinen Beinen glatt. «Ich fand immer schon, dass sie eine schreckliche Person ist», sagt Rosi. Otto lächelt fein. «Jedenfalls», beendet er seine Geschichte, «habe ich nur noch wenige Wochen zu leben.»

Er trinkt mit einem Zug sein Glas leer. «Bedauerlich, aber da kann man nichts machen. Aber ich würde wirklich gerne noch mal eine schöne nackte Frau im Arm halten.» Rosi schmunzelt. «Das kriegen wir hin», sagt sie. Otto hält sein Champagnerglas hoch, und wir stoßen mit ihm an. «Geld spielt keine Rolle», sagt er.

Rosi holt Mini, Maxi und Polly dazu. Otto soll die freie Wahl haben. Inzwischen ist es fast 22 Uhr, aber es sind keine anderen Gäste aufgetaucht. Ich lasse Otto mit den Mädchen und Rosi allein im Büro und gehe zur Bar rüber, um mir ein Glas Wasser zu holen. Die vollbusige Julie sitzt alleine auf dem Sofa bei den Pools. Sie soll hier die Stellung halten, hat Rosi entschieden. Julie ist ein bisschen älter als die anderen Frauen im Club. Ich tippe auf Anfang 30. Weil sie ein bisschen gelangweilt aussieht, frage ich sie, ob sie auch etwas trinken möchte. Kurz darauf stoßen wir an der Bar mit Cuba Libre an, und ich erzähle ihr Ottos Geschichte. «Das ist ja Wahnsinn», sagt sie. «Ich habe schon ein paar Typen entjungfert, aber noch nie jemanden gehabt, der gerade das letzte Mal in seinem Leben Sex macht.» Ich nicke. «Er wird das Gesicht dieser letzten Frau nicht mehr vergessen», sage ich und schaue Julie unwillkürlich ins Gesicht. Sie hat viele Lachfältchen um die großen braunen Augen, Sommersprossen auf der Nase und ein unglaublich breites Lächeln. Man fühlt sich sofort wohl, wenn man sie anschaut. «Wie bist du zu dem Job gekommen?», frage ich. Julie trinkt einen großen Schluck Cuba Libre. «Mit 15 habe ich meinen Mathelehrer verführt, damit er mir eine bessere Note gibt. Ich fand das sehr praktisch», sagt sie. «So fing es im Grunde an. Ich habe gemerkt, wie viel Macht ich über Männer habe. Das gefällt mir bis heute.»

Ich muss grinsen. Ich habe meinem Mathelehrer nur das Auto ruiniert. So unterschiedlich können Lebensläufe sein. «Meistens geht es ja gar nicht nur um Sex», redet Julie weiter. «Auch reden und trösten und verstehen und bewundern gehört dazu. Meistens ist mein Job wie Therapie mit ein bisschen Anfassen.» Jetzt muss ich richtig lachen und proste Julie zu.

Als ich zurück in Rosis Arbeitszimmer komme, kann ich vor Qualm kaum atmen. Die Mädchen haben sich alle ganz nah zu Otto gesetzt. Sie kichern und halten ihre prallen Dekolletés in seine Richtung. Er weiß gar nicht, wo er zuerst hingucken soll. Sie behandeln Otto wie den begehrtesten Junggesellen der Stadt. Als er mich sieht, winkt er Rosi und mich zu sich heran, die Mädchen machen bereitwillig Platz. «Und?», fragt Rosi. «Gefällt dir eine?» Otto wiegt bedächtig den Kopf. «Ganz tolle Frauen», sagt er und streicht mit seiner Greisenhand vorsichtig über Palinas nackten Schenkel, der von der Sofalehne baumelt. «Aber ich bin doch ein alter Knacker. Gibt es vielleicht jemanden, der nicht mehr ganz so jung ist? Nicht ganz so extravagant? Mehr wie die nette Frau von nebenan?» «Klar!», rufe ich begeistert, bevor Rosi überhaupt antworten kann. Vermutlich überschreite ich gerade meine Kompetenzen, aber es ist mir egal. Wir schieben Otto aus dem Büro in den Club, und ich rufe nach Julie. Sie kommt sofort, und als sie auf uns zugeht, weiß ich, dass sie es ist. Sie hat ihre Rundungen appetitlich in einen seidigen, cremefarbenen Body verpackt, ihre Füße stecken in eleganten roten High Heels. Otto strahlt, Julie lächelt ihr breites Jungmädchenlächeln. Die beiden bekommen noch eine Flasche Champagner und verziehen sich in eines der Séparées. Das hat richtig gut geklappt.

Pitt, Rosi, die übrigen Mädels und ich setzen uns an die Bar. «Volle Kanne von einem todkranken Greis abserviert», sagt Palina, und alle lachen. Wir sind bereits ordentlich angeschickert, ich fülle die Gläser ständig auf. Rosi singt in fürchterlichem Englisch den Refrain von «Strangers in the Night» mit und Palina hält sich die Ohren zu. Als es an der Tür klingelt und ich aufstehen will, falle ich fast vom Barhocker, so einen Schwips habe ich schon. Pitt erwischt mich in letzter Sekunde am Kragen und hält mich fest, Palina kichert. Im Vorraum werfe ich einen Blick auf den Bildschirm. Ich kneife die Augen zusammen und schaue noch mal hin. Wenn ich mich nicht sehr täusche, steht vor der Tür eine Frau. Eine ältere Frau. Ich drücke erst mal nicht den Öffner, sondern laufe zurück zur Bar. «Ähm, Rosi», sage ich. «Da steht eine Frau vor der Tür, die hat graue Haare und guckt sehr streng.» «Scheiße!», ruft Pitt und rennt Richtung Tür. Rosi und ich folgen ihm. Es klingelt zum zweiten Mal. Wir blicken alle drei auf den Bildschirm. «Scheiße, scheiße, scheiße», flucht Pitt. Rosi wirft ihm einen strengen Blick zu. «Wer ist das? Was hast du angestellt?!»

Wie sich rausstellt, steht Ulla vor der Tür. Die geizige Tochter von Otto, die keiner mag. Sie ist Mitte 50 und sieht sogar auf dem pixeligen Kamerabild schlecht gelaunt, reich und spießig aus. «Sie war gerade da, als ich Otto mit dem Taxi abgeholt habe. Er hat ihr erzählt, wir trinken zur Feier des Tages ein Männerbier zusammen», sagt Pitt aufgeregt. «Ulla KANN doch gar nicht wissen, dass wir hier sind!» Rosi verdreht die Augen. «Ihr seid solche Anfänger», murrt sie. «Wahrscheinlich war die von Anfang an misstrauisch und ist euch hinterhergefahren!» Die Frau klingelt zum dritten Mal. Rosi drückt auf die Gegensprechanlage: «Ja, bitte?», fragt sie unfreundlich. «Wir haben heute geschlossene Gesellschaft.» Die Frau dreht ihr Gesicht direkt zur Kamera. «Ich weiß, dass er hier ist», sagt sie kühl. «Machen Sie auf, sonst rufe ich die Polizei!» Pitt rauft sich die Haare. «Die soll sich verziehen», schimpft er. «Diese geldgeile Brunzkachel!» Ich muss mich zusammenreißen, um nicht zu lachen. Rosi hebt hilflos die Arme. «Ich muss leider aufmachen», sagt sie. «Polizei können wir hier wirklich nicht gebrauchen.»

Ulla trägt einen dunkelblauen Hosenanzug mit goldenen Knöpfen, ein kleines beiges Seidentüchlein um den Hals und schwere goldene Kreolen, die ihre Ohren fast bis zu den gepolsterten Schultern herunterziehen. Ihre rosé geschminkten Lippen sind zu einer säuerlichen Schnute verzogen. Wir stehen alle im Vorraum und starren uns an. Die glitzernde Rosi, der aufgeregte Pitt, die reiche Tochter und ich, die überforderte Bardame. Anklagend richtet sie den Finger auf Pitt: «Duuuuu!», ruft sie laut. «Von wegen kleines Silvestergetränk! Du hattest immer schon schlechten Einfluss auf meinen Vater! Immer wenn du auftauchst, gibt es Ärger!» Pitt stottert vor sich hin. «Also?», faucht die Tochter Richtung Rosi. «Wo ist er? Es ist nicht akzeptabel, dass mein Vater unser Erbe für schäbige Nutten aus dem Fenster wirft.» Ich überlege fieberhaft, was wir jetzt tun sollen. Otto muss seine Nacht mit Julie haben, finde ich. Das ist quasi sexuelle Sterbebegleitung.

Der Champagner sprudelt fröhlich in meinem Kopf. Ich drehe mich auf dem Absatz um, laufe zurück in den Club und suche Palina. Ich habe eine Idee, aber sie muss mir helfen. Als ich wenige Minuten später zurück in den Vorraum komme, fuchtelt die Brunzkachel immer noch keifend mit ihrem Zeigefinger vor Pitts Nase herum, ihre Stimme ist schrill. Rosi sagt alle paar Sekunden: «Jetzberuhignsesischdochma!» Sie hat offensichtlich auch ordentlich einen im Tee. «Also gut, aufgepasst», rufe ich und klatsche in die Hände. Rosi und die Brunzkachel hören auf zu reden und starren mich an. «Ich bringe Sie jetzt zu Ihrem Vater», sage ich und versuche, nicht zu schwanken. «Los geht's!» Rosi und Pitt schauen mich entsetzt an, aber ich lasse mich nicht beirren. Ich halte den Vorhang auf. «Kommen Sie, Frau Huber.» Keine Ahnung, ob sie wirklich noch so heißt oder ob irgendein Mann den Fehler gemacht hat, sie zu heiraten. Sie folgt mir in den Club. Die restlichen Mädchen sitzen immer noch an der Bar. Ihr Gespräch verstummt abrupt, als wir den Raum betreten. Ich gehe mit festem Schritt in Richtung des lilafarbenen Schlafzimmers am Ende des Clubs. Das mit den dicken Betonwänden, das Rosi schon seit Wochen als Fetischraum einrichten will. Kaum ein Ton dringt durch diese Wände, und Handyempfang hat man auch nicht. Ulla folgt mir mit aufgeregten Tippelschritten. Ihre Forschheit ist verflogen. Unsicher blickt sie sich im Club um, starrt auf die Schale mit den Kondomen, auf die Pornos, auf die halbnackten Mädchen an der Bar. Sie zupft an ihrem Seidentüchlein und stolpert über die eigenen Füße. Beim Séparée angekommen, öffne ich die Tür einen Spaltbreit und trete zur Seite. «Bitte sehr», sage ich. Drinnen ist es stockdunkel. Palina taucht neben uns auf und lehnt sich lässig an die Wand. Frau Huber schiebt die Tür etwas weiter auf. «Hallo?», sagt sie unsicher und geht zögernd zwei Schritte in das Schlafzimmer hinein. Mit einer raschen Bewegung schließe ich die Tür hinter ihr, und Palina springt vor, sie hat den Schlüssel in der Hand. Hastig schließt sie ab. Obwohl ich mich gar nicht angestrengt habe, atme ich so heftig, als hätte ich einen 100-Meter-Lauf hinter mir. Ich habe gerade eine ältere Dame im Puff eingesperrt! Wie von ganz weit weg hören wir Ulla Huber schreien, als würde irgendwo ein Radio laufen. Palina lächelt mich an und hält mir die Hand für ein High-Five hin. Pitt und Rosi, die mir gefolgt sind, starren erst auf die Tür, dann auf mich. «Das kannse nech machen», lallt Rosi. «Die zeigt uns doch an!», ruft Pitt. «Das is Freiheitsklau oder so», sagt Rosi. «Die kann sich die besten Anwälte der Stadt leisten!», fügt Pitt hinzu. Palina gähnt. «Kommt mal runter, Leute», sagt sie. «Die Spießerhexe will doch erben. Die macht nix.» Sie deutet zur Bar. «Kommt, wir trinken erst mal was!» Rosi und Pitt schauen sich an. Pitt zuckt mit den Schultern, Rosi rülpst. «Nachdem ich die Schlüssel für Fanny geholt habe, hab ich es sogar noch geschafft, Ulla ein kleines Gläschen Prosecco auf den Nachttisch zu stellen», sagt Palina. «Sie soll ja auch ein schönes Silvester haben.»

Wenig später sitzen wir an der Bar, Rosi pafft stinkende Zigarillowolken. Pitt ist so aufgeregt, dass er auch mal an ihrem Todesstängel zieht, obwohl er vor zehn Jahren aufgehört hat zu rauchen. Zur Strafe muss er so heftig husten, dass sein oberster Hemdknopf abplatzt. Palina hat einen Zettel besorgt und schreibt in sorgfältiger, runder Mädchenschrift: «Liebe Frau Huber. Keine Panik. Wir lassen Sie raus, sobald Ihr Vater fertig gevögelt hat. Viele Grüße, Ihr Lollipop-Team.» Sie nickt zufrieden: «Das schieben wir ihr jetzt einfach durch den Türspalt, oder?» Pitt fängt an zu lachen. «Ihr seid irre!»

Es ist fast halb zwölf. Irgendwann sind noch zwei Gäste gekommen, mitteljunge Typen auf dem Weg zu einem Silvesterrave. Amy und Mia haben sich um sie gekümmert, und nach einer Dreiviertelstunde waren sie auch schon wieder weg. Wir öffnen gerade die zwölfte Flasche Moët auf Ottos Rechnung, als er und Julie aus dem hinteren Bereich des Clubs auftauchen. Sie schiebt ihn langsam und feierlich durch den Gang, als wären sie auf dem Weg zur Oscarverleihung, bei der Otto einen Preis für sein Lebenswerk bekommen soll. Ich stehe von meinem Barhocker auf und fange an zu klatschen. Die anderen tun es mir nach. Otto strahlt, als hätte jemand in ihm drin ein Licht angeknipst.

Unter unserem Applaus fährt er zur Bar vor, wo ihm Palina ein Glas Schampus in die Hand drückt. Die Hälfte verschüttet er mit seinen zitternden Händen auf seinem viel zu großen Jackett, aber das ist inzwischen auch egal. Pitt räuspert sich. «Auf dich, Otto», sagt er, und wir stoßen an. Dann sagt Pitt: «Wir müssen dir aber leider noch was beichten.» Während Pitt nach Worten sucht, fangen Palina und Rosi gleichzeitig an zu reden. Rosi versucht zu erklären, was vorgefallen ist, Palina ruft die ganze Zeit: «Aber sie hat Prosecco!» Ich kann nicht aufhören zu lachen und klammere mich am Barhocker fest, um nicht umzufallen. Otto hört mit weit offenem Mund zu, sagt aber nichts. Irgendwann streicht er sich mit seinen Händen über seinen Kopf. Dann fängt er an zu kichern. Erst ist es nur ein leises Kichern, dann wirft ein gewaltiges Lachen seinen ausgemergelten Körper von einer Ecke des Rollstuhls in die andere. Ich glaube, ich habe noch nie einen Menschen so lachen sehen. Irgendwann lachen wir alle. Laut, fröhlich und ein bisschen irre. Als Otto wieder einigermaßen sprechen kann, sagt er: «Das ist wirklich das Verrückteste, was ich jemals erlebt habe. Und ich habe einiges erlebt, das könnt ihr mir glauben!»

Es ist fast Mitternacht, und wir gehen nach draußen auf den Hof, um das Feuerwerk anzusehen. Erst danach werden wir Otto ein Großraumtaxi bestellen und seine Tochter befreien.

Die Nacht ist klar, der Himmel voller Sterne. Otto haben wir in seinem Rollstuhl in mehrere Decken gewickelt und die Treppen zum Hof hinuntergetragen. Er ist sofort eingenickt, Julie hält seine Hand. Pitt hat einen Arm um Rosi gelegt, Mini, Maxi, Mia und Amy stehen etwas abseits. Palina hat irgendwo Wunderkerzen aufgetrieben und drückt mir eine in die Hand. «Hey Püppi, schön, dass wir uns kennengelernt haben», sagt sie. «Vielleicht unternehmen wir im neuen Jahr mal was zusammen?» Ich nicke. «Ja, vielleicht», sage ich und schaue in den schwarzen Himmel über München. Die ersten Feuerwerke explodieren in der Dunkelheit. Rosi, Pitt, Palina, Otto und ich stehen dicht beieinander. Was für eine seltsame Runde, um Silvester zu feiern, denke ich. Eine gute Runde. Der alte Mann, der gerade zum letzten Mal in seinem Leben eine nackte Frau im Arm hielt. Der großherzige Kfz-Meister, der nie die große Liebe gefunden hat. Die verrückte Puffmutter, die mehr Eier in der Hose hat als jeder ihrer Gäste. Die schöne Prostituierte, die alles hätte werden können, wenn das Leben bessere Karten verteilt hätte. Und ich, die abgebrannte Bardame, die in den vergangenen zwei Monaten mutiger war als in den 20 Jahren zuvor.

Rosi beginnt den Countdown anzuzählen. «10 ... 9 ... 8 ... 7 ...» Ich fasse Rosi und Palina an den Händen, wir zählen laut mit. Rosi zaubert mit der freien Hand eine letzte Flasche Champagner unter ihrem Pelzmantel hervor und fängt an zu schütteln. «3 ... 2 ... 1 ...», ruft sie. Wir jubeln. Mitternacht. Der Champagner spritzt über den Hof, wir fallen uns in die Arme, und der Himmel über München leuchtet.

Muschivergleich Der Januar ist der schwerste Monat im Jahr. Endlos lang und grau legt er sich auf die Stadt und das Gemüt. Wie der Montag in einem Großraumbüro, wenn die Heizung ausgefallen ist und alle einen Kater haben.

Ich stehe mit Rolf vor dem Lollipop und denke über meine Vorsätze fürs neue Jahr nach: Weniger rauchen. Mutiger sein. Mir einen richtigen Job suchen. Die richtigen Entscheidungen treffen.

Eine mutige, richtige Entscheidung wäre zum Beispiel, mal ein klärendes Gespräch mit Maik zu führen. Wenn er mit mir zusammen sein will, muss er sich mehr Zeit für mich nehmen. Zuverlässiger sein. Seit unserem Spaziergang vor drei Wochen an der Isar haben wir uns nicht mehr gesehen, weil er angeblich keine Zeit hatte. Dabei schafft er es jeden Mittwochabend zum Squashspielen mit seinen Kumpels. Jeden Mittwoch! Lucy sagt, dass mir diese Beziehung mehr Kummer als Freude bereitet. Recht hat sie. Vollkommen recht. Anfang der Woche hat sie mich nach ein paar Gläsern Wein dazu überredet, Maik eine Nachricht zu schicken. Es hat etwa 250 Entwürfe gebraucht, dann habe ich geschrieben: «Lieber Maik, ich würde dich gerne bald sehen. Ich möchte mit dir reden. Es ist mir wichtig. Bitte melde dich, (immer noch) deine Fanny.» Eine sehr gute Nachricht, wie ich finde. Nicht zu lang, nicht zu kurz, unmissverständlich, aber freundlich, der Einschub in den Klammern soll gleichzeitig hoffnungsvoll, aber auch fordernd wirken. Seine Antwort: «Mache ich! Bis bald!» Das ist zugegebenermaßen etwas schnörkellos. Maik ist halt kein Mann der großen Worte. Die beiden Ausrufezeichen wirken zumindest entschlossen. Und «Bis bald» ist deutlich verbindlicher als «Bis dann». Und einen Smiley hat er auch nicht benutzt, er nimmt die Sache also ernst. Hoffe ich jedenfalls. Seine Nachricht ist jetzt fünf Tage her. Seitdem warte ich. Bei jedem Signalton meines Handys zucke ich zusammen. Er ist es nie. Bis wann ist denn eigentlich «bis bald»? Vorwurfsvoll stumm liegt das Handy auf dem Beifahrersitz. Wütend starre ich es an. Wie viel Lebenszeit Menschen wohl schon damit verschwendet haben, kurz auf den Homebutton zu drücken, um zu gucken, ob er oder sie sich gemeldet hat? Ich drücke kurz auf den Homebutton. Er hat sich nicht gemeldet. Also schmeiße ich das Telefon ins Handschuhfach und knalle mit unnötig viel Schwung die Klappe zu. Da bleibt es jetzt für den Rest des Abends, entscheide ich.

Ich zünde mir eine zweite Zigarette an und denke an die Silvesternacht im Lollipop. Dieser schillernde Abend mit Otto war vermutlich das Beste, was in diesem Laden jemals passiert ist. Der alte Mann war so glücklich. Alle Mädchen bekamen an diesem Abend doppelt so viel Trinkgeld wie nach einer normalen Schicht. Ottos bescheuerte Tochter würdigte uns keines Blickes, als wir sie endlich aus dem

Schlafzimmer befreiten. Schnurstracks marschierte sie aus dem Club und brauste mit quietschenden Reifen davon.

Die Abschiedsszene im Hof werde ich nie vergessen. Die Mädchen fielen Otto immer wieder um den Hals. Sie froren, lachten, weinten und verteilten Küsschen. Sogar Pitt wischte sich auffällig oft über die Augen, das habe ich genau gesehen. Wir würden den todkranken Otto nie wiedersehen, das war uns klar.

Ich schmeiße meine Zigarette aus dem Fenster und steige aus. Es ist halb neun, an der Tür hängt ein Zettel: «Heute geschlossene Gesellschaft!» Rosi deutete am Telefon schon so was an. Ein Spezialauftrag. Schon wieder. «Höchste Geheimhaltungsstufe und viel Trinkgeld», sagte sie. Ich bin gespannt.

Als ich den Club betrete, scheint auf den ersten Blick alles komplett leer. Dann höre ich Gekicher und Gemurmel aus dem hinteren Bereich. Ich schmeiße meine Jacke und die Tasche hinter die Bar und gehe den Geräuschen nach. Als ich um die Ecke biege, bleibe ich wie angewurzelt stehen. Ich komme mir vor, als sei ich geradewegs in einen etwas speziellen Porno hineinspaziert: Sechs Mädchen rekeln sich nackt auf der Liegelandschaft. Alle Frauen haben die Beine mehr oder weniger weit gespreizt. Rosi steht in einem feuerroten Seidenkleid in der Mitte und begutachtet gerade ausgiebig die Vagina von Mini.

«Was ist denn hier los?», frage ich und versuche, mit meinem Blick die geöffneten Beine von Palina, Mini, Maxi, Amy, Polly, Julie und Momo zu vermeiden. Rosi richtet sich auf und lacht ihr Schrottsacklachen. Auf dem Boden stehen eine Flasche Champagner und Einweggläser. Rosi gießt mir einen großen Schluck ein und drückt mir das Glas in die Hand. «Muschivergleich», ruft sie fröhlich, und ich verschlucke mich. «Bitte was?», frage ich und wische mir ein paar Spritzer Schampus vom Kinn. «Na, guck doch mal», sagt Rosi und marschiert wie ein engagierter Stadtführer zu Momo: «Momo hat eine wunderschöne kleine Muschi. Hellrosa, schön geschwungen, ein perfekter Cheeseburger ...» «Perfekter WAS?», frage ich und kniepe verklemmt Richtung Momo, die grinsend ihre Beine spreizt. «Na, wenn die inneren Schamlippen so zwischen den großen liegen, dass es aussieht wie bei einem Burger!», mischt sich Palina ein. «Premiummuschi!», ruft Rosi. Ich schließe kurz die Augen. Ich werde nie wieder einen Cheeseburger essen können, ohne dabei rot zu werden. Vorsichtshalber setze ich mich auf die Kante des Whirlpools und gucke erst mal auf den Boden. «Und Amy hat so eine richtig geile Fleischmuschi», fährt Rosi ungerührt fort, als würde sie über den neugotischen Baustil des Rathauses am Marienplatz referieren. «Dicke, saftige Lippen, da möchte man doch sofort sein Gesicht reindrücken!» Mit einem Auge gucke ich für eine Millisekunde zu Amy rüber. «Ja. Ähm. Sehr hübsch», sage ich und betrachte intensiv meine Schuhspitzen. Ich habe noch nie eine fremde Muschi aus der Nähe gesehen. Geschweige denn sechs! Rosi dagegen ist voll in ihrem Element, geht noch mal an allen Frauen vorbei und nickt zufrieden vor sich hin, als hätte sie persönlich das Prinzip Vagina erfunden.

Ich nippe an meinem Champagner. «Und, warum macht ihr jetzt hier einen, äh, Muschivergleich?», frage ich in Richtung meines Fußes. «Ist das eine Art Premiumkontrolle, oder was?» «Quatsch!», ruft Rosi. «Alle Muschis sind Premiummuschis! Habe ich recht?!» Ich linse über mein Glas. «YEAAAAHHHHH!», schreit Palina und reckt die Hand wie eine Freiheitskämpferin in die Luft. Die anderen Frauen stimmen in Palinas Gejohle ein. Ich grinse. Rosi würde ich gerne mal als Gastdozentin für Sexualkunde an Münchner Schulen vorbeischicken. Nach einer Stunde hätten die Teenies zumindest eine Botschaft für den Rest ihres Lebens verinnerlicht: Vaginen sind super! Ich grinse noch breiter. Über die grölenden Mädchen mit ihren Premiummuschis. Über die Vorstellung, wie Rosi in der Mittelstufe eines humanistischen Gymnasiums verzogene Arztkinder mit Hilfe von Cheeseburgern aufklärt. Als sich das Gejohle etwas gelegt hat, sagt Rosi: «Polly hat jetzt ein Klit-Piercing hat und wollte wissen, wie wir es finden. Dann kam eines zum anderen, und plötzlich waren wir mitten im Muschivergleich! Zeig doch mal, Polly.» Polly spreizt eifrig ihre Beine. An ihrer Klitoris hängen zwei große silberne Kugeln. Mir wird etwas flau im Magen, und ich vergrabe meinen Kopf in den Händen. Für heute war das eindeutig genug geballte Weiblichkeit. Palina hockt sich neben mich auf die Whirlpoolkante und knufft mich in die Seite. «Mensch, Püppi, du bist aber auch ein Klemmi», sagt sie und kichert.

Rosi weiht mich in die Planung des restlichen Abends ein. Ein hohes Tier aus der Staatskanzlei hat den kompletten Club und sechs Frauen für den ganzen Abend gebucht. «Er will freie Auswahl haben und bleibt mehrere Stunden», sagt sie. «Sehr großzügig.»
Die Pauschale, die der Politiker für den Abend zahlt, sei so hoch, dass es sich für alle lohnen würde. «Amy kennt

ihn schon relativ gut. Er hat zwar spezielle Wünsche, ist aber pflegeleicht.» Die einzige und wichtigste Bedingung sei absolute Diskretion. Rosi hebt den Zeigefinger: «Alle Anwesenden müssen zu Beginn des Abends eine Verschwiegenheitserklärung unterzeichnen.» Ich runzle die Stirn. «Das ist alles kein Problem», beteuert sie. «Wir haben das in den vergangenen Jahren dreimal gemacht, hat immer gut geklappt.» Ich nicke. Was soll ich auch sagen? Ich arbeite schwarz in einem Bordell, habe geholfen, eine Prostituierte im Schnee vor dem Gewerbeamt zu verstecken, einen Mann mit Schlafmitteln außer Gefecht gesetzt, einen Anwalt mit meinem ungültigen Presseausweis erpresst und eine unschuldige Frau in einem Schlafzimmer eingesperrt. Da kommt es auf eine zwielichtige Unterlassungserklärung auch nicht mehr an. Außerdem platze ich natürlich vor Neugier, welcher Politpromi hier gleich hereinspaziert. Rosi erklärt noch, dass der Politiker zwei Personenschützer bei sich haben wird. «Die bleiben immer in seiner Nähe, checken den Club ab und kümmern sich um die Bezahlung und alles», sagt sie. «Und wieso bestellt der sich nicht einfach ein paar Frauen aufs Hotelzimmer?», frage ich. Rosi zuckt mit den Schultern. «Im Hotel kann man solche Aktionen nicht gut geheim halten. Mich kennt er aus Zeiten, als ich selbst noch aktiv war. Er vertraut mir. War in den Achtzigern einer meiner Stammgäste.» Sie schmunzelt. «Obwohl er damals für eine Nacht mit mir hart sparen musste ...»

Ich fange an, die Bar vorzubereiten, und suche im Keller nach dem flauschigsten aller Bademäntel. Bei der Musikauswahl überlege ich heute lange. Was wohl ein bayerischer Spitzenpolitiker beim Vögeln hören will? Symphonieorchester? Wiesn-Hits? Nickelback? Unschlüssig klappere ich mich durch den CD-Stapel. Und bleibe beim Soundtrack von «Kir Royal» hängen. Das kann doch so verkehrt nicht sein. Beschwingt wirble ich zu den ersten Klängen durch den Club und konzentriere mich bei der Pornoauswahl Rosis Wunsch entsprechend auf Lesben, Natursekt und Schulmädchen. Merkwürdige Kombi. Bei einem konservativen bayerischen Politiker hätte ich eher an irgendwas mit Dirndln, Weißbier und blonden Hausfrauen gedacht. In Gedanken notiere ich mir als Geschäftsidee: Drehbuchautorin für Bayern-Klischee-Pornos.

Es klingelt an der Tür, und ich schaue überrascht auf die Uhr. Es ist erst kurz nach neun. Das kann doch noch gar nicht dieser Politiker sein?! Weil ich Rosi nirgendwo sehe, laufe ich ins Vorzimmer und schaue auf den Bildschirm der Außenkamera. Vor der Tür steht ein großer Mann Mitte 30 mit dichten dunklen Haaren und kantigem Gesicht. Wenn mich das pixelige Bild nicht täuscht, sieht er unverschämt gut aus. Ich drücke auf den Knopf für die Gegensprechanlage. «Ja?», frage ich. Der Mann lächelt breit in die Kamera. Ich beuge mich so weit an den Bildschirm, dass meine Nase ihn fast berührt. «Hallo», sagt der Mann mit einer Stimme, die ebenso voll ist wie sein Haar. «Hier ist der Michel. Rosi, bist du das?» Ich räuspere mich. «Nein, Fanny. Ich nehme an, du bist wegen des Termins hier?» Michel lächelt wieder in die Kamera. «Klar», sagt er. Dann ist er wohl einer der Bodyguards. Ich drücke den Summer. Michel springt die drei Stufen zum Lollipop nach oben und kommt zu mir an den Empfang. Er trägt Blue Jeans und ein schlichtes weißes T-Shirt, darüber eine Lederjacke mit Fellkragen, ist athletisch gebaut, seine Augen sind strahlend blau. Meine

Güte. Wenn es bei dieser Partei mehr von der Sorte gibt, höre ich vielleicht doch auf, Grün zu wählen. Ich will ihn gerade nach seinem Personalausweis fragen, als Rosi dazukommt. «Wer ist das denn?!», fragt sie und klingt so gar nicht freundlich.

«Na, das ist doch der Michel», sage ich schnell. Rosi streckt ihr Kinn nach vorne und starrt ihn an. «Was? Wer? Kenn ich nicht!», knurrt sie. «Oh, Verzeihung», sagt Michel und guckt wie ein Schuljunge, der von der Lehrerin ausgeschimpft wird. «Ich bin der Michel, und ich dachte, das mit dem Termin sei eine Art Codewort oder so.» Er streckt Rosi die Hand entgegen. Abschätzig mustert sie ihn und lässt seine Hand einfach in der Luft hängen. Michel gibt nicht auf. «Sie sehen toll aus», sagt er mit weiterhin ausgestreckter Hand. «So ein Rot können nur starke Frauen tragen.» Ich verziehe die Nase. Das ist jetzt etwas dick aufgetragen, finde ich. Doch es wirkt: Kokett schiebt sich Rosi die Locken zurecht und flötet mit weicher Stimme: «Besten Dank, junger Mann.» Als hätte jemand eine Flasche Motoröl in den Schrottsack gekippt. «Aber wir haben geschlossene Gesellschaft, Sie müssen leider ein anderes Mal wiederkommen», fügt sie hinzu. Michel nickt. «In Ordnung. Ich wollte mich gar nicht aufdrängen. Ich war noch nie hier und dachte, der Zettel sei vielleicht auch ein Code.» Ich lächle ihn an. «So viele Codes gibt es hier gar nicht», sage ich. «Wir sind ja ein Puff und keine Bank.» Rosi wirft mir einen strafenden Blick zu, Michel lacht schallend. «Wann geht es denn los?», fragt er schließlich. «Vielleicht könnte ich ja ein ganz kleines Bier trinken? Also nur trinken und mal gucken, ob das hier was für mich ist? Ich zahle natürlich trotzdem den vollen Eintritt.» Ich runzle die

Stirn. Der zahlt jetzt 80 Euro Eintritt, nur «um mal zu gucken»? Was hat der vor? Ich mustere Michel noch einmal eingehend von oben bis unten. Blaue Chucks. Die Hände in den Jeanstaschen vergraben. Lachfalten. Jutebeutel über der Schulter. Vielleicht ist er Schriftsteller und auf der Suche nach Inspiration für seinen neuen Roman über (haha) Popkultur. Oder ein Pick-up-Artist, der hier in Ruhe üben will, ohne sich Ohrfeigen einzufangen. Ich wüsste wirklich zu gerne, was er hier macht. Ich strahle Rosi an. «Komm schon, Rosi. Wir sind doch der gastfreundlichste Club in ganz München. Michel trinkt eine Kleinigkeit, schaut sich um und kommt bestimmt bald wieder. Ich mach das alles. Du musst dich um nichts kümmern!» Rosi guckt auf ihre Armbanduhr. Endlich nickt sie. «Na gut. Aber wirklich nur ein ganz kleines Getränk. Maximal eine halbe Stunde.» Michel tut so, als zöge er einen imaginären Hut, und lässt sich von Rosi an die Bar bringen. Einen Bademantel muss er nicht anziehen. Er geht ja gleich wieder. Rosi verschwindet in ihrem Büro, und ich hole eine Flasche Champagner aus der Kühlschublade. Diesmal kriege ich die Provision! Von den Mädchen ist keins zu sehen, vermutlich sind die mit Duschen und Schminken beschäftigt. «Und was machst du so, Michel?», frage ich, nachdem wir angestoßen haben. «Ganz langweiliger Bürojob …», fängt er an und redet nicht weiter, denn Palina ist aus dem Keller zurück und schwebt durch den Raum auf uns zu. Sie trägt ein schwarzes Minikleid aus luftiger Spitze, das ziemlich durchsichtig ist. Drunter trägt sie: nichts. Ihre Haare sind zu einer wilden Hochsteckfrisur aufgetürmt, ihre schlanken Füße stecken in neonpinken Pumps. Ihre Lippen haben exakt dieselbe Farbe wie die Schuhe, und sie riecht, als sei ein Laster mit Vanillesoße auf einem Lavendelfeld umgekippt. Michel starrt sie an. Er weiß gar nicht, wo er zuerst hinsehen soll. «Ähm. Wow. Hallo. Hi. Guten Abend. Sie sehen hinreißend aus», sagt er schließlich. Süß, dass er hier alle siezt. Palina würdigt ihn keines Blickes. «Sekunde, mir läuft Gleitgel aus der Muschi», sagt sie und schnappt sich eine Serviette von der Theke. Energisch wischt sie sich zwischen den Beinen herum. «Hab gerade was Neues ausprobiert, das wird heiß, wenn man reibt. Ganz gut. Vielleicht nehme ich das später. Bist du so lieb?», sagt sie und wirft mir die feuchte Serviette zu. Reflexhaft fange ich sie auf. Vor ein paar Wochen hätte ich das supereklig gefunden. Jetzt werfe ich die Serviette einfach in den Abfalleimer und wasche mir an der Spüle kurz die Hände. Vermutlich ist Palinas Muschi sauberer als ein Haltegriff in der U2. Michel guckt zwischen uns hin und her, schüttelt den Kopf und lacht leise. Ich schenke Palina ebenfalls ein Glas ein, sie setzt sich zu uns an die Bar und zündet sich eine Zigarette an. «Also, was denn jetzt für ein Bürojob?», frage ich Michel. Er winkt ab. «Ach, ich will euch nicht mit meinen Geschichten langweilen. Erzählt ihr mir lieber, wie lange ihr Rosi schon kennt.» «Eeewig», antwortet Palina, bevor ich gegen das Ausweichmanöver protestieren kann. «Das heißt, das Lied kennt ihr auch?», fragt Michel. Palina zuckt die Achseln. «Rosi hat gesungen?», fragt sie. Ich starre Michel an. In meinem Kopf schmettert eine Melodie los. «Nein, hat sie nicht», sage ich und vergesse, den Mund wieder zu schließen. Dass ich da nicht früher draufgekommen bin! «Skandal im Sperrbezirk», flüstere ich. Michel nickt. «Ganz genau. Skandal im Sperrbezirk, Skandal um Rosi.» Palina schaut mich fragend an. «Anfang der Achtziger ein Nummer-Eins-Hit», erkläre ich. «Spider Murphy Gang. Unter 32 16 8 herrscht Konjunktur die ganze Nacht», singe ich schief. «Und draußen im Hotel L'Amour langweilen sich die Damen nur. Weil jeder, den die Sehnsucht quält, ganz einfach Rosis Nummer wählt!», stimmt Michel in mein Gejaule ein. Ich schaue ihn an. «Dass damit unsere Rosi gemeint ist, war mir nicht klar», sage ich. Michel zuckt die Schultern. «So klar ist das auch nicht», sagt er. «Es gibt viele Geschichten darüber, wer die Rosi aus dem Song ist. Und ein nicht ganz so bekanntes Gerücht besagt, dass es um eure Rosi geht ...» Ich durchbohre Michel mit Blicken. «Wer sagt das? Bist du deshalb hier?!» Er nimmt sich eine Zigarette aus Palinas Schachtel. «Ich mag Geschichten», sagt er und versucht, die Zigarette verkehrt herum anzuzünden. In diesem Moment kommt Rosi aus ihrem Büro gelaufen. Ich werfe einen Blick auf die Uhr. Schon kurz vor zehn. Ich hätte Michel längst rauswerfen müssen. «Ihr könnt froh sein, dass unser besonderer Gast noch nicht da ist», faucht Rosi. Sie funkelt Palina und mich kurz an, dann hält sie Michel die Hand zu einem Kuss hin: «Darf ich mich von dir verabschieden?», sagt sie. «Natürlich, natürlich», sagt Michel und steht sofort auf. Er wendet sich noch mal an Rosi: «Wen erwartet ihr denn, wenn ich fragen darf?» «Darfst du nicht. Bis zum nächsten Mal», sagt Rosi kurz angebunden und schiebt ihn Richtung Tür. Michel küsst Palina links und rechts auf die Wange und versucht krampfhaft, ihren Körper in dem durchsichtigen Spitzenkleid nirgendwo anzüglich zu berühren. Palina grinst und presst sich kurz gegen ihn. Ich ärgere mich. Jetzt weiß ich immer noch nicht, was er wirklich hier wollte. Sicherheitshalber kontrolliere ich, ob er eine Wanze unter den Tresen gepappt hat. Hat er nicht. Vielleicht hat er im Stapel mit den Bierdeckeln eine versteckte Botschaft hinterlassen? Auch nicht. Sehr merkwürdig alles. Nachdenklich spüle ich unsere Gläser.

Als Rosi das nächste Mal an der Bar vorbeiläuft, lehne ich mich weit über den Tresen. «Rosi!», rufe ich. «Warum hast du das denn nie erzählt?» «Hm? Was?» Sie guckt mich fragend an. «Na, dass die Spider Murphy Gang einen Song über dich gesungen hat. Das ist ja Wahnsinn!» Rosi winkt ab. «Schmarrn», sagt sie. «Wer erzählt denn so was?» Und verschwindet, bevor ich noch irgendwas sagen kann, im Keller. Vermutlich, um die Mädels hochzuholen. In den nächsten Minuten trudeln die dann auch oben ein, sie tragen Reizwäsche, hohe Schuhe und üppigen Schmuck. Heute sitzen sie mal an der Bar statt auf dem großen Sofa. Ich bereite ein Tablett mit Gläsern und Champagner vor. Kurz darauf klingelt es an der Tür. Die Personenschützer. Sie tragen elegante graue Anzüge und laufen mit prüfendem Blick einmal durch den kompletten Club. Zurück an der Bar. legt einer der beiden einen Stapel Zettel auf den Tresen. «Unterlassungserklärung» steht drauf. Alle Mädchen müssen unterschreiben und einen Ausweis danebenlegen. Ich überfliege den Text und suche nach der Zahl. 78 700 Euro. Hahaha. Das bedeutet, dass ich, wenn ich jemandem verrate, wer von der christlich-sozialen Partei auf Pinkelpornos steht, für den Rest meines Lebens pleite bin. Das wäre die traurigste Bankrott-Geschichte aller Zeiten. Ich schnappe mir den Kuli und unterschreibe in Phantasiekringeln, die meiner Unterschrift recht ähnlich sehen. Ich habe das mal vor Jahren geübt, als ich in einem Handyladen gejobbt habe und den Kunden dauernd unseriöse Verträge andrehen musste. Keine Ahnung, ob mir das rechtlich in diesem Fall weiterhelfen würde, aber schaden kann es nicht. Der Anzugmensch wirft nur einen schnellen Blick auf meinen Perso und nickt. Wenig später kommen die grauen Herren in Begleitung eines dicklichen Mannes mit grobem Gesicht und Halbglatze zurück. Ich schätze ihn auf Mitte, Ende 60. Rosi umarmt ihn herzlich. «Ist das nicht der Dingsminister?», flüstere ich aufgeregt. «Jaa!» Mini nickt heftig. «Gottfried Brunner. Ich kenn den aus dem Fernsehen!»

Rosi und der Dingsminister kommen zu uns rüber. «Hallo, ich bin der Gottfried. Ihr dürft mich aber Friedl nennen», sagt er und lacht eine Spur zu laut. Er mustert jedes Mädchen von oben bis unten und nickt zufrieden. «Hallo, ich bin Palina», sagt Palina. «Du darfst mich gerne Palina nennen.» Gottfried blinzelt irritiert, dann küsst er alle Mädchen feucht auf die Münder. «So, dann geh i mi moi umziang, und dann mog i a Rund mit euch bodn gehen. Da flutscht's gleich bessa. Höhö!»

Gottfried schlurft Richtung Umkleide. Die Mädchen ziehen ihre Dessous und Negligés wieder aus und werfen sie über die Barhocker. Amy trinkt den letzten Schluck von ihrem Champagner und hält mir das leere Glas hin. «Ich brauche noch mehr davon», sagt sie. «Für die Blase.» Ich gieße ihr nach. «Wieso denn für die Blase?» Amy trinkt einen großen Zug. «Beim letzten Mal wollte er, dass ihn jemand anpinkelt», sagt sie und nimmt einen weiteren großen Schluck. «Da will ich vorbereitet sein.» Dann streift sie ihren spitzenbesetzten Body ab und geht den anderen Mädchen zum Whirlpool hinterher.

Eine Stunde später dröhnt aus den Boxen Schlager. Gott-

fried hatte sich ein «bisserl Stimmung zum Mitsingn» gewünscht. Er grabscht an den nackten Mädchen im Whirlpool herum, lacht dröhnend und setzt den halben Club unter Wasser. Ich habe einen leichten Schwips und summe schief und laut: «Rote Lippen soll man küssen, denn zum Küssen sind sie da ... hhhmmnanana.» Die beiden grauen Männer stehen unbeteiligt am Rand und starren ins Leere. Denen könnte man doch auch mal was Gutes tun, denke ich und mache mich vergnügt mit zwei vollen Gläsern Champagner auf den Weg zu ihnen. «Na?», lalle ich freundlich. «Wollt ihr nicht auch was trinken?» Ich halte den beiden die Gläser hin. Sie verziehen keine Miene. «Wir sind im Dienst», sagt grauer Herr Nummer eins gelangweilt. «Ja, ich auch!», rufe ich begeistert und trinke demonstrativ mit ein paar großen Zügen das erste Glas leer. Der graue Herr dreht sich von mir weg. Gottfried nimmt seine Zunge aus Momos Mund und guckt mich aus dem Pool heraus an. «Dich kenn i ja no gar ned», sagt er und lässt seinen Blick prüfend an mir hoch- und runterwandern. «Aber i mogs ja a bisserl speziell. Wuist zu uns kema?», fragt er und patscht mir, seiner fetten Hand auf das Wasser neben sich. Speziell? Ich? Stirnrunzelnd trinke ich auch das zweite Glas Champagner. Was soll das heißen: speziell?! Ich bin supergut drauf und niedlich und alles. Ich mache eine abwehrende Handbewegung und falle dabei fast um. Gerade als ich mich Richtung Bar verziehen will, winkt Gottfried mich noch mal heran. «Wärst so liab und würdst uns a großes Toblett bringn? Des braan wir fia Saukram.» Er schnauft. «Schnacksln is ja nua schmuddlig, wenns richtig gmacht wird, gell? Höhö.»
Ich nicke und torkle los. Ich habe keine Idee, was für

151

schmuddelige Dinge man mit einem Tablett anstellen könnte. Aber man lernt ja nie aus. Ich laufe gegen eine Palme und lasse fast die leeren Gläser fallen. Ich sollte dringend mal ein Wasser trinken. Und dann würde ich gerne noch ein bisschen über Gottfried googeln. Da fällt mir wieder ein, dass ich mein Handy im Auto gelassen habe. Ich hole das runde, orientalische Silbertablett, groß genug für etwa 20 Champagnergläser. Gottfried watschelt gerade nackt und tropfend zu einem der Séparées. Ich drücke ihm das leere Tablett in die Hand und versuche, nicht so genau hinzugucken. Es gibt Penisse, die muss ich nicht sehen. Ich warte, bis alle im Schlafzimmer verschwunden sind; jetzt kann ich in Ruhe mein Handy holen. Ich mache mich auf die Suche nach Rosi und finde sie zusammengesunken vor ihrem Laptop im Hinterzimmer. «Na, fleißig?», frage ich. Rosi zuckt zusammen und klappt den Laptop zu. «Ja. Äh. Ich mache gerade …», sie stockt, «Abrechnungen.» «Du musst dich nicht schämen, wenn du heimlich Pornos guckst», sage ich und lache. Rosi verzieht keine Miene. «Ich bin mal kurz am Auto, mein Handy holen, bin sofort zurück», sage ich.

Die Nacht ist vollkommen klar, die Luft kalt, aber nicht eisig. Ich bleibe vor der Tür stehen und schaue in den Sternenhimmel. Die frische Luft tut gut. Hinten, bei Pitts Werkstatt, gehen plötzlich die Scheinwerfer von einem Auto an. Ich recke den Hals. Ein blauer Volvo-Kombi. Ganz langsam fährt er über den Hof und am Lollipop vorbei. Ich versuche, einen Blick auf den Fahrer zu werfen. Den Typen kenn ich doch. Michel! Ich springe die Stufen vom Lollipop runter. «Heeyy!», rufe ich und laufe dem Auto mit wedelnden Armen ein paar Schritte hinterher. Der Alkohol schwappt durch meinen Kopf. «HEEYYY!» Der Volvo hält an, und Michel kurbelt das Fahrerfenster runter. «Was machst du denn noch hier?», frage ich atemlos. Das wird ja alles immer merkwürdiger. Mit einem schiefen Grinsen schaut er mich an. «Ganz ruhig», sagt er, steigt aus seinem Wagen und hält mir seine Lederjacke hin. «Hier, zieh die mal an, sonst wird dir kalt.» Zögernd lege ich die Jacke über meine Schultern. Er fragt mich nach einer Kippe. «Also?», sage ich, nachdem wir schweigend ein paar Züge geraucht haben. «Wer bist du?» Mein Schwips hat in der kalten Nachtluft deutlich an Schwung verloren. Michel holt tief Luft. «Ich bin Drehbuchautor und Regisseur. Vergangenes Jahr ist mein zweiter Film erschienen. Über Hipster, Drogen und Liebe. Nora Tschirner hat die Hauptrolle gespielt.» «Du meinst ‹Lügenhimmel›?», frage ich. Über den Film habe ich gelesen. Monatelang wurde er von der Presse als neues Meisterwerk der bayerischen Filmgeschichte gefeiert. Michel nickt. «Genau der.» Einer der älteren Schauspieler vom Set sei früher Stammgast bei Rosi gewesen, erzählt er. Er habe ihm auch von dem Gerücht mit der Spider Murphy Gang erzählt. «Rosis Geschichte ist doch wahnsinnig», sagt Michel. «Eine Edelprostituierte, die in den Achtzigern so bekannt war, dass vielleicht einer der erfolgreichsten Neue-Deutsche-Welle-Songs über sie geschrieben wurde. Die alles an einen Mann verloren hat, den sie liebte und der sie ausnutzte.» Er nimmt einen Zug von seiner Zigarette. «Eine Grande Dame des Rotlichts, die vermutlich so viele Geschichten im Giftschrank hat, dass sie die ganze Stadt in den Ruin treiben könnte.» Er schaut mich von der Seite an. «Da muss man doch was draus machen!» «Woher weißt du das alles?», frage ich baff. Michel lacht. «Ich habe ein bisschen recherchiert und mit Leuten aus der Szene gesprochen. Heute wollte ich mir zum ersten Mal selbst ein Bild machen.» «Und?», frage ich. «Es war besser, als ich es mir jemals ausgemalt hätte», sagt er und lacht. «Du, Palina, Rosi – ihr seid der Hammer. Deshalb bin ich auch noch hier. Ein paar von den Dialogen vorhin musste ich gleich aufschreiben, bevor ich sie vergesse.» Wie zum Beweis zieht er einen kleinen Block aus der Hosentasche und hält ihn mir hin. «Wir sind ja ein Puff und keine Bank», lese ich. Michel steckt den Block wieder ein. «Dann kam noch euer besonderer Gast ...» «Du hast ihn gesehen?», frage ich entsetzt. «Klar», Michel nickt. «Der fiese Brunner.» «Das darfst du niemandem erzählen!», rufe ich. «Wir haben eine Verschwiegenheitserklärung unterschrieben! Sie werden denken, dass eine von uns gequatscht hat, und dann sind wir alle für den Rest unseres Lebens pleite, weil wir 78 700 Euro zahlen müssen!» Michel schnippt seine aufgerauchte Kippe in den Hof. Er grinst. «Wie wäre es denn damit: Ich erzähle niemandem was von eurem Gast, und du schreibst mir dafür hin und wieder, was so bei euch im Bordell los war und wie es Rosi geht?» Ich schaue ihn von der Seite an. «Ist das Erpressung?», frage ich. Michel streicht sich durch die Haare und schmunzelt. «Sagen wir doch lieber: Deal. Ich würde eh niemandem von Brunner erzählen. Ich will nur mehr über Rosi erfahren. Und über dich auch, um ehrlich zu sein. Du wirkst nicht wie eine klassische Bordell-Bardame?» Ich stecke meine Hände tief in die Taschen. «Ich weiß nicht», sage ich. Michel lächelt. «Schreib mir einfach hin und wieder, wenn du magst. Du musst Rosi dabei nicht verraten oder verkaufen. Nur ein bisschen aus dem Nähkästchen plaudern, so wie vorhin.

Vielleicht kann ich auch mal was für dich tun.» Ich rauche ein paar Züge von meiner Zigarette und denke nach. «Jobs kann ich immer gut gebrauchen», sage ich schließlich. «Ich kann kellnern und schreiben und wilde Geschichten erzählen. Vielleicht wird ja in deiner Branche mal irgendwas davon gebraucht?» Michel schaut mich verblüfft an. «Ich weiß zwar nicht, wer du bist und was du machst, aber ich habe hervorragende Kontakte.» Er reicht mir seine Visitenkarte. «Michael Maibach – Drehbuchautor und Regisseur» steht drauf. «Lass uns in Kontakt bleiben. Ich gebe dir mein Wort, dass ich dir helfe, wenn ich kann.» Ich winke Michel hinterher, bis der blaue Volvo um die Ecke biegt, hole noch schnell mein Handy aus Rolfs Handschuhfach und renne die Stufen zum Lollipop nach oben. Ich war viel zu lange weg.

Im Club ist es merkwürdig still. Die Musik ist aus. Manchmal hat die Anlage einen Wackelkontakt, und man muss ihr einen kräftigen Klaps geben. Aus dem hinteren Teil des Clubs höre ich laute Stimmen. Nicht fröhlich und ausgelassen wie vorhin, sondern wütend und aufgeregt. Ich laufe los. Palina steht nackt vor den grauen Herren und schreit. Rosi hat ihr die Hand auf den Arm gelegt und redet auf sie ein. Es riecht komisch. Faulig. Verwest. Gottfried ist nicht zu sehen. Auf dem Boden liegt das silberne Tablett. Es ist verschmiert und stinkt bestialisch. «Ich lass mir doch nicht von einem PERVERSEN ARSCHLOCH sagen, was ich zu essen habe!», brüllt Palina. Der graue Herr schaut Palina verächtlich an. «Pass auf, was du sagst, dreckige Nutte», erwidert er kalt. Palina ballt die Fäuste. Ich habe Angst, dass sie auf ihn losgeht. Ich räuspere mich.

«Hallöchen!», ruf ich betont fröhlich und stelle mich beherzt zwischen Palina und die grauen Männer. «Kann ich irgendwie helfen?», frage ich und atme durch den Mund. «Ich bin hier die Deeskalationsbeauftragte. Möchte jemand einen Kurzen? Also Schnaps, meine ich, nicht Penis.» Ich strahle in die Runde. Wenn ich irgendetwas im Lollipop gelernt habe, dann das: Haltung bewahren. Ablenken. Verwirrung stiften. Palina starrt mich entgeistert an. «Das ist nicht witzig, Püppi», knurrt sie, lässt aber ihre Fäuste sinken. Mit bebender Stimme erzählt sie, was passiert ist. Bei jedem ihrer Sätze reiße ich meine Augen etwas weiter auf. «Auf das Silbertablett?», rufe ich. «Jedes Mädchen?»
Ich starre auf den Fußboden, wo das verschmierte Tablett liegt. «Ernährung umstellen?» Ich schüttle fassungslos den Kopf. Palina ist schon wieder knallrot vor Wut. Ich weiß nicht recht, was ich sagen soll. Irgendwann fange ich an zu lachen. Die Geschichte ist vollkommen absurd: Gottfried wollte, dass jedes Mädchen auf das Silbertablett kackt. Alle Mädchen außer Momo und Julie haben mitgemacht. Dann hat Gottfried angefangen, sich durch das Silbertablett zu essen, als wäre es eine Gourmet-Platte! Die Konsistenz vom Palina-Häufchen entsprach offenbar nicht seinem Geschmack, und er kündigte an, sich bei Rosi zu beschweren. Als Puffmutter müsse sie darauf achten, dass sich die Mädchen gut ernähren. «Was für ein kranker, perverser Schwachsinn!», ruft Palina aufgebracht.
Ich muss schon wieder lachen. Alle gucken mich an. «Entschuldigung», sage ich und räuspere mich. «Das ist gleichzeitig das Ekligste und Lustigste, was ich jemals gehört habe. Wo ist denn Fäkalien-Friedel?» Rosi zuckt die Schultern. «Der hat keine Lust mehr und zieht sich um.»

«Schmieriger Scheißer», sage ich und grinse. Palina zögert kurz, dann grinst sie auch. «So ein Mist», sagt sie. Rosi guckt uns an. «Mir stinkt's!», ruft sie. «Palina hat es verkackt!», schreie ich begeistert und lache mich kaputt. Die grauen Herren gucken zwischen uns hin und her. «Komm, wir gehen mal nach Herrn Brunner gucken», murmelt schließlich einer von ihnen. Ich bücke mich zu dem Tablett. «Na, dann machen wir mal Feierabend», sage ich. Mit angehaltenem Atem marschiere ich mit dem infernalisch stinkenden Tablett Richtung Hinterhof. Ich halte es nur an den äußeren Rändern fest und werfe es kurz entschlossen komplett in die Mülltonne. Ist mir jetzt auch egal, was die Münchner Stadtreinigung dazu sagt. Ich will mit dem Scheiß nichts mehr zu tun haben.

Als Gottfried aus der Umkleide zurückkommt, hat er schlechte Laune. Rosi muss ihm einen Ersatztermin mit «gut ernährten, willigen Mädels» versprechen, erst danach ist er einigermaßen besänftigt und zieht mit seinen Bodyguards wieder ab. Ich habe alle Flaschen Raumspray im Club geleert, die ich im Keller finden konnte. Die anderen Frauen sind nach Hause gegangen. Jetzt sitzen nur noch Palina, Rosi und ich an der Bar und trinken ein allerletztes Glas Champagner. Die Spider Murphy Gang habe ich im CD-Sortiment leider nicht gefunden. Deshalb habe ich mein Handy in ein Bierglas gestellt und lasse «Skandal im Sperrbezirk» über YouTube laufen. Rosi macht ein Pokerface und sagt nichts. «Es tut mir so leid, Mädels», sagt sie. «Normalerweise will der nur Natursekt. Sonst hätte ich euch natürlich vorgewarnt.» Palina winkt ab. «Ist jetzt auch egal», sagt sie.

Mein Handy plingt. Ich fische es aus dem Bierglas und drücke den Homebutton. Mein Herz setzt für eine Sekunde aus. Mehrere verpasste Anrufe und eine Nachricht von Maik. «Liebste. Ich habe meine Frau verlassen und will dich unbedingt sehen. Wo finde ich dich? Dein Maik.» Langsam stecke ich mein Handy in die Tasche und drehe mich zu Rosi und Palina um. «Ich muss los.»

Das erste Mal «Süße, ich bleibe heute bei den Kids. Alex wollte ohne mich nicht einschlafen. Gruß & Kuss, Maik». Ich sitze auf den Stufen vor dem Lollipop und rauche eine letzte Zigarette. Es ist mild für Anfang Februar, der letzte Schnee ist weggetaut, von den Alpen weht ein lauer Wind in die Stadt, vielleicht Föhn. Ich lese Maiks Nachricht zum fünften Mal. «Gruß & Kuss»?! Spinnt der? Oder habe ich was verpasst? Maik wohnt jetzt seit zwölf Tagen bei mir. Und ich versuche, Verständnis zu haben. Verständnis dafür, dass er mehrere Nächte in der Woche in seinem Haus verbringt und bei seinen Söhnen Alexander, Roman und Johannes schläft. Verständnis dafür, dass er dauernd gereizt ist. Verständnis dafür, dass er nicht mit mir reden will. Verständnis dafür, dass er kaum noch mit mir schlafen will. Ich versuche, für Maik da zu sein und ihm den Rücken freizuhalten. Und jetzt schreibt er mir «Gruß & Kuss»?! Als sei ich eine gute Bekannte, von der man lange nichts gehört hat. Ich zertrete meinen Zigarettenstummel so heftig mit dem Absatz, als sei er verantwortlich für alles Übel dieser Welt.

Als Maik vor zwei Wochen mit einer Reisetasche und einem traurigen Lächeln vor meiner Tür stand, hat er nicht erzählt, was bei ihm zu Hause passiert ist. Und ich habe nicht nachgefragt. Ich dachte, das Wichtigste sei, dass wir jetzt ein richtiges Paar sind. Ich dachte, es würde romantisch und wild, verrückt und leidenschaftlich. Stattdessen kommt Maik jeden Abend mit einem seidenen Pyjama ins Bett, stopft sich Wachsklumpen in die Ohren und schläft sofort ein. Neulich hatten wir Streit, weil Maik sich so über «die Schlafsituation» aufregte – eine durchgelegene Matratze, die auf ein paar Baupaletten liegt. Wenn er mal frei hat, sitzt Maik mit seiner Wochenzeitung auf meinem grünen Sperrmüllsofa und ist für mindestens eine Stunde nicht ansprechbar. Diese Woche baute ich mich während seiner Lesestunde nackt vor seiner Zeitung auf und versuchte, mich so sexy wie Palina zu bewegen. Maik raschelte unwillig mit seinem Wirtschaftsteil und fragte, ob ich keine Angst hätte, mich zu erkälten. Gekränkt verbrachte ich den Abend mit Netflix auf Lucys Sofa. Die ist für ein paar Wochen nicht da. Sie hat spontan einen Job als Surflehrerin in Portugal angenommen. Ich wusste bisher nicht mal, dass sie auch außerhalb des Internets surfen kann. Zum Glück war sie bereits unterwegs, als Maik einzog. Die beiden zusammen in der kleinen Dachwohnung – das wäre ungemütlich geworden. Vermutlich hätte sie seine seidenen Schlafanzüge «versehentlich» bei 1000 Grad gewaschen und er ihre Hanfpflänzchen «versehentlich» mit Desinfektionsmittel gegossen.

Ich seufze und betrachte meine Schuhspitzen. Mit Maik zusammenzuleben fühlt sich an, als hätte jemand einen Schluck edlen Cognac in ein Glas Cola geschüttet. Kann man schon machen. Wäre getrennt aber besser. Gedankenverloren starre ich auf den trostlosen Parkplatz. Fast auf den Tag genau vor einem Jahr lernten wir uns kennen. Auf einem Ärztekongress. Ich kellnerte, Maik hielt eine Rede. Irgendwelche neuartigen Behandlungsmethoden bei Herzkasper. Keine Ahnung, ich verstand kein Wort. Maik aber war der Star des Abends. Jeder wollte ihm einmal auf die Schulter klopfen. Als ich ihm frischen Wein brachte, strahlte er mich bester Laune an. «Konnten Sie als einfache Kellnerin denn meinen Ausführungen folgen?», fragte er mich mit arrogantem Zwinkern. Ich stellte ihm den Wein hin und musterte Maik von oben bis unten. Braun gebrannt, obwohl tiefster Winter war. Hellblaues Hemd, dessen Farbe obszön perfekt zu seinen Augen passte. Dichte, dunkle Haare, teuer aussehende Lederschuhe. Ich trug das vorgeschriebene Kellnerinnen-Outfit für diesen Abend: kurzer schwarzer Rock, weiße Bluse, Haare hochgebunden. Eigentlich ziemlich seriös. Hätte ich nicht vergessen, mein Unterhemd zu wechseln. So aber schimmerte durch die weiße Bluse unverkennbar eine dicke, rote Rolling-Stones-Zunge. Ist mir leider erst aufgefallen, als es schon zu spät war. Nach Maiks arroganter Frage schauten er und seine Kollegen mich an, als würden sie darauf warten, dass ich ein kleines Kunststück aufführe. «Ja, Frau Servrerin, sagen Sie doch mal, was bei Ihnen hängengeblieben ist!», mischte sich auch Maiks moppeliger Sitznachbar mit der unreinen Haut und dem Doppelkinn ein und starrte auf meine Brüste. Angriffslustig starrte ich zurück. Elitäre Arschlöcher. «Nun», ich straffte meine Schultern: «Ich konnte mich wegen Ihrer Grammatikschwäche leider kaum auf das Inhaltliche konzentrieren. Das kommt davon, wenn man im Deutschunterricht nicht aufpasst und lieber Kuhaugen seziert.» Maik ließ sein Weinglas langsam sinken und sah mich mit einer Mischung aus Faszination und Fassungslosigkeit an. «Bitte, was?» Ich räusperte mich. «Nach wegen folgt der Genitiv, es heißt nicht letztes Jahr, sondern vergangenes Jahr und Sinn machen ist wirklich totaler Quatsch, Dinge können höchstens Sinn ergeben. Das sollten Sie bei Ihrem nächsten Vortrag unbedingt beachten.» Dann drehte ich mich auf dem Absatz um und rauschte davon. Als ich einen kleinen Blick über meine Schulter zurückwarf, hob Maik anerkennend sein Weinglas und zwinkerte mir wieder zu. Anders diesmal. Beeindruckt statt überheblich. Und ich fühlte mich großartig. Weil es mir gelungen war, jemandem wie Maik zu imponieren. Keine zwei Stunden später knutschten wir heftig auf dem Balkon. So begann unsere Affäre.

Ich sitze immer noch auf den Stufen vor dem Lollipop. Es ist kurz vor halb neun. Palina und ich wollten noch ein Gläschen zusammen trinken, bevor der Abend losgeht. Ich klingele, und Rosi öffnet mir die Tür in einer Art Catsuit aus schwarzem Leder, in ihren blonden Locken steckt ein Haarreifen mit Katzenöhrchen. Sie umarmt mich und drückt mir zwei kleine Küsschen auf die Wangen. Ihr Outfit knirscht und quietscht bei jeder Bewegung wie ein altes Ledersofa. Palina sitzt schon an der Bar und nippt an einem Glas Prosecco. «Prostata, ihr zwei!», ruft Rosi uns zu und verschwindet knirschend in ihr Arbeitszimmer. «Püppi!», ruft Palina und umarmt mich. «Na, wie läuft es so bei dir?» Ich seufze. Dann zeige ich ihr Maiks letzte Nachricht: «Ich frage mich die ganze Zeit, wo er in seinem alten Haus überhaupt schläft. Im Kinderzimmer? Oder bei seiner Frau im Ehebett? Und wieso redet er nicht mit mir?

Das macht mich alles ganz wahnsinnig.» Weinerlich kippe ich zwei Gläser Prosecco in mich hinein und lamentiere über gebügelte Schlafanzüge, lieblosen Sex, meine kläglichen Verführungskünste und erzähle schließlich sogar von meiner Cognac-Cola-Theorie. Palina hat die ganze Zeit schweigend zugehört. Jetzt zieht sie die Augenbrauen hoch. «Ernsthaft, Fanny?», fragt sie. «Als würde man Cognac in ein Glas Cola schütten?!» «Er ist eigentlich ein toller Kerl», murmele ich und merke selber, wie schwach das klingt. Palina haut mit der Faust auf die Theke. «Püppi!», ruft sie. «Du solltest wie Champagner sein! Wie ein eiskaltes Glas Dom Pérignon! Wenn er es nicht schafft, dass du dich genauso fühlst, ist er ein Schwachkopf!» Ich antworte nicht. «Fanny, ehrlich, mach Schluss mit dem!» Palina rüttelt an meiner Schulter, als wolle sie Maik aus mir herausschütteln.

Ich verziehe mich auf die andere Seite der Bar und klappere laut mit den Schränken. Ich habe keine Lust, weiter mit Palina über Maik zu reden. Sie klingt wirklich genau wie Lucy. Weil ich keine Kondome im Schrank finde, gehe ich rüber in Rosis Arbeitszimmer. Vielleicht liegen dort in der Kommode noch welche. Auf dem Fernseher in der Ecke läuft ein Manga-Porno. Überzeichnete Comicfiguren mit verzerrten Gesichtern quieken beim Sex wie verendende Meerschweinchen. Merkwürdig, was Leute so scharf finden. Rosi ist nirgendwo zu sehen, nur ihr Laptop steht auf dem Tisch. Im Vorbeigehen streift mein Blick den flirrenden Bildschirm. Moment. Was steht da? Ich gehe zurück. «Liebe auf den ersten Klick»? Über die Seite fliegen pummelige Zeichentrickengel in Lederhosen und Dirndln. «Spatzl – Herzklopfen auf Bayerisch». Ich beuge mich herunter. Ein Pop-up erscheint am oberen Bildschirmrand. «Neue Nachricht von BruceWillEs2». Ich grinse. Das ist so schlecht, dass es schon wieder gut ist. Rosi hat sich wirklich bei einer Singlebörse angemeldet? Langsam sinke ich mit einer Pobacke auf die Kante des Sofas. Rosis Nutzername ist Rocknrosi, und ihr Posteingang ist geöffnet. Ganz oben die Nachricht von BruceWillEs2. «Hallo Rocknrosi! Woin mir zwoa amoi duach Minga rockn? Rosige Griaß aus Giesing, Dein Bruce». Ich starre auf den Bildschirm. Nachrichten in den letzten drei Monaten insgesamt: 3267. Ich falle fast von meiner Sofakante. 3267 Nachrichten? Und alle von Hunderten von verschiedenen Männern! Wann schreibt sie denen denn? Doch nicht etwa immer hier, an diesem Laptop im Lollipop?

In diesem Moment schiebt jemand die Tür auf. Ich springe hoch: «Ich hab nur geguckt, wie spät es ist!», rufe ich. Reingekommen ist aber gar nicht Rosi, sondern Pitt. Er schiebt seine Schirmkappe in den Nacken und kratzt sich am Kopf. «Aha», sagt er und kommt näher. «Wo ist Rosi? Und was machst du da wirklich?» «Nüchts», wehre ich ab. «Komm, Pitt, ich mach dir einen Kaffee.» Doch es ist zu spät. Pitt beugt sich zu Rosis Laptop herunter. Schweigend starrt er auf den Bildschirm. Nach endlos langen Sekunden richtet er sich wieder auf. «BruceWillEs2?», fragt er und streicht sich über das Gesicht. «Ist das so eine Verabredungsseite?» Ich weiß nicht, was ich sagen soll. Pitt schaut mich ratlos an. «Muss denn das sein?», fragt er. Dann dreht er sich um und schlurft mit hängenden Schultern in den Club zurück.

Ich schnappe mir zwei XXL-Packungen Superfeucht aus der Kommode und eile hinterher. Rosi hockt mit Mini,

Maxi, Momo und Palina an der Bar, sie rauchen und unterhalten sich. Auf dem großen Sofa lümmeln Magda, Julie und Polly. Lisa ist auch wieder da. Sie sitzt alleine am Pool und lässt ihre nackten Füße ins Wasser baumeln. Seit ihrer ersten Schicht habe ich Lisa nicht mehr gesehen. Sie wirkt entspannt, fast fröhlich.

Pitt hat sich an die äußerste Ecke der Bar gesetzt und starrt ins Leere. Ich koche ihm einen Kaffee. Er tut mir leid. Als es an der Tür klingelt, laufe ich zur Rezeption. Auf dem Bildschirm ist ein älterer, dicker Mann zu sehen. «Ja?», frage ich durch die Gegensprechanlage. «Der Taxifred!», ruft der Mann. «Sach ma Rosi, dass ich da bin.» Ich drücke den Summer. «Rooosiii», rufe ich. Taxifred ist ein schwabbeliger Typ mit gelben Zähnen, fettigen Haaren und pickliger Haut. Um ihn herum wabert der Gestank von altem Schweiß, kalten Zigaretten und muffiger Kleidung. Rosi begrüßt ihn besonders herzlich. Wenn Fred redet, muss ich meinen Kopf leicht zur Seite neigen, weil er so faulig aus dem Mund riecht. Fred gehört der Taxi-Call München. Rosi zahlt ihm regelmäßig eine ordentliche Provision, damit seine Fahrer alle Gäste, die am Flughafen oder Bahnhof ankommen und nach einem Bordell fragen, ins Lollipop bringen. Heute will Taxifred aber kein Geld. Heute will er auf Rosis Kosten eine Frau. «Ich hab Druck», sagt er. Spucketröpfchen fliegen durch die Luft. Ich versuche, nicht einzuatmen. Fred reibt sich die fetten Hände. Seine Fingernägel sind abgenagt und entzündet. «Ich hätte gerne mit Blasen und Anal, wenn's recht ist», sagt er. Rosi klopft ihm auf die Schulter. «Na, dann mal los», sagt sie freundlich und schickt ihn Richtung Umkleide. Wenig später kommt Fred im Bademantel zurück. Sogar in dem weißen, sauberen Frotté sieht er schmierig aus. Er schlendert an der Bar entlang, an der immer noch die Frauen sitzen. Er gibt Momo einen herzhaften Klaps auf den Po. «Süßes Schlitzauge», sagt er. Momo nickt ihm zu. Ihr Lächeln sieht aus, als hätte es ihr jemand ins Gesicht geschraubt. Dann geht Taxifred Richtung Sofa, wo Polly, Lisa und Julie sitzen. Alle drei lächeln ihm entgegen. Lisa sitzt – mit noch nassen, nackten Füßen – in der Mitte und sieht so lolitahaft aus wie beim ersten Mal. Zwei brav geflochtene Zöpfe, ein weißes, schlichtes Negligé, hellrote Lippen. Ich würde sie auf keinen Tag älter als 16 schätzen. Taxifred kann sein Glück gar nicht fassen. Er zieht an ihren Zöpfen und lacht böllernd. Lisa zögert keine Sekunde. Sie schiebt ihre Unterlippe nach vorne, schmollt ihn von unten herauf an und piepst: «Hallo Süßer.» Als die beiden Richtung Séparées verschwinden, schüttle ich mich demonstrativ. «Brrrr», sage ich zu Rosi, die am Rand der Bar sitzt und eine raucht. «Was für ein ekliger Typ.» Rosi zuckt die Schultern. «Da muss sie durch.» Ich zünde mir ebenfalls eine Zigarette an. «Warum ist Lisa eigentlich hier?», frage ich. «Große Familie. Der Vater hat alle versorgt. Dann Schlaganfall. Die größere Schwester kommt schon seit ein paar Monaten immer mal wieder her, die Julia. Kennst du die?» Ich schüttle den Kopf. «Nee. Wir hatten wohl noch nie gemeinsam Schicht», sage ich. «Na ja, jedenfalls», fährt Rosi fort, «will Lisa jetzt auch neben ihrer Ausbildung herkommen, damit sie das Haus abzahlen können.» Ich schlucke. «Was macht Lisa denn für eine Ausbildung?», frage ich. Rosi überlegt. «Ich glaube, Hotelfachfrau.» Ich habe sofort das Bild vor Augen, wie Lisa in der Berufsschule ein Referat hält. Wie sie in einem dunkelblauen Kostüm durch eine Lobby läuft und

Gäste begrüßt. Mein Hals schnürt sich zusammen, wenn ich daran denke, wie weit sie gerade von ihrem eigentlichen Leben entfernt ist. Ich meine: Taxifred!

Ich mische mir einen starken Gin Tonic und trinke zwei große Schlucke. Um kurz vor neun verscheucht Rosi die plaudernden Frauen von der Bar und verschwindet im Büro. Nur Pitt und ich bleiben noch. «Du magst Rosi sehr, oder?», frage ich. Pitt schaut mich müde an und schweigt. «Vielleicht weiß sie das gar nicht. Vielleicht musst du es ihr einfach mal sagen.» Pitt reibt sich mit seinen Händen, von denen die Ölflecken vermutlich nie mehr ganz verschwinden werden, übers Gesicht. «Ach Fannylein», sagt er. «Du bist ein Träumerchen. Hat dir nie jemand gesagt, dass es Happy Ends im wahren Leben nicht gibt?» Ich schlucke. Doch, das hat man mir schon gesagt. Mehrfach. Maik nannte mich sogar mal «herzerfrischend naiv». Wie aus dem Nichts schießen mir Tränen in die Augen. Ich drehe mich um und tue so, als würde ich die Spüle trocken reiben. Pitt hat recht. Ich bin ein Träumerchen. Ich glaube immer daran, dass alles gut wird. Wie oft ich mir schon ausgemalt habe, wie es wäre, wenn Pitt und Rosi doch noch ein Paar würden. Oder Palina eine berühmte Schauspielerin. Ich habe mir sogar mal vorgestellt, dass Pitt eines Tages einen schüchternen Lehrling einstellt, der sich in Lisa verliebt und sie aus dem Lollipop rettet. Und ich glaube immer noch daran, dass Maik und ich zusammengehören. Dabei ist das vermutlich genauso realistisch wie meine anderen Tagträume. Vielleicht hab ich einfach den Schuss nicht gehört.

Wenige Minuten später klingelt es zum zweiten Mal. Rosi hat sich schon wieder in ihr Büro zurückgezogen und tippt auf ihrem Laptop rum. Vermutlich schreibt sie einem ihrer zahlreichen Verehrer bei «Spatzl». Erst jetzt, wo ich darüber nachdenke, fällt mir auf, wie oft Rosi eigentlich im Büro vor ihrem Laptop sitzt. Ich dachte ja immer, dass sie Abrechnungen oder so was macht, dabei sucht sie online nach der großen Liebe. Während auf dem Bildschirm gegenüber Pornos laufen und ein paar Meter weiter Männer Frauen für Geld kaufen. Auf eine schräge Art und Weise finde ich das romantisch. «Ich mach schon», rufe ich ihr zu und gehe zur Tür. Im Vorraum erscheint ein Typ, der besser auf eine LAN-Party passen würde als in ein Bordell. Ein Rucksack mit Aufnähern, viele Pickel im Gesicht, Supermario-Pullover, riesige Brille. Und nicht eine von den coolen. Ich kontrolliere seinen Ausweis. Timotheus von Dornblut heißt der junge Mann und ist gerade 20 geworden. Was für ein Name. Der große Münchner Verleger heißt auch von Dornblut. Ob die was miteinander zu tun haben? Ich habe mich gegen Ende meines Studiums für vier verschiedene Stellen im Dornblutverlag beworben. Zwei wurden abgesagt, auf zwei Bewerbungen bekam ich gar keine Antwort.

«Na, dann komm mal rein», sage ich freundlich zu Timotheus. Der Junge nickt und wischt sich die Hand an seiner Jeans ab, bevor er sie mir hinhält. Sie ist trotzdem feucht. «Du warst noch nie hier?», frage ich, während ich ihm den roten Samtvorhang Richtung Hauptraum aufhalte. «Nnnnein», stottert Timm und bleibt wie angewurzelt stehen. Stumm betrachtet er die Palmen, die Pools, die Bar und das Sofa mit den Frauen. Ich schicke ihn mit Bademantel und Schlappen zum Umziehen. Pitt trinkt gerade seinen letzten Schluck Kaffee. «Na dann», sagt er und seufzt. «Dann werd ich mal. Gruß an Rosi.» Ich nicke. Er zieht seine Jacke über. «Pitt?» Er dreht sich noch mal um. «Ich finde, Rosi ist eine dumme Nuss, wenn sie dich nicht nimmt.» Pitt lächelt schwach und hebt seine Hand zum Gruß.

Wenig später setzt sich Tim im Bademantel an die Bar und bestellt ein Helles. Er ist schlaksig, fast mager, als sei er noch nicht richtig in seinen Körper hineingewachsen. Und er hat sich offenbar beim Rasieren geschnitten. Jedenfalls klebt ein Fitzelchen blutiges Klopapier an seinem Kinn. Sein Blick fällt auf meine Kippenpackung auf dem Tresen. «Darf ich Sie um eine Zigarette bitten?», fragt er mich. «Klar», sage ich und schiebe im die Schachtel rüber. «Ich bin übrigens Fanny. Wir duzen uns hier.» Er nickt stumm, zündet sich mit zitternden Händen eine Kippe an, zieht und fängt sofort an zu husten. Ich grinse. «Du rauchst nicht so oft, hm?», frage ich. Er schüttelt, immer noch hustend, den Kopf und trinkt einen Schluck Bier. Ich warte, bis er wieder Luft bekommt, und frage, was er sonst so treibt, wenn er nicht gerade versucht zu rauchen. Tim holt tief Luft und sprudelt los. Er erzählt, dass seine Freunde ihn Timmi nennen. Mit denen zockt er meistens an der Playstation. Auf Partys wird er leider nicht so oft eingeladen. «Aber das ändert sich bald, ich studiere ab Sommer BWL. Da gibt's bestimmt viele Studentenpartys und so.» Ich nicke ihm aufmunternd zu. «Ja», sage ich. «Bestimmt!» Tim strahlt und trinkt einen großen Schluck. «Und, was genau treibt dich ins Lollipop?», frage ich. Er wird so rot, dass seine Pickel gar nicht mehr auffallen. «Mein Papa hat mir das zum Geburtstag geschenkt», sagt er. «Na, das ist aber ganz besonders umsichtig vom Papa.»

Ich versuche gar nicht erst, meinen Sarkasmus zu verbergen. Tim merkt es nicht. «Ja, schon, nicht wahr?» Er hält die brennende Zigarette in der Hand, ohne zu ziehen. «Er sagt, ich muss jetzt ein richtiger Mann werden.» Ich grunze. Lucy hat mal gesagt: «Es gibt diese Vorstellung, dass richtige Männer mächtig, stark und mutig sein müssen. Richtige Frauen dagegen schön, zart und liebevoll.» «Und du willst, dass Frauen auch mächtig, stark und mutig sind?», habe ich eifrig gefragt. Diese Art von Feminismus verstehe sogar ich. Lucy hat gelacht. «Ich will, dass wir aufhören, über richtige Männer und richtige Frauen zu sprechen», hat sie erwidert.

Ich schaue Tim nachdenklich an. «Und?», frage ich schließlich. «Was macht einen richtigen Mann aus?» Tim pafft noch mal an seiner Zigarette und zuckt die Schultern. «Er muss der Frau zeigen, wo es langgeht. Wenn er das schafft, wird er es auch im Leben weit bringen.» Er drückt die halb gerauchte Zigarette aus und fügt hinzu: «Sagt jedenfalls mein Papa.» Ich starre ihn an. Lucy würde sagen, dass es Typen wie Tims Vater in 100 Jahren gar nicht mehr geben wird. «Arschloch-Darwinismus» nennt sie ihre Theorie.

«Siehst du das denn auch so?», frage ich Tim. «Hattest du überhaupt schon mal eine Freundin?» Er zuckt die Achseln. «Es gibt da ein Mädchen», sagt er. «Anna. Ich gebe ihr Nachhilfe in Mathe. Und ich glaube, sie mag mich auch. Sie hat gefragt, ob ich nächste Woche mit ihr zur 90er-Schaumparty in die Muffathalle gehe.» «Aber das ist doch großartig!», rufe ich. Tim starrt in sein Glas. Dann flüstert er so leise, dass ich es fast nicht hören kann: «Ich kenne mich aber wirklich nicht gut aus mit Mädchen.» Ich versuche, Tim in die Augen zu schauen. Sie sind grünbraun, mit hellen Sprenkeln und dichten, langen Wimpern. «Mit 20 kennt sich niemand gut aus mit Mädchen», versuche ich ihn zu beruhigen. Tim schüttelt heftig den Kopf. «Das stimmt nicht. Es gibt da schon welche. Und ich will Anna doch nicht enttäuschen.» Ich seufze und suche bei den Spirituosen nach einem Obstler. Nachdem ich uns zwei kleine Gläschen Williams Birne eingegossen habe, proste ich ihm zu und warte, bis er den Schnaps runtergekippt hat. «Timmi», sage ich. «Warum machst du das eigentlich alles?» Er hebt den Kopf. «Na, wegen Anna. Wenn wir uns vielleicht mal näherkommen und ich mich dann wie ein Idiot anstelle, ist sie gleich wieder weg.» «Wenn sie wüsste, dass du dich von einer Prostituierten entjungfern lässt, vermutlich aber auch», gebe ich zu bedenken. «Das würde sie doch niemals erfahren!» Tim trinkt einen großen Schluck und erzählt von Anna. Von ihren seidig blonden Haaren und dem kleinen Leberfleck rechts über der Oberlippe. Wie klug sie sei und dass sie Mathe auch ganz alleine hinkriegen könnte, wenn sie nur an sich glauben würde. Als er fertig geschwärmt hat, dreht er sich von mir weg und betrachtet die Frauen auf dem Sofa. Er meint es ernst. Er will wirklich seine eigene Entjungferung proben. Das ist ein bisschen so, als würde man bei einer Verabredung ins Kino den Film heimlich vorher gucken und sich Notizen machen. Um dann beim eigentlichen Date an den richtigen Stellen wahnsinnig scharfsinnige Kommentare einfließen zu lassen. Nicht, dass ich das schon mal gemacht hätte. Ich gieße Tim und mir noch einen Obstler ein. Ich weiß nicht, was ich ihm sagen kann, damit er sein Bier austrinkt, nach Hause geht und Anna einfach zum Essen einlädt. Aus den Augenwinkeln sehe ich, dass Rosi gerade drei neue Gäste in die Umkleide schickt. Tim schaut mich an. «Welches Mädchen würdest du mir denn empfehlen?», fragt er. Ich seufze. Ich habe die Chance verpasst. Resigniert drücke ich ihm eine Flasche Veuve Clicquot und zwei Gläser in die Hand. «Siehst du die mit der dunkleren Haut und dem cremefarbenen Negligé?», frage ich. Er nickt. «Das ist Maxi. Sie wird sich gut um dich kümmern.» Tim nickt wieder. «Okay», sagt er, atmet kurz durch und steht auf. Ich sehe ihm nach, wie er zu Maxi rübergeht. Und seufze ein letztes Mal.

Die drei neuen Gäste sind um die 50 und offensichtlich befreundet. Sie klopfen sich gegenseitig auf die Schulter, einer bestellt Whisky für alle, der andere verteilt drei dicke Zigarren. Ich stelle ihnen den passenden Aschenbecher bereit. «Na, was zu feiern?», frage ich und habe jetzt schon keine Lust aufs Gespräch. Heute Nacht habe ich geträumt, ganz München sei ein einziges Bordell und jeder Mann auf der Straße könne versuchen, mich für Sex zu kaufen. Und dass ich am Tag nur zwei Mal nein sagen darf. Der Traum hängt mir immer noch nach. Und jetzt stehen hier irgendwelche Zigarrenschnösel, denen nichts Besseres einfällt, als zum Feiern ins Bordell zu gehen. Ich wünsche mir eine Welt, in der 20-Jährige nicht anschaffen gehen müssen, um das Familienhaus abzubezahlen. Eine Welt, in der Väter ihre Söhne nicht zum Entjungfern ins Bordell schicken, damit sie richtige Männer werden.

Der Typ, der von den dreien am ältesten aussieht, nickt mir zu. Er hat volles, silberglänzendes Haar, ein sonnengebräuntes Gesicht und strahlend weiße Zähne. Fast ein bisschen zu weiß, wenn man mich fragt. Sie sind eigentlich eher bläulich. «Der Kollege hier», sagt er und klopft dem Typ in der Mitte auf die Schulter, «der gute alte Harry ist gerade 50 geworden.» Der gute alte Harry hat fast gar keine Haare mehr, was sein eiförmiges Gesicht besonders unvorteilhaft betont. «Herzlichen Glückwunsch», sage ich leidenschaftslos. «Bowling war euch wohl zu langweilig?»

Ich bringe den vollen Müll zu den Tonnen auf dem Hinterhof. Ich habe immer noch ein mulmiges Gefühl, wenn ich hier draußen bin. Ich sehe dann sofort Palinas zitternde blaue Lippen vor mir. Schnell gehe ich wieder rein. Auf dem Rückweg komme ich an Tim und Maxi vorbei. Sie haben es sich auf der Liegewiese gemütlich gemacht, Tims Bademantel sitzt schon deutlich lockerer. Als ich an ihnen vorbeigehe, hält Maxi ihm gerade ihren schlanken Hals unter die Nase. «Küss mich da», haucht sie. Ruckartig berührt Tim mit gespitzten Lippen ihren Hals. Wie ein orientierungsloses Huhn, das hektisch nach einem Korn pickt. «Oh! Ja!», gurrt Maxi, als sei es das Erotischste, was sie jemals erlebt hat.
Eine halbe Stunde später ist nichts mehr los. Zwei neue Gäste, etwa 30-jährige Spanier, haben nur schnell eine Magnumflasche Champagner bestellt, bevor sie mit Magda und Momo im Whirlpool verschwunden sind. Die Geburtstagsrunde ist mit Mini, Julie und Palina abgezogen. Mini hat den Silberfuchs mit den blauen Zähnen erwischt. Hoffentlich macht der beim Sex den Mund zu. Maxi und Tim sind verschwunden. Taxifred und Lisa auch. Ich gehe zu Rosi ins Büro. Sie hängt über ihrem Laptop. Ob

sie schon wieder mit irgendwelchen Singles chattet? Ich klopfe an den Türrahmen. «Hey», sage ich. «Was treibst du?» Rosi klappt den Laptop zu. So wie eigentlich immer, wenn jemand reinkommt. Verrückt, dass mir das noch nie aufgefallen ist. «Was ist denn?», fragt Rosi. Ich überlege kurz, ob ich sie auf «Spatzl» ansprechen soll, entscheide mich aber dagegen. Es ist mir peinlich, dass ich sie vorhin so gestalkt habe. «Kennst du eigentlich Tims Vater?», frage ich stattdessen. «Von Dornblut.» Rosi nickt. «Ja, Cornelius von Dornblut, der Verleger.» Also doch! Das ist ja aufregend. Von Dornblut gehören immerhin mehrere große Magazine. Klar ist er ein Arschloch und offensichtlich auch ein Sexist und sollte nicht so viel Zeit mit seinem Sohn verbringen. Aber beruflich ist das der beste Kontakt, den ich mir vorstellen kann. Sollte der hier mal auftauchen, während ich Schicht habe, wäre ich so brillant, witzig und eloquent, dass er sofort mein unglaubliches Talent erkennen und mich von der Theke weg engagieren würde. «Jemanden wie Sie habe ich schon immer für meine Redaktion gesucht», würde er sagen. Natürlich würde ich schon nach wenigen Wochen eine preisgekrönte Kolumne über Schnaps und Liebe schreiben, die sogar von Dornblut zu einem besseren Mann und Vater machen würde.

Rosi reißt mich unsanft aus meinen Phantasien. «Fanny!» Ich zucke zusammen. «Ja, äh, was?» «Ob alles gut ist mit dem Bub, hab ich gefragt.» Ich hocke mich neben Rosi aufs Sofa. «Ich weiß nicht», sage ich und schnaufe. «Findest du es nicht auch komisch, wenn Väter ihre Söhne zum Entjungfern in den Puff schicken, damit sie richtige Männer werden?» Rosi zieht ihre sorgfältig gezupften und nachgemalten Augenbrauen hoch. «Nö, wieso?» «Na ja, weil es eine falsche Vorstellung davon vermittelt, was einen richtigen Mann ausmacht?» Ich klinge wirklich schon genau wie Lucy. Rosi lehnt sich zurück und schlägt die Beine übereinander. «Ich sag dir mal was, Fanny: Die meisten Männer bezahlen die Frauen vor allem deshalb, um sich endlich mal bestätigt zu fühlen.» Ich klaue mir einen Zigarillo aus ihrer Schachtel und suche in meinen Taschen nach Feuer. «Und das klappt?», frage ich. «Na ja, Männer wollen Frauen glücklich machen. Das steckt so in denen drin. Und diese Show bieten wir ihnen hier», sagt sie und gibt mir Feuer. Ich ziehe kräftig am Zigarillo und falle fast vom Sofa. Meine Lunge zieht sich auf Walnussgröße zusammen und verweigert jegliche Aktivität. Genauso gut könnte ich einen Grillanzünder rauchen. Rosi klopft mir auf den Rücken und grinst in sich hinein, während ich hustend nach Luft schnappe. Es dauert einen Moment, bis ich wieder halbwegs normal atmen kann. Ich trinke einen Schluck Wasser, um den Geschmack von Braunkohle aus meinem Mund zu kriegen. Demonstrativ nimmt Rosi einen besonders tiefen Zug von ihrem Zigarillo und bläst genießerisch den Rauch durch die Nasenlöcher. «Aber die wissen doch, dass alles nur Show ist?», sage ich und schiebe den Aschenbecher mit dem angerauchten Zigarillo weit von mir. Rosi lacht. «In den Puff gehen ist so, als würdest du eine Zaubershow besuchen. Du weißt, dass alles nur Tricks sind. Aber weil du so viel Kohle gezahlt hast, glaubst du wenigstens ein bisschen an die Magie.» Ich schüttle den Kopf. «Ich verstehe es nicht. Wenn sie doch wissen, dass alles nur gespielt ist – wie können sie sich danach besser fühlen?» Rosi zieht den Aschenbecher wieder zu sich heran und klopft ihren Zigarillo ab. «Männer haben keine Ahnung, wie sie mit ihrer Freundin darüber sprechen sollen, wonach sie sich wirklich sehnen. Männer fühlen sich als Versager, weil sie mit über 20 noch Jungfrau sind. Männer betrügen ihre Frau, weil die unglücklich ist und keine Lust mehr auf Sex hat.» Sie sieht mich an. «Männer bezahlen viel Geld, damit ihnen endlich mal eine Frau das Gefühl gibt, dass sie alles genau richtig machen.» Ich nicke vor mich hin. «Traurig», sage ich. Rosi zuckt mit den Achseln. «Ich glaube, wenn Männer die Prostituierten nicht hätten, würden sie gar nicht mehr klarkommen.»

Ich starre eine Weile stumm vor mich hin. «Wie war eigentlich dein erstes Mal», frage ich Rosi irgendwann. Sie lacht schrottsackig. «Ich war 13 und betrunken, er war 30 und ein Arschloch. Es war in einer Kneipe auf dem Billardtisch. Danach wollte ich eigentlich nie wieder was mit Sex zu tun haben.» Rosi lacht wieder. «Wie das Leben halt so spielt, ne?» Bevor ich reagieren kann, hören wir aus dem Club eine schrille Stimme. Ich werfe einen Blick durch die angelehnte Tür. Sind das Mini und Herr Perlweiß, die da schon wieder an der Bar aufgetaucht sind? Die sind doch höchstens eine halbe Stunde weg gewesen. Ich laufe zurück in den Club. Ich hatte recht: Die schrille Stimme gehört zu Mini. Sie trägt nur ein rotes, glitzerndes Höschen, hat die Hände in die Hüften gestemmt, sich vor Blauzahn aufgebaut und keift: «Du bist widerlich! Ein schlechter Mensch! Kein Wunder, dass deine schlaue Frau dich verlassen hat!» Ich zupfe an ihrem Arm. «Was ist denn passiert?», frage ich. Der Typ zieht seinen Bademantel enger zusammen und streicht sich durch die silbrigen Haare. «Der blöde Wichser hat versucht, mich ohne Kondom zu ficken», faucht Mini. «Das bildet die sich ein», sagt Blauzahn und schüttelt abwehrend den Kopf. «Was glaubst du eigentlich, warum in den Schlafzimmern so viele Spiegel sind?», brüllt Mini. «Nur damit ihr eure eigenen fetten Bäuche beim Sex sehen könnt?» Ich schaue sie erstaunt an. «Nicht?», frage ich. Blauzahn zieht den Bauch ein. «Nein!», ruft sie. «Mit den Spiegeln können wir die Männer im Auge behalten, egal in welcher Position!» «Aha?» «So kann ich immer sehen, ob sich irgendein Arschloch heimlich das Kondom abmacht!!», schreit Mini. «Das ist brillant», murmle ich aufrichtig beeindruckt. «Ich gehe mich jetzt anziehen», sagt der Typ und dreht sich um. «ARSCHWICHSER!», pöbelt Mini ihm hinterher. Freundlich, aber bestimmt schiebe ich sie Richtung Bar, hole ihr einen Bademantel und schenke ihr einen Schnaps ein. Dann lege ich eine CD von Leonard Cohen auf. Vielleicht lässt sich Mini von seiner dunklen, weichen Traurigkeit ein wenig beruhigen.

Aus dem hinteren Bereich des Clubs tauchen Maxi und Tim auf. Seine Haare sind verstrubbelt, das Gesicht ist rot und verschwitzt, der Bademantel verrutscht. Aber er geht sehr aufrecht, als hätte jemand in den letzten anderthalb Stunden Selbstbewusstsein in ihn hineingepumpt. Neben ihm schwebt Maxi, sie sieht wie immer kühl und schön aus. «Darf ich die Dame noch auf ein Getränk einladen?», fragt Tim. Der Satz klingt seltsam aus seinem Mund. Etwa 20 Jahre zu jung für ihn. Maxi windet sich. «Ich will mich jetzt frisch machen, ich muss ja noch arbeiten», sagt sie. «Ein kleines Gläschen», bettelt er. «Diesen Abend hier werde ich doch niemals in meinem Leben vergessen.» Mini betrachtet die beiden amüsiert.

«Und, wie war's?», frage ich Tim. Es kommt mir nicht mal seltsam vor, einen völlig Fremden wenige Minuten nach seinem ersten Mal zu fragen, wie es war. Als käme er von der Fahrprüfung oder so. Tim schaut Maxi mit leuchtenden Augen von der Seite an. «Es war wunderbar», sagt er. «Ich fühle mich viel besser. Wie ein richtiger Mann eben.» Maxi lächelt nicht mal. «Vielleicht», sagt Tim und kneift die Augen zusammen, «vielleicht komme ich ja noch mal wieder.» Ich zucke zusammen. Das war NICHT der Plan. Der Plan war, dass er nicht mehr so viel Angst vor dem ersten Mal hat und jetzt mit Anna zusammenkommt! Ich beobachte ihn, wie er Maxi zum Abschied einen Klaps auf den Po gibt und sie ihn verführerisch anzwinkert, bevor sie sich umdreht und mit den Augen rollt. Und da ist es wieder. Das Gefühl, dass ich eine naive Kuh bin.

Wenig später bin ich ganz alleine an der Bar und zünde eine Zigarette an. Leonard Cohen singt von Einsamkeit. Ich starre trübsinnig vor mich hin. Dann hole ich mein Handy aus der Tasche, lade die Spatzl-App herunter und melde mich an. Ich suche nach RocknRosi und finde sie sofort. Ihr Profilbild ist schwarzweiß mit einer leichten Unschärfe. Ein Porträt von ihr, wie sie an einer Theke sitzt und raucht. Ihre Züge sind weich und unnahbar zugleich. Zwischen den grauen Tönen leuchten nur ihre Lippen hellrot. Ihr Profil ist knapp.

Alter: 58. Auf der Suche nach: Dem letzten großen Abenteuer. Mag: Die Nacht. Als Kind: Wollte ich den Mann im Mond heiraten. Wünscht sich: Eine Schulter, einen Freund, ein Happy End.

Ein Happy End? Sag bloß. Rosi? Die auch? Vielleicht bin ich doch nicht die Einzige mit großen Träumen. Ich öffne eine Flasche Augustiner und trinke einen großen Schluck gegen den Kloß in meinem Hals. «Like a bird on the wire, like a drunk in a midnight choir, I have tried in my way to be free», singt Leonard Cohen.

Ich bin so in Gedanken versunken, dass ich kaum mitkriege, wie Taxifred und Lisa irgendwann aus dem Inneren des Clubs auftauchen. Die waren richtig lange weg. Klar, Rosi zahlt ja auch seine Zeche. Taxifred ist noch röter im Gesicht als vorher und watschelt im Bademantel Richtung Umkleide. «Schüssi, Süße», ruft er, und ich sehe sogar aus der Entfernung, wie eine Ladung Spucketröpfchen durch das Rotlicht schwebt. Lisa winkt ihm hinterher. «Wasser?», frage ich. Sie nickt. Im Stehen trinkt sie ihr Glas mit einem Zug aus. Ich schaue sie prüfend an. «Alles okay?», frage ich. Ich ekle mich allein bei dem Gedanken, was Taxifred alles mit Lisa angestellt hat. «Ja, alles gut», sagt sie knapp. «Ich geh mal duschen. Hoffentlich kommen später noch ein paar Gäste.» Ich sehe ihr nach, wie sie Richtung Keller verschwindet. Sie hatte gerade Sex mit dem widerlichsten Typ des ganzen Abends, und alles, was ihr einfällt, ist: «Hoffentlich kommen noch ein paar Gäste.» Ist es wirklich erst wenige Wochen her, dass sie an der Bar saß und so bitterlich weinte?

Ich greife nach meinem Handy und öffne Rosis Steckbrief bei Spatzl. Auf der Suche nach: Einem Happy End. Entschlossen klicke ich auf: «Neues Profil einrichten».

Name: Peter. Alter: 64. Mag: Schöne Autos und schöne Frauen. Beides gerne kurvig. Als Kind: Dachte ich, die Welt endet hinter Niederbayern. Auf der Suche nach: Einer Liebe, die hält.

Als Profilbild wähle ich ein Foto von James Dean vor seinem Porsche 911.

Neue Nachricht: «Liebe RocknRosi! Wusstest du, dass die Menschen in China im Mond keinen Mann sehen, sondern einen Hasen? Und die in Afrika sehen ein Krokodil. Schau ganz genau hin, für wen du dich entscheidest. Vielleicht musst du nicht mal bis zum Mond. Dein Peter».

Ich lese die Nachricht noch dreimal, dann schicke ich sie ab.

Take That Ratlos stehe ich im Baumarkt. «Wofür brauchen Sie denn die Seile?», fragt mich der Verkäufer und legt den Kopf schief. Ich trete von einem Fuß auf den anderen. Darüber möchte ich wirklich nur sehr ungern sprechen. Ich schaue flehend zu Lucy rüber. Die könnte auch mal was sagen. Lucy grinst aber nur. «Du bist wirklich eine tolle Hilfe», knurre ich. Sie hatte großspurig versprochen, mich beim Einkauf im Baumarkt zu unterstützen. Jetzt steht sie hier nur rum und feixt.

Rosi richtet endlich den Fetischraum im Lollipop ein. Ein bayerischer Schlagersänger hat ihn heute von 18 bis 21 Uhr gebucht, und ich soll zur Schicht noch ein paar Seile mitbringen. Durchmesser sechs Millimeter, mindestens zehn Meter lang und am besten aus Hanf, hat Rosi gesagt. Und dass ich in den Baumarkt gehen soll, weil die Seile da genauso gut seien wie die im Sexshop, nur günstiger. «Ich kann Sie sicher besser beraten, wenn ich weiß, wofür Sie die Seile benötigen», hakt der Verkäufer nach, lächelt mich freundlich an und schiebt seinen Bleistift hinter dem Ohr zurecht. Ich starre betreten auf den Boden. «Ich möchte was aufhängen?», murmle ich schließlich. Der Baumarktmitarbeiter seufzt. Lucy kichert. Dann räuspert sie sich.

«Bondage!», sagt sie fröhlich und ziemlich laut. «Shibari! Fesselspiele! Sie will LEUTE aufhängen!»

Eine ältere Dame, die gerade mit einer goldenen Ananaslampe im Einkaufswagen an uns vorbeirollt, guckt entgeistert und rammt mit dem Wagen ein Regal. Sie dreht sich auf dem Absatz um und rennt fluchtartig davon. Den Einkaufswagen lässt sie stehen. Der Baumarktmitarbeiter strahlt uns an. «Na, sagen Sie das doch gleich!» Er schiebt den Einkaufswagen der Dame zur Seite, dann klettert er auf eine Leiter und holt einige Seile von der Wand. «Für Ihre Zwecke empfehle ich ein doppelt gelegtes Seil, das lang genug ist, um die Hände auf dem Rücken zu fesseln, und danach noch in zwei Windungen um den Oberkörper geschlungen werden kann», referiert er, als würde er uns über die Verdüblungsmöglichkeiten einer Hohlwand aufklären.

Der Baumarktmitarbeiter heißt Boris und ist ganz aus dem Häuschen, als ich ihm erzähle, dass ich persönlich überhaupt niemanden aufhängen will, sondern die Seile für ein Bordell einkaufe. «Na, da komm ich doch bald mal vorbei», sagt er und reibt sich die Hände. Ich nicke, gebe ihm die Adresse vom Lollipop und verlasse kopfschüttelnd mit Lucy den Baumarkt. Voller Elan schiebt sie den Einkaufswagen über den Parkplatz. «Das ist alles megagut, Fanny!», ruft sie. «Wenn man sich so normal über Bordelle und Sexarbeit unterhalten kann wie mit Bondage-Boris, dann ist das ein erster Schritt zur gesellschaftlichen und politischen Entkriminalisierung!» Sie bleibt mit dem Wagen neben Rolf stehen und dreht sich zu mir um. «Aber Lucy», sage ich und schließe den Kofferraum auf. «Was heißt denn hier normal? Boris will Fesselspielchen mit Seilen aus dem

Baumarkt! Was ist denn daran normal?!» Lucy lacht und setzt sich auf den Kofferraumrand. «Wenn du nicht im Bordell arbeiten würdest, Fanny, würde ich ja sagen, du bist die verklemmteste Person, die ich kenne.» Schweigend sitzen wir einen Moment nebeneinander. «Hast du nicht doch mal überlegt, was für die Morgenpost über das Lollipop zu schreiben?», fragt sie. «Es ist wirklich wichtig, ein Bewusstsein dafür zu schaffen, dass Sexarbeiterinnen mehr Anerkennung für ihren Beruf verdienen. Da wäre die Morgenpost doch ein guter Verbreitungskanal.» Ich zucke die Achseln. «Vergangene Woche musste ich zum Modellbahnclub Pfaffenwinkel und ein Interview zum Eisenbahnstreckenjubiläum Peißenberg-Schongau führen. Vielleicht ist der Sprung vom Modellbahn- zum Rotlichtmilieu etwas zu groß für die Morgenpost?» Ich zünde mir eine Zigarette an. «Aber wenn ich bald die Zusage für die Volo-Stelle bekomme, kann ich meinen Chef ja mal drauf ansprechen.» Lucy nickt. «Und wenn du mir bis dahin doch mal dabei hilfst, einen Blick ins Lollipop zu werfen?», fragt sie. «Wie wäre es mit heute? Bitte!» Ich verdrehe die Augen. Diese Diskussion haben wir in den vergangenen Wochen mehrfach geführt. Lucy will unbedingt mal mitkommen. «Einen Eindruck gewinnen», sagt sie immer. Ich habe das bisher immer abgeblockt. Manchmal glaube ich, Lucy will vor allem deshalb ins Lollipop, um irgendetwas auf ihren Blog zu schreiben, was irre viele Klicks bringt. Ich schaue sie von der Seite an. Vielleicht tue ich ihr aber auch unrecht. Wenn sie etwas schreiben wollte, hätte sie es längst tun können. «Wie genau hast du dir das denn vorgestellt?», frage ich zögernd. Lucy hebt den Kopf. «Na, wie ich es schon mal vorgeschlagen habe: Ich komme vorbei, und du sagst Rosi, dass ich mich ausgeschlossen habe und nur deine Schlüssel brauche. Und dann muss ich plötzlich mal gaaanz dringend auf Toilette ...» Keine Ahnung, ob dieser ausgeklügelte Plan überhaupt nötig ist. Aber Lucy scheint Spaß daran zu haben. «Hm», sage ich. Was soll schon passieren? Und vielleicht gibt Lucy dann endlich Ruhe. «Na gut», sage ich. Sie jubelt, fällt mir um den Hals und verschwindet mit wehenden Haaren über den Parkplatz Richtung S-Bahn. Und ich mache mich mit Rolf auf den Weg ins Lollipop.

Als ich vor dem Club ankomme, ist es kurz nach 17 Uhr. Der Schlagersänger kommt erst in einer Stunde. Ich parke Rolf in einer Ecke auf dem Hof und kurble die Scheibe runter. Der Himmel ist nicht mehr ganz so dunkel wie sonst. In ein paar Tagen ist März. Wenn man die Augen schließt, kann man den Frühling schon riechen.

Aus dem Handschuhfach hole ich mein Handy. Ich wollte Drehbuch-Michel noch schnell eine Nachricht schreiben. Ich habe ihm schon fast zehnmal gemailt, und er rief mich nach meiner ersten langen Mail gleich an, weil er so begeistert war. «Schreib weiter, Fanny», sagte er. «Das steht dir.» Dann lud er mich als sein Plus eins auf eine Filmparty Ende März in München ein. «Da stelle ich dich erst mal allen Menschen vor, die interessant für dich sein könnten. Vom Caterer bis zum Gagschreiber.»

Also schreibe ich ihm weiter. Im Gegensatz zu meiner Arbeit bei der Morgenpost ist das wie ein therapeutisches Tagebuch. Ich kann mir alles von der Seele schreiben und habe danach einen freieren Kopf. Ob aus seiner Drehbuchidee zum Lollipop was wird, weiß Michel leider noch nicht.

«Mir fehlt noch der letzte Kniff, um ein Exposé zu schreiben» stand in seiner letzten Mail. Wir werden sehen. Jetzt würde ich ihm gerne von Pitt, Rosi und der Singlebörse erzählen. Ich hacke auf meinem Smartphone herum: «Pitt hat leider nur einen uralten Rechner in seiner Werkstatt stehen. Der ist aus einer Zeit, als es noch gar kein Internet gab! Also habe ich aus dem Lager der Morgenpost ein iPad mitgehen lassen. Nur leihweise natürlich! Pitt fand die Idee mit der Singlebörse allerdings nicht so gut wie ich. Um ehrlich zu sein, hat er furchtbar geflucht und geschimpft. Am Ende hat er mir damit gedroht, eine Peter-Maffay-Kassette so in Rolfs Anlage festzuschrauben, dass ich für den Rest meiner Tage den Tabaluga-Soundtrack hören muss. Er will auf keinen Fall ins Internet, er will Rosi auch auf keinen Fall etwas vorlügen, er will nicht flirten, und er will keine Smileys benutzen. Ich bleibe trotzdem dran. Ich will ein verdammtes Happy End! Grüße, Fanny!»

Ich schicke die Nachricht ab und kurble das Fenster wieder hoch. Zeit, reinzugehen.

Als ich durch den roten Vorhang in den Club trete, rennt Palina an mir vorbei. Mit einem Bündel Peitschen im Arm. Ich folge ihr in das schallisolierte Séparée. Ächzend stelle ich die Baumarkttaschen mit den Seilen ab. «Huhu», rufe ich. «Was machst du denn schon hier?» «Na, ich helfe, alles vorzubereiten!», ruft Palina zurück. Sie steckt bis zu den Schultern in einem Schrank und rumpelt darin herum. Ich sehe nur einen prallen Po im Silbermini, Netzstrümpfe und glitzernde Plateauschuhe. Ich lehne mich an den Türrahmen und schaue mich um. Der Raum ist mit lilafarbenem Teppich ausgelegt, die Wände sind in Grau und Schwarz gehalten. Drei riesige Kerzenständer mit je zwölf Armen stehen in den Ecken des Raumes. An einer Wand ist ein mannshohes Andreaskreuz aus schwarzem Holz angebracht, an jedem Bein des Kreuzes befinden sich nietenbesetzte Schlingen aus Leder. Die komplette Zimmerdecke besteht aus einem Spiegel. Außerdem stehen in dem riesigen Raum ein Eisenkäfig, ein rundes Bett mit schwarzem Lederbezug und ein gewaltiger Sessel, der aussieht wie ein Thron. Sehr hohe Rückenlehne, rotes Leder, goldene Spikes auf den Armlehnen. Die Peitschen hängen nach Größe sortiert an groben Haken an der Wand, in einer Ecke steht ein gynäkologischer Stuhl. Zwischen seinen Beinstützen ist eine Apparatur angebracht, auf der ein absurd großer, schwarzer Dildo steckt. Palina taucht wieder aus dem Schrank auf und strahlt mich an. Sie hält Handschellen, eine Gasmaske und klirrende Ketten in der Hand. Ihr silberner Minirock bedeckt ihren Po nur zu ungefähr zwei Dritteln. Obenrum trägt sie ein schwarzes Netz-Top, in ihrem Bauchnabel funkelt ein herzförmiges Piercing, ihre Haare hat sie zu einem dicken Pferdeschwanz nach oben gebunden. Ziemlich genau so würde vermutlich die Pin-up-Version eines Spicegirls aussehen. «Und, wie findste das Zimmer?», fragt sie. Ich gehe zu dem Gynäkologenstuhl und bestaune den Dildo. Er ist etwa so lang wie ein Tischbein. «Wow», sage ich. Palina grinst. «Du machst dir keine Vorstellung», sagt sie. «Es gibt Männer, denen können die Dinger gar nicht groß genug sein. Und es passt wirklich einiges in den Hintern, das kannst du mir glauben.» Ich verziehe das Gesicht. Palina zeigt auf eine Art Schüssel, die unter dem gynäkologischen Stuhl hängt. «Weißt du, wofür das ist?», fragt sie, und in ihren

Augen blitzt es übermütig. Ich hebe ratlos die Schultern. Palina lacht wieder und klappert mit den Handschellen. «Das, Fanny, ist die Kackwanne.» «Die was?», rufe ich entsetzt. «Na, wenn man jemandem mit einem derart großen Gerät im Hintern ...», fängt Palina an. Ich hebe beide Hände. «Bitte!», rufe ich. «Palina! Ich will das nicht wissen!» Palina lacht sich schief.

Schräg vor dem Bett steht der Käfig. Groß genug, um einen erwachsenen Menschen darin einzusperren. «Wer will denn so was?», frage ich und streiche mit meinen Fingern an den kühlen Stäben entlang. Palina zuckt die Achseln. «Viele», sagt sie. «Würdest du nicht gerne mal deinen Maik da reinsetzen?»

Ich versuche mir Maik in diesem Käfig vorzustellen. Im Moment ist es noch schwieriger zwischen uns als sonst. Seit Lucy aus Portugal zurück ist, versuchen sie und Maik sich krampfhaft aus dem Weg zu gehen. Schwierig in unserer winzigen Wohnung mit nur einem Badezimmer. Maik ist noch gereizter als sonst. Gestern Nacht hatten wir einen riesigen Krach. Maik sprang gegen 3 Uhr morgens aus dem Bett, machte das Licht an und steigerte sich wegen der harten Matratze in einen Wutanfall hinein. «Als Arzt kann ich mir Rückenschmerzen nicht leisten!» Völlig verschlafen setzte ich mich im Bett auf und blinzelte in das helle Licht. «Vielleicht kann ich noch eine Wolldecke unter das Bettlaken ...?», murmelte ich. Maik schlug mit der flachen Hand gegen meinen Schrank. «Fanny!», brüllte er. «Ich bin zu alt für so einen Scheiß! Ich muss fit und gesund sein, sonst kann ich nicht arbeiten! Verstehst du das, oder muss ich warten, bis du erwachsen bist?» Ich blinzelte noch mal, dann stand ich auf, nahm ganz ruhig seine gefalteten

Klamotten für den nächsten Tag von meinem Schmink-
hocker, öffnete das kleine Dachfenster und warf den ganzen Krempel mit großem Schwung nach draußen. Das feine weiße Hemd blähte sich auf und segelte wie ein kleines
Gespenst durch die Nacht. «BIST DU IRRE?!?», brüllte
Maik und stürzte zum Fenster. Ich kreuzte meine Arme
entschlossen vor meinem Katzennachthemd und funkel-
te ihn an. «Ja», sagte ich, und meine Stimme zitterte nur
ein kleines bisschen. «Ich bin total irre, dass ich mich von
dir so behandeln lasse. Aber damit ist jetzt Schluss. Raus
aus meiner Wohnung.» Maik starrte mich an und klappte
ein paarmal seinen Mund auf und zu, ohne dass ein Ton
herauskam. Sah ziemlich bescheuert aus. Dann stürm-
te er aus dem Schlafzimmer, warf sich seinen schweren
Wintermantel über den Schlafanzug und lief barfuß ins
Treppenhaus. Dort drehte er sich noch mal um. «So was ist
mir wirklich noch nie passiert, du bescheuerte Kuh!», rief
er. Ich schmiss ihm die schwarzen Schuhe hinterher und
schlug mit einem lauten Knall die Wohnungstür zu. Dann
kroch ich zu Lucy aufs Klappsofa. «Endlich hast du ihn
rausgeworfen. Ich bin stolz auf dich», murmelte sie schlaf-
trunken und schob mir ein Kissen zu.

Versonnen betrachte ich den Käfig. Ich stelle mir Maik
vor, wie er nackt und zusammengekauert dadrin sitzt und
mich anfleht, ihn wieder rauszulassen. Nein, noch besser:
Er hätte einen Knebel im Mund, er könnte mich gar nicht
anflehen. Nur gurgeln. Und ich würde bequem vor dem
Käfig sitzen und Maik erzählen, was ich alles an ihm scheiße finde. Hin und wieder würde ich mit der Hand kräftig
auf den Käfig hauen.

«Und?», fragt Palina und reißt mich aus meinen Phantasien. «Ähm, ja», sage ich und höre auf, mit der Hand über den Käfig zu streichen. «Ich kann mir Maik zwar dadrin vorstellen, aber wirklich nur sehr theoretisch.» Palina grinst. «Jaja», sagt sie. «So fängt es immer an.» Sie rumpelt wieder im Schrank herum. «Eigentlich bräuchten wir noch ein Bündel Weidenruten oder so», sagt sie. «Ich kannte mal einen, der wollte nur mit echten Zweigen ausgepeitscht werde.» Ich nicke. «Ich gehe im März auf den Frühlingsmarkt in der Au, dann bringe ich welche mit.» Palina setzt sich auf die Bettkante und fummelt eine Zigarette aus der Schachtel. «Wenn du Begleitung auf dem Frühlingsmarkt brauchst, gib Bescheid», sagt sie.

Bevor ich antworten kann, steckt Rosi ihren Kopf durch die Tür. Sie trägt ein hautenges Minikleid mit Leopardenprint, hohe Stiefel in demselben Muster, ihre Augen hat sie mit viel Eyeliner katzenhaft geschminkt. «Miau», sage ich. Rosi zwinkert. «Miau», krächzt sie zurück, und es klingt, als hätte Grumpy Cat sich drei Jahre lang von Whisky statt von Whiskas ernährt. «Hast du die Seile?», fragt sie. «Sichi», ich deute stolz auf die Baumarkttaschen. Rosi begutachtet meine Ausbeute und nickt zufrieden. Sie setzt sich auf den übergroßen Ledersessel, der aussieht wie ein Thron. Hinter ihr ragt die hohe Lederlehne empor, die goldenen Spitzen glänzen im Licht. Rosi streckt den Rücken durch und schlägt ihre Beine übereinander. Sie sieht aus wie die Fürstin der Finsternis, aufgezogen von einem Rudel Leoparden. Sie schaut auf ihre kleine goldene Armbanduhr. «Wir müssen uns leider noch um eine Sache kümmern», sagt sie und deutet auf ein paar schwarze Stangen, Schlaufen und Lederriemen, die in einer Ecke auf dem

Boden liegen. «Hier. Guck mal. Das soll mal eine Liebes-schaukel werden.» «Das klingt aber romantisch», sage ich. Palina lacht. «Das Ding heißt Take That und ist nicht zum Schmusen gedacht!» Rosi grinst. «Eigentlich wollte sich Donja um die letzten Handgriffe kümmern, aber die steht im Stau.» «Wer ist denn Donja?», frage ich irritiert. Rosi er-zählt, dass sie für heute Abend eine Domina angefragt hat. «Wir brauchen hier echte Expertinnen», sagt sie. «Leider hängt die noch irgendwo auf der A9 fest.» Palina schiebt mit dem Fuß die Seile herum. «Das kann ja nicht so schwer sein», sagt sie. «Ich habe mal einen Segelschein gemacht und kann alle Seemannsknoten», werfe ich hilfsbereit ein. In diesem Moment klingelt es an der Tür, Rosi kommt kurz darauf mit Pitt zurück. «Du liebe Zeit», sagt er und schaut sich um. Mit spitzen Fingern tippt er gegen einen altmodi-schen Teppichklopfer aus Stroh, der neben Handschellen, Peitschen und Gasmaske an der Wand hängt. Rosi deutet auf das, was mal die Liebesschaukel werden soll. «Küm-mert ihr euch bitte?» Ich nicke. Zum Glück funktioniert das WLAN auch hier im Fetischraum. Ich gebe «Take That» und «Fetisch» in die Google-Bildersuche ein. Vielleicht nicht meine cleverste Idee. Ich scrolle mich durch Bilder, auf denen Frauen wie Männer verstörende Dinge mit Mer-chandiseartikeln von Robbie Williams und Mark Owen an-stellen. Es braucht mehrere Anläufe, bis ich eine Bauanlei-tung für die Liebesschaukel gefunden habe.

«Unser Gast kommt in etwa einer Stunde. Ich hoffe, bis dahin hängt die Schaukel. Die Seile einfach ordentlich auf-gerollt auf den Boden legen», sagt Rosi. «Ruft mich, wenn ihr was braucht.» «Wir werden das Ding schon schaukeln», erwidere ich. Rosi verdreht die Augen und rauscht davon.

Pitt holt Werkzeug aus dem Autoparadies, dann hantieren wir konzentriert eine halbe Stunde an der Schaukel herum. Pitt gibt Palina und mir Anweisungen, und langsam sieht das Ding so aus wie auf den Fotos im Internet – ein frei stehendes Gerüst aus massivem Stahl, das spinnenartig in der Mitte des Raumes steht. An den Stangen sind zahlreiche Ringe und Stahlschlingen eingebaut, sodass beliebig viele Seile befestigt werden können. Am obersten Punkt, an dem alle Stangen sich kreuzen, ist ein gewaltiger Karabinerhaken angebracht. Hier kann man eine Art Schwingsitz aus Leder einhängen. Füße und Hände stecken dabei in Schlaufen. «Im Internet steht, die hält mindestens 120 Kilo», sage ich. Pitt rüttelt prüfend am Gerüst. «Das sollte für unseren Gast nachher reichen», sagt er. Verschwitzt streiche ich mir ein paar Haare aus dem Gesicht und setze mich auf den Gynäkologenstuhl. Der Monsterdildo ist wie eine Minirakete kurz vor dem Abschuss auf mich gerichtet. Palina setzt sich auf den Stachelthron. «Sag mal, Pitt? Wie läuft es eigentlich mit dir und Rocknrosi?», frage ich. Pitt schnaubt verächtlich. Palina guckt zwischen uns hin und her. «Wer ist denn RocknRosi?», fragt sie. «Niemand», schnauzt Pitt. «Rosi!», rufe ich. Palina lacht. Schweigend schraubt Pitt an dem Gestänge der Schaukel herum. «Rosi ist bei einer Singlebörse angemeldet, und ich habe für Pitt ebenfalls ein Profil angelegt und ihr in seinem Namen geschrieben. Rosi weiß natürlich nicht, dass Peter Pitt ist», fasse ich die Lage zusammen. Pitt schnaubt wieder. «So ein Schmarrn», knurrt er in unsere Richtung. Palina grinst über das ganze Gesicht. «Aber Pitti!», sagt sie. «Das könnte doch sehr romantisch werden!» «Nenn mich nicht Pitti», grummelt Pitt. Ich krame mein Handy aus der Tasche und öffne die Spatzl-App. «Also», sage ich und lese Rockn-Rosis und Peters Eckdaten aus den Profilen vor. Dann noch die Nachricht, die ich in Pitts Namen an Rosi geschrieben habe. Palina fasst sich theatralisch an die Brust. «Das ist aber süß!», sagt sie. «Hat Rosi denn geantwortet?» Ich klicke auf den Posteingang. «Oh mein Gott, ja!», rufe ich aufgeregt. «Schon vor ein paar Tagen. Mann, Pitt, ich dachte, du guckst wenigstens mal rein!» «Ich hab was anderes zu tun, als meine Zeit auf einer Verabredungsseite zu verplempern», knötert Pitt. «Leute!», ruft Palina. «Ich will jetzt endlich wissen, was Rosi geschrieben hat. Lies vor, Fanny!» Ich schaue bedeutungsvoll in die Runde. Palina zündet sich eine neue Zigarette an. «Lieber Peter», lese ich vor. «Die Vorstellung gefällt mir: Ein Mann, ein Hase und ein Krokodil zusammen auf dem Mond. Aber woher weiß ich, für wen ich mich entscheiden muss? Das gefährliche Krokodil, bei dem man nie weiß, wann es zuschlägt? Der sanfte Hase, der einem nie weh tun würde, einen aber auch nicht beschützen kann? Oder der Mondmann, bei dem man vorher nie weiß, ob er sanft oder gefährlich ist? Ich bin gespannt auf deine Antwort, deine RocknRosi». Ich schaue von meinem Handy auf. «Puh», sagt Pitt. «Puh», sagt Palina. «Und jetzt?», frage ich. «Du musst ihm antworten!», ruft Palina. «Auf gar keinen Fall», sagt Pitt. «Aber sie hat dir eine Frage gestellt, nicht zu antworten wäre voll unhöflich», sage ich. «Genau!», ruft Palina. Pitt sinkt auf die Bettkante. «Aber was sollte ich denn antworten?», fragt er ratlos. «Was Kluges!», sage ich. «Was Lustiges!», ruft Palina. «Was Charmantes», sage ich. «Was Liebevolles», sagt Palina. Pitt und ich gucken sie an. «Mir hat lange niemand mehr etwas Liebevolles geschrieben. Rosi bestimmt auch nicht», erklärt Palina ein wenig verlegen. Nachdenklich mustere ich sie, wie sie dasitzt mit ihrem winzigen Minirock, den Netzstrümpfen und dem viel zu knappen Top. Um sie herum die bedrohlichen Stacheln, hinter ihr die Wand mit den Peitschen, Masken und Handschellen. Im Gegensatz zu Rosi wirkt sie auf dem Thron völlig verloren. Wie ein kleines Mädchen in der Geisterbahn. Pitt räuspert sich. «Hmhm», sagt er. «Vielleicht überlege ich mal, ob mir eine Nachricht für Rosi einfallen würde. Aber versprechen kann ich nichts!» Palina und ich jubeln laut los. «Aber ich möchte bitte, dass du nicht mehr mitliest, Fanny. Das ist mir unangenehm. Erklär mir das nachher noch mal mit dem iPad. Ich habe es auch dabei.» Ich nicke. «Kein Problem», sage ich und lösche vor Pitts Augen die App von meinem Handy und gebe ihm das Passwort: Lollilove. So viel Romantik muss sein. Dann hänge ich mich probehalber mit Armen und Beinen in die Schlaufen von Take That und baumle herum. Palina kitzelt mich an den Füßen, und Pitt hält meine Beine fest, damit ich nicht zappeln kann. Ich kreische und quieke und flehe um Gnade, bis Rosi kommt und uns kopfschüttelnd einen Vogel zeigt. «Das ist doch kein Kinderspielplatz», sagt sie. Pitt und Palina befreien mich aus der Liebesschaukel, ich setze mich auf die Bettkante und zünde mir eine Zigarette an. Pitt räuspert sich. «Wo ich euch all hier beisammenhabe. Ich muss euch noch etwas Trauriges sagen.» Palina setzt sich neben mich, Rosi lehnt sich an den Gynäkologenstuhl. Pitt schaut uns der Reihe nach an und zieht einen Zeitungsausschnitt aus der Hosentasche. «Otto ist vor ein paar Tagen gestorben», sagt er. «Ich habe die Traueranzeige in der Zeitung gesehen.» Rosi seufzt. «Gott hab ihn selig», sagt sie.

Wenig später sitzen Pitt und Palina, Rosi und ich an der Bar, Rosi spendiert eine Flasche Champagner. «Auf Otto», sagt sie, und wir stoßen an. «Danke, dass ihr ihm so einen schönen letzten Silvesterabend ermöglicht habt», sagt Pitt und wischt sich über die Augen. «Wisst ihr noch – sein Lachkrampf, als wir ihm gebeichtet haben, dass wir seine blöde Tochter eingesperrt haben», sage ich und schniefe. «Und wie er uns eiskalt alle abserviert hat, weil er eine Frau wollte, die ‹weniger extravagant› ist», ergänzt Palina. «Und wie er beim Feuerwerk tief und fest geschlafen hat?» Rosi hebt noch mal ihr Glas. «Gute Reise, Otto», sagt sie. Wir leeren fast die ganze Flasche, sogar Pitt trinkt ein paar Schlückchen. Irgendwann klopft Rosi energisch auf den Tresen. «So», sagt sie. «Schluss mit der Rührseligkeit. Wir haben noch einen langen Abend vor uns.» Ich putze mir die Nase. «Kenne ich diesen Sänger denn eigentlich?», frage ich, vor allem, um das Thema zu wechseln. «Was singt der so?» Rosi stimmt ein paar bayerische Lieder an. Sie klingt wie die weibliche, betrunkene Version von Tom Waits und trifft keinen einzigen Ton. Ich schüttle den Kopf. «Alles noch nie gehört», sage ich entschuldigend. «Der Franzl ist ein ganz Lieber. Den kenn ich schon ewig», sagt Rosi. Leider habe Franzl nicht so viel Glück mit den Frauen. «Er ist nämlich nicht nur millionenschwer», sagt Rosi. «Auch einfach so schwer.»

Als Franzl wenig später ins Lollipop kommt, bin ich baff. Er ist wirklich sehr dick. Sein Gesicht ist so fleischig, dass sein Kinn direkt in den Hals übergeht. Franzl läuft etwas breitbeinig, damit seine Beine sich überhaupt aneinander vorbeibewegen können, seine Arme wirken an dem mächtigen Körper geradezu lächerlich kurz. Hinter dem

Vorhang bleibt er kurz stehen, um Luft zu schnappen. Er grüßt Richtung Pitt und Palina und geht langsam zu dem großen Sofa, auf dem normalerweise die Mädchen sitzen. Mit einem lauten Seufzen lässt Franzl sich fallen, das Sofa seufzt ebenfalls. Ich habe ihn wirklich noch nie gesehen, aber ich kenne mich in der Schlagerszene auch nicht aus. Wenn Franzl nicht gerade schnauft, lächelt er viel. Auf dem Kopf trägt er einen grünen Trachtenhut mit einer Feder, die fröhlich wippt, wenn er den Kopf bewegt. Ich würde niemals auf die Idee kommen, dass dieser Mann beim Sex gerne gefesselt in der Luft hängen oder mit einem Teppichklopfer verdroschen werden möchte.

Rosi bringt ihm ein Glas Champagner und stößt mit ihm an, Palina sitzt tuschelnd mit Pitt an der Bar, er kritzelt mit einem Kugelschreiber auf einem Bierdeckel herum. Ich gehe erst mal in den Keller. Rosi hat mir gesagt, dass ganz hinten, in dem Raum mit den Handtuchvorräten, ein XXXL-Bademantel hängt. Extra für Franzl. Ich finde ihn sofort. Den könnte man locker als Hängematte benutzen. Zu zweit. Kurz darauf taucht auch Donja endlich auf. Sie ist kleiner als ich, trägt Leggins, Sneakers und einen großen grauen Kapuzenpullover. Ihre dunklen Haare fallen in weichen Wellen um ihr blasses Gesicht. Sie sieht eher zart und zerbrechlich aus, nicht wie eine strenge Domina. Wir stellen uns kurz vor, dann verschwindet Donja zum Umziehen in den Keller. Franzl ist ebenfalls in die Umkleide gewatschelt. Pitt sitzt alleine vor seiner leeren Tasse, daneben liegt das iPad. Palina ist nicht mehr da. Ich schaue ihm über die Schulter. Die Spatzl-App ist geöffnet. «Ach?», sage ich. «Könntest du mir bei einer Sache helfen?», fragt Pitt und schiebt mir ein zerknittertes Polaroid über den

Tresen. Ein kleiner blonder Junge, der hinter dem Lenkrad eines Opel Kapitän sitzt und scheu, aber stolz in die Kamera guckt. «Du?», frage ich. Pitt nickt. Ich mache mit dem iPad ein Foto von dem Polaroid und lade es als Pitts neues Profilbild bei den Spatzln hoch. «Und was willst du Rosi jetzt schreiben?», frage ich. Pitt versenkt das Gesicht in seiner Kaffeetasse. «Ich habe ein Gedicht geschrieben», murmelt er. Ich schaue ihn fassungslos an. Pitt ist wirklich immer für eine Überraschung gut. «Wie toll! Lies vor!», rufe ich begeistert. Er wedelt mit seinen Händen in der Luft herum, als wollte er eine Fliege verscheuchen. «Pittiiii bitte!», rufe ich und trommle mit den Fingern auf den Tresen. Pitt seufzt und legt den Bierdeckel mit seiner Krakelschrift vor sich hin. Er räuspert sich. «Sie hat ja gefragt, woran sie erkennen soll, wer der Richtige ist», sagt Pitt. Ich nicke. «Also», Pitt räuspert sich noch mal, dann liest er mit wackliger Stimme:
«Im Glanz und Rausch, zwischen Abwärts und Schmerz, da zählt nur eins: das Herz, das Herz.»
Zögernd schaut er mich an. Ich strahle. «Das ist wunderschön», sage ich. «Besser hätte man es nicht schreiben können.»
Ich rede noch ein bisschen auf ihn ein, irgendwann gibt er nach, und wir schicken das Gedicht an RocknRosi. «Meinst du, sie antwortet?», fragt Pitt. Seine Hände zittern ein bisschen. Ich nicke heftig. «Unbedingt! Rosi ist doch gar nicht so hart, wie sie immer tut. Ich glaube, sie wird sich sehr freuen!»
Ich habe mir gerade eine Zigarette angezündet, als Franzl auftaucht. Er trägt den riesigen Bademantel, grüßt kurz Richtung Bar und setzt sich wieder auf das Sofa. Erwar-

tungsvoll schaut er sich im Club um, der wie ausgestorben wirkt. Ich habe auf gut Glück «Schlagersahne Volume I» in den CD-Player gelegt. Hoffentlich gefällt ihm das. Nino de Angelo singt «Jenseits von Eden», und ich kann mir ehrlicherweise nicht vorstellen, wie das überhaupt irgendwem auf der Welt gefallen könnte.

Ich überlege gerade, ob ich mal zu Franzl rübergehen sollte, als Donja aus dem Keller nach oben kommt. Sie trägt hohe Stiefel aus Lack und eine tief ausgeschnittene Ledercorsage. Ihre dunklen Haare hat sie mit viel Gel zu einem strengen Dutt gedreht. Die Lippen sind rotschwarz geschminkt, und sie trägt Lederhandschuhe bis zu den Oberarmen. Sie sieht nicht mehr besonders zerbrechlich aus. Pitt steckt sein iPad in einen Stoffbeutel von Lidl und tippt sich leicht an die Schläfe. «Ich bin dann mal weg», sagt er. Rosi ist nirgendwo zu sehen. Ich strecke Pitt meine Fäuste entgegen und flüstere: «Ich drücke die Daumen!» Dann gehe ich rüber zu Franzl und Donja, um zu fragen, ob sie etwas trinken möchten. Donja sitzt bereits auf Franzls Schoß. Auf seinem mächtigen Oberschenkel wirkt sie winzig, fast wie eine Puppe. Sie leckt ihm gerade mit der Zunge quer über das Gesicht, Franzl hat die Augen genießerisch geschlossen. Donja hat mich aus den Augenwinkeln gesehen. «Champagner», sagt sie knapp.

Ich habe den beiden gerade die Getränke gebracht, als es klingelt. Draußen steht ein Typ, der mir irgendwie seltsam vorkommt. Er trägt eine Sonnenbrille und dreht das Gesicht von der Kamera weg. Ich drücke auf die Freisprechanlage. «Ja bitte?», frage ich im Gefrierschrankton, den ich von Rosi gelernt habe. «Heeyyyy, halloo!», ruft der Typ.

«Schon viel los bei euch?» Ich runzle die Stirn. «Es geht erst um 21 Uhr los», sage ich. «Steht überall groß dran.» «Jaaa, neee klar», sagt der Typ. «Und was ist mit Männern? Sind schon Männer da?» Ich schüttle ratlos den Kopf. Was will der denn? «Also, wenn du gerne mit einem Mann schlafen möchtest, bist du hier falsch», sage ich. «Aber es gibt einen Gayclub nur ein Stück die Straße runter und dann rechts.» «Hahaha. Nein, nein», sagt der Typ und kaut hektisch und mit weit offenem Mund auf einem Kaugummi rum. «Ey, weißt du was? Ich warte noch schnell auf meinen Kumpel, dann kommen wir später zusammen wieder!» Damit dreht er sich um und verschwindet aus meinem Sichtfeld. Kopfschüttelnd gehe ich zurück in den Club. Donja und Franzl sind gerade auf dem Weg zum Schlafzimmer. Sie hat sich bei ihm untergehakt und führt ihn langsam an der Bar vorbei. Würde Donja kein Dominaoutfit tragen, könnte man die beiden auch für ein Pfleger-Patienten-Duo in der Reha-Klinik halten.

Ich lade Champagner und Einweggläser auf ein Tablett und gehe den beiden hinterher. Vorsichtig drücke ich die Tür zum Séparée mit dem Fuß auf und gehe hinein. Und würde am liebsten direkt wieder umdrehen. Franzl ist bereits nackt und liegt auf dem Bett. Das ist einfach sehr viel Mensch auf einmal. Für mehrere Sekunden starre ich ihn an. Sein Fett fällt in sanften Wellen an ihm herab, seine Konturen sind wie mit dem Weichzeichner verwischt, obwohl ich nur wenige Meter von ihm entfernt stehe. Von seinen Genitalien ist nichts zu sehen, sie verschwinden unter einer gewaltigen Fleischschürze. Franzl ist von meinem Auftauchen nicht im Geringsten unangenehm berührt. Er zwinkert mir zu und streckt seine rechte Hand nach mir aus. «Na komm, gib mir noch schnell einen Schluck, gleich darf ich ja nicht mehr», sagt er und deutet mit dem Kinn Richtung Donja, die gerade eine besonders lange Gerte von der Wand genommen hat. Sie zieht sie mit einem harten Zischen durch die Luft. Ich stelle das Tablett auf den kleinen Tisch neben dem Bett und gieße Champagner in die Becher. «Na dann, viel Spaß, ihr zwei», sage ich und gehe wieder in den Club zurück.

Es ist kurz vor 18 Uhr. Keiner da. Gelangweilt schlurfe ich zu Rosi ins Arbeitszimmer. Sie klebt mit dem Gesicht an ihrem Laptop. «Na?», frage ich. «Alles klar?» Rosi zuckt zusammen, klappt den Laptop zu und schaut zu mir hoch. Ihre Augen leuchten. «Ja!», sagt sie. «Jajaja.» Ob sie vielleicht gerade das Gedicht von Pitt gelesen hat? «Gute Nachrichten?», frage ich und finde mich wahnsinnig subtil. Rosi streicht leicht mit den Fingerspitzen über ihren Laptop. «Vielleicht», sagt sie und lächelt zufrieden.

Hinter der Bar tausche ich die Schlagersahne gegen Marc Knopfler. «And It's What It Is, It's What It Is Now», singt er. Palina tippelt mit den Fingerspitzen den Takt auf die Theke. Wir stoßen mit einem Glas Prosecco an, und sie fragt mich, was ich am Wochenende so gemacht habe. Ich erzähle, dass ich mit Lucy in einem Indie-Club tanzen war. Palina schaut ein bisschen sehnsüchtig. «Das klingt toll», sagt sie, «ich würde auch gerne mal wieder tanzen.» Ich schreibe ihr den Namen des Clubs auf einen Bierdeckel. Palina wirkt etwas enttäuscht. Hätte ich fragen sollen, ob sie mal mitkommen möchte? Ich kann mir Palina einfach nicht zwischen lauter Hipstern in einem Indie-Club vorstellen.

Mein Handy plingt. «Maik hat ein Foto gesendet» steht auf

dem Bildschirm. Mein Herz überschlägt sich. Maik hat ein Foto gesendet? Was? Was für ein Foto? Ist das ein gutes oder schlechtes Zeichen?! Meine Hände zittern, und ich vertippe mich zweimal bei der PIN-Eingabe. Ich will es gerade noch mal versuchen, als Donjas schrille Stimme aus dem hinteren Teil des Club ertönt: «Hilfe, Hilfe, ich brauche dringend Hilfe!»

Münchener Freiheit Palina springt von ihrem Barhocker auf, ich lasse vor lauter Schreck erst mal mein Handy fallen. Es knallt mit einem dumpfen Schlag auf den Boden. Der Bildschirm wird schwarz. Nein! Nicht jetzt! Ich drücke auf den Homebutton. Nichts. «Komm schon!», ruft Palina und läuft schon Richtung Fetischséparée. «Verdammte Scheiße», fluche ich. Dann lasse ich das Handy liegen und renne Palina hinterher. «Roooosi!», rufe ich, als ich am Büro vorbeilaufe. «Hiiilfeee!»

Ich betrete das Séparée und bleibe wie angewurzelt stehen. Die Liebesschaukel ist zusammengekracht. Franzls Arme und Beine hängen immer noch in den Schlaufen, sein Körper ist etwas verdreht. Er sieht nicht menschlich aus, eher wie ein quallenartiges Urzeittier, das in einer stürmischen Nacht an den Strand gespült wurde. Der obere Teil der Schaukel ist in der Mitte eingesunken, die Stangen haben sich in alle Richtungen verbogen und ziehen Franzls Gliedmaßen auseinander. Donja trippelt hysterisch um ihn herum und ruft die ganze Zeit: «Oh nein, oh nein!» Palina beugt sich zu ihm hinunter: «Na, alles okay?» Blöde Frage. Mir fällt zumindest spontan keine Situation ein, die weniger okay sein könnte. «Jo mei, i lag scho bessa», antwortet Franzl mit gepresster Stimme. Die Schlaufen an seinen Händen und Füßen haben sich tief in sein weiches Fleisch hineingegraben und sind kaum noch zu sehen. Die zu lösen ist unmöglich. Man könnte höchstens versuchen, die Aufhängung der Schaukel abzuschrauben. Ich stelle mich auf die Zehenspitzen. Alles komplett verbogen. Außerdem hat Pitt sein Werkzeug mitgenommen. Geht also auch nicht. «120 Kilo – reicht locker», hat Pitt gesagt. Als ob. Palina streicht über die straff gespannten Riemen. «Schere?», fragt sie. Ich schüttele den Kopf. Die sind viel zu dick für eine Schere. Wir bräuchten eher eine Säge oder so was.

Rosi stürmt in den Raum. Wenn sie von dem Anblick, der sich ihr bietet, schockiert ist, lässt sie sich nichts anmerken. Sie stemmt die Hände in die Hüften: «Was genau ist das Problem, und was können wir tun?» Das sind exakt die beiden richtigen Fragen. Eigentlich für so ziemlich jede Lebenslage. Rosi ist die geborene Krisenmanagerin. Vermutlich könnte sie auch den Sperrbezirk auflösen, die Bankenkrise beenden und die Maßpreise auf dem Oktoberfest senken, wenn man sie ließe. Ganz im Gegensatz zu Donja. «Wir müssen ihn schnell befreien, sonst werden die Hände nicht richtig durchblutet, und er kann sie vielleicht nie wieder bewegen!», quakt sie aufgeregt. Franzl wimmert. Danke, Donja. Kein besonders motivierender Hinweis. «Feuerwehr?», frage ich. «Oh Gott, nein!», stöhnt Franzl von unten. «Auf keinen Fall!», ruft Palina. «Ich spür schon nicht mehr so viel in den Füßen», keucht Franzl. «Okay», sage ich. «Ich kenne mich nicht gut aus, aber ich glaube, wir brauchen eine Säge. Um die Riemen zu durchtrennen. Oder besser: einen Bolzenschneider! Mit dem kriegen wir das Gestänge klein. Am besten beides!» Rosi nickt. «Ich rufe Pitt an. Der hat so was. Fanny, du holst ein Glas Wasser. Am besten mit Strohhalm.» Sie rennt aus dem Zimmer. Ich gehe zur Bar und suche nach Strohhalmen. Aus dem Arbeitszimmer höre ich Rosi ins Telefon brüllen. «Nein, ich mache keine Scherze! SÄGE UND BOLZEN-SCHNEIDER! Schnell!» Ich muss grinsen. Wäre nicht ausgerechnet Rosi die Liebe seines Lebens, hätte Pitt vermutlich ein friedliches Leben: eine nette ältere Ehefrau, die pastellfarbene Blusen mit Brosche trägt und jeden Abend mit einer dicken Katze auf den Beinen vor dem Fernseher einschläft. «Beeil dich, sonst sterben seine Hände ab», ruft Rosi in den Hörer. Wie gut, dass Pitt gleich am Rand des Gewerbegebietes wohnt.

Zurück im Fetischséparée, knie ich mich neben Franzl und flöße ihm mit dem Strohhalm Wasser ein. Er ist noch ein bisschen blasser geworden. Rosi und Palina suchen im Keller nach Kältekompressen. Sie wollen Franzls geschwollene Gliedmaßen kühlen. Endlich klingelt es. Das muss Pitt sein. Ich drücke achtmal hintereinander auf den Türöffner. Der Monitor ist seltsam dunkel. Da muss ich später mal Rosi Bescheid sagen.

Mir fällt die Nachricht von Maik wieder ein. Wenn ich mich beeile, kann ich vielleicht einen kurzen Blick darauf werfen. Ich renne zur Bar und versuche es mit dem alten Trick: Homebutton und Stand-by-Knopf gleichzeitig acht Sekunden lang drücken. Es funktioniert! Das Handy leuchtet auf. Ungeduldig trete ich von einem Bein aufs andere. Was für ein Foto könnte Maik geschickt haben? Während ich darauf warte, dass mein Handy hochfährt, wird der Vorhang zum Club aufgeschoben. Ich hebe den

Kopf und sehe direkt in eine Kameralinse. «Waaaahhhh!», schreie ich. Drei Männer drängen in den Club. Einer von ihnen hält eine Filmkamera auf der Schulter. Es ist der seltsame Typ mit der Sonnenbrille von vorhin. Nur jetzt ohne Sonnenbrille. Ein anderer trägt eine Angel mit Mikrophon vor sich her. Die haben wahrscheinlich einfach ein Tuch über die Überwachungskamera geworfen! Deshalb war auch der Monitor schwarz. Verdammt! Der mit der Kamera bewegt sich auf die Bar zu und filmt alles, was ihm vor die Linse kommt. Die suchen bestimmt Franzl. Oh Gott, wenn sie ihn finden, ist alles aus! Dann verklagt Franzl das Lollipop und Rosi muss dichtmachen und Franzl darf nie wieder irgendwo singen und Palina landet auf der Straße und – OH GOTT – ich war ja eben auch groß im Bild! Ich finde auch nie wieder einen Job und lande auf der Straße! «Los, los, er muss hier irgendwo sein!», ruft einer der Männer. Ich stehe immer noch wie versteinert mit meinem Handy in der Hand hinter der Bar. Der Typ richtet die Kamera genau auf mich. «Komm, Kleines, sag mir, wo Franz Schubert ist, dann geht das alles hier ganz schnell vorbei», sagt er drängend. «Wir haben gehört, dass der nette Schlageronkel mit dem Sauberimage privat eher auf ganz schmutzige Sachen steht. Das interessiert die Fans natürlich brennend.»

Ich hole tief Luft. «HIIIILFEEEEEE!», brülle ich – bereits zum zweiten Mal an diesem Abend. Die Typen rennen hektisch los und reißen die ersten beiden Türen auf, an denen sie vorbeikommen. Rosi stürzt aus dem Keller und fragt mit schriller Stimme, was hier eigentlich los sei, gleichzeitig klingelt es an der Tür. Diesmal muss es wirklich Pitt sein. Ich ignoriere Rosi und laufe zur Tür. Es ist

Pitt. «Schnell, schnell!», rufe ich. «Ich habe aus Versehen ein Kamerateam reingelassen, und die suchen Franzl, und wenn sie ihn filmen, sind wir alle im Arsch!»

Ich schnappe nach Luft. Pitt steht mit geröteten Wangen im Vorraum, in einer Hand hält er eine Kettensäge, in der anderen einen Bolzenschneider. Unter seiner Schirmkappe blinzelt er mich verwirrt an. Ich reiße ihm den Bolzenschneider aus der Hand. «Schnell!», schreie ich. «Droh ihnen mit der Kettensäge!» Ich schmeiße den Bolzenschneider in eine Ecke und folge den Männern. Pitt schnauft hinter mir her. Als wir um die Ecke biegen, sehen wir Rosi und die drei Männer vor dem Fetischséparée stehen. Einer von ihnen hat sie bereits an der Schulter gepackt und versucht, sie zur Seite zu schieben. «FINGER WEG!», donnert Pitt und reißt an der Anlasserschnur seiner Säge.

Mit hoch erhobener, jaulender Säge stürmt Pitt auf die Gruppe zu. «Oh Scheiße», murmelt der Schmierige und lässt die Kamera sinken. Pitt brüllt: «Ihr hintafotzige Gschwerl! Seht zu, dass ihr verschwindet, sonst schneid ich euch in Stücke!» Er schwenkt die Kettensäge. «Himmel, der ist irre», stößt der mit der Tonangel hervor, dann rennen alle drei los. Beiläufig schiebe ich mein Bein nach vorne, und der Kameramann fliegt in hohem Bogen durch die Luft. Seine Kamera kracht auf den Boden und rutscht noch ein gutes Stück weiter. «Pitt!», schreie ich. «Die Kamera! Zersäg die Kamera!» Pitt bückt sich und zieht, ohne eine Sekunde zu zögern, seine Säge einmal quer durch das Kameragehäuse. Das kreischende Geräusch des zersplitternden Metalls ist kaum zu ertragen. Der Typ starrt Pitt vom Boden herauf entsetzt an. «Und jetzt den Schmierfink!», rufe ich Pitt begeistert zu. Er hebt die Säge. Der Mann schlängelt und kriecht, so schnell er kann, nach vorne, schafft es auf alle viere, dann auf die Beine und stolpert seinen beiden Kollegen hinterher. Die Kamera lässt er liegen. Ich kontrolliere die Überreste. Alles nur noch Plastikmüll. Ich nicke zufrieden. Rosi lehnt immer noch mit den Händen auf der Brust an der Tür zum Séparée, sie sieht ein wenig blass aus. Pitt hetzt währenddessen die Männer mit heulender Kettensäge durchs komplette Lollipop bis zur Ausgangstür.

«Mei o mei», schnauft er, als er völlig außer Puste zurück zum Séparée kommt. Die Säge hat er inzwischen ausgeschaltet. «Danke, Pitt», sagen Rosi und ich unisono. «Jetzt befreien wir schnell Franzl, und dann gebe ich eine Runde aus», sagt Rosi. Zum Glück haben Donja und Franzl nichts von dem ganzen Drama mitbekommen, der Raum ist ja komplett schallisoliert. Donja kniet neben Franzls Kopf und tätschelt ihm die Wangen. Als sie uns sieht, springt sie auf. «Endlich!», ruft sie. Pitt bleibt erst mal wie angewurzelt stehen. Verständlich. Wir sind den Anblick inzwischen ja einigermaßen gewohnt. Pitt sieht den nackten, verrenkten und bewegungsunfähigen Franzl gerade zum ersten Mal. Nach einer Schrecksekunde zuckt er die Achseln. «Na ja, was soll's», sagt er. «Ich hab schon mal einen 40-Tonner aus dem Graben gezogen.» Er beugt sich zu Franzl runter: «Hallo, ich bin Pitt, ich helfe dir jetzt da raus», sagt er. Franzl grunzt. Mit dem Bolzenschneider durchtrennt Pitt die einzelnen Stangen, um den Druck von den gespannten Riemen zu nehmen. «Und wofür brauchtet ihr noch mal eine Säge?», fragt er. Rosi und Palina sehen mich an. «Ähm», sage ich und kratze mich am

Kopf. «Ohne Säge würden wir heute Abend auf jeden Fall bei einem schäbigen Privatsender in den Hauptnachrichten laufen», verteidige ich mich. «Was?» Franzl hebt den Kopf. «Nichts, nichts», sagt Rosi hastig. Wir legen Franzls Beine hoch, und Pitt inspiziert die im Fleisch versunkenen Lederschlaufen an Händen und Füßen. «Hhhm», brummt er. «Rosi, hast du zufällig irgendwo ein Sushi-Messer? So ein richtig scharfes?» Ich gucke ihn entsetzt an und bin froh, dass sich meine exotischste Fesselerfahrung auf ein paar Plüschhandschellen beschränkt, die ich mal beim Schrottwichteln bekommen habe.

Eine halbe Stunde später ist Franzl wieder frei. Rosi hatte tatsächlich ein Sushi-Messer. In feinster Filetierarbeit haben Pitt und ich die Lederschlaufen aus Franzls Fleisch geschnitten, ohne ihn zu verletzen. Danach haben wir ihn mit vereinten Kräften aufs Bett verfrachtet, und Donja hat mit Kältepads und feuchten Tüchern seine geschwollenen Füße und Hände gekühlt. Einen Arzt hat Franzl rigoros abgelehnt. «Des werd scho», hat er gesagt. Jetzt sitzen Rosi, Pitt, Palina und ich an der Bar, ich verteile eine Runde Wodka. Dann nehme ich mit zitternden Händen mein Telefon. Ich muss endlich wissen, was Maik mir für ein Foto geschickt hat.
Ich atme tief durch und klicke auf die Nachricht. Mein Schlafzimmer. Und da, wo früher die Matratze auf den Baupaletten lag, steht ein nagelneues Bett. Dunkles, glänzendes Holz, am Kopfteil hängt ein DIN-A4-Zettel. In Maiks steiler Handschrift steht darauf: «Ohne dich schlaf ich heut Nacht nicht ein.» Mehr nicht. Nur dieses Foto mit diesem Zettel. Typisch Maik. Kein Mann der großen Worte.

Wahrscheinlich ist er mit dem Ersatzschlüssel reingekommen, den er noch hat. Ich lese den Zettel zum dritten Mal. Die Melodie der Münchener Freiheit schmeichelt durch meinen Kopf. «Ohne dich schlaf ich heut Nacht nicht ein, ohne dich fahr ich heut Nacht nicht heim, ohne dich komm ich heut nicht zur Ruh, das was ich will, bist du.» Mir schießen Tränen in die Augen, so viele Steine fallen mir vom Herzen. Vielleicht wird doch noch alles gut mit Maik und mir.

«Alles in Ordnung, Püppi?», fragt Palina. Ich schniefe und nicke und halte ihr das Handy hin. Sie starrt auf die Nachricht. «Freak», murmelt sie. «Was?», ich schaue sie ungläubig an. «Wieso denn Freak?» Palina reicht mir das Handy, als sei es ein stinkender Spüllappen. «Das ist doch süß», sage ich aufgebracht. «Er hasst mein Bett, und jetzt habe ich ein neues. WIR haben ein neues!» Palina verzieht das Gesicht. «Das ist Zuckerbrötchen und Peitsche», sagt sie verächtlich. «Zuckerbrot», korrigiere ich automatisch. Palina schnaubt. «Maik behandelt dich neunmal mies, und beim zehnten Mal stellt er dir ein neues Bett hin, und für dich ist alles wieder in Ordnung.»

Ich gieße mir einen weiteren Wodka ein. «Dieser Mann ist ein egoistischer Feigling. Versteh es doch endlich, Fanny!» Ich starre Palina an. Die Steine machen einen U-Turn und rumpeln zurück. Auch wenn ich es ungern zugebe: Vielleicht hat sie ein bisschen recht mit dem Zuckerbrötchen.

Es ist kurz vor halb neun. Momo, Mini, Maxi, Amy, Julie und Polly sind im Laufe der letzten halben Stunde aufgetaucht und machen sich im Keller für ihre Schicht fertig.

Vor wenigen Minuten ist draußen ein Wagen vorgefahren, der Franzl abholen soll. Er ist immer noch blass, das Gehen fällt ihm schwerer als zuvor. Er watschelt mühsam zu uns an die Bar und hockt sich mit der halben Pobacke auf einen der Hocker. Er knackt bedenklich. «Des wärs jetzt», sagt er und lacht dröhnend. «Wenn i jetzt no den Hogga zerlegen tät.» Er wirkt allerdings nicht im Geringsten beunruhigt. Oder unangenehm berührt. Er bittet mich um einen dreifachen Obstler und schnäuzt sich trompetend in ein Taschentuch. Ich grinse und fülle ihm einen Tumbler zur Hälfte mit Williams Birne. Franzl trinkt den Schnaps in kleinen Schlückchen, als sei es Medizin. «Beim nextn Moi besoagts oafach a XXL-Schaukel», sagt er und lacht. Während er mit Rosi plaudert, die sich tausendmal entschuldigt und ihm Wiedergutmachung bis an sein Lebensende verspricht, schaue ich ihn nachdenklich an. Mit seinem Trachtenhut, der wippenden Feder und Hosenträgern sieht er aus wie ein gemütlicher Bayer, der kein Wässerchen trüben kann. Es muss demütigend gewesen sein, da am Boden zu liegen. Nackt und wehrlos, umgeben von fremden Menschen. Bestimmt könnte er das Lollipop bis in den Ruin verklagen für diese Aktion. Stattdessen sitzt Franzl hier, trinkt seinen Schnaps und tätschelt Rosi beruhigend die Schulter. «Bist du gar nicht sauer?», frage ich. Franzl hebt seine breiten Schultern. «Ihr kennt ja nix dafia. Ich woass ja aa, dass ich a spezielle Herausfoaderung bin.» Ich lächele ihn an und nehme mir vor, später im Internet für Franzl nach der größten Liebesschaukel zu suchen, die jemals gebaut wurde. Rosi begleitet ihn zum Ausgang, und Palina verschwindet im Keller. Pitt und ich sind alleine an der Bar. Er schlürft seinen letzten Schluck

Kaffee. «Hier macht man was mit», brummelt er. Für einen Moment frage ich mich, wann Pitt eigentlich das letzte Mal Sex hatte. Und mit wem. Dann schiebe ich den Gedanken ganz weit von mir. Pitt ist vielleicht der einzige Mann, bei dem ich mir vorstellen kann, dass er seine Frau niemals betrügen würde. Wenn er denn eine hätte. Ich denke an Maik. Der war seiner Frau immerhin mehrere Jahre lang treu. Bis er mich kennenlernte. «Ich bin ein bisschen nervös», hat er gesagt, als ich ihn das erste Mal mit zu mir genommen habe. «Seit ich meine Frau kenne, habe ich keine andere Haut mehr gespürt.» Ich fand das rührend. Und habe mich ein wenig geschmeichelt gefühlt. Unwillkürlich greife ich nach meinem Telefon und klicke noch mal auf das Foto. Das ist seine Art, sich zu entschuldigen. Zu sagen, dass er mit mir zusammen sein will. Mir zu zeigen, dass er mich liebt. Palina ist vielleicht einfach zu streng.

Pitt tippt sich an seine Schirmmütze. «Servus für heute. Und jetzt versucht bitte, nichts mehr anzustellen, ja?»

Nach und nach kommen die hübsch gemachten Mädchen aus dem Keller. Ich will mir gerade eine Zigarette anzünden, als es klingelt. Der Bildschirm der Außenkamera ist inzwischen wieder frei. Das Kamerateam hatte sie tatsächlich mit einem Handtuch abgedeckt. Rosi hat es vorhin entsorgt. Vor der Tür stehen zwei Typen Ende 40. Der Blonde mit den wulstigen Lippen und der pickligen Haut kommt mir irgendwie bekannt vor. Sascha Moser steht auf seinem Perso. Habe ich nicht sogar den Namen schon mal irgendwo gehört? Aber wo? Ich komme nicht drauf. Bei ihm scheint jedenfalls nichts Klick zu machen. An der Bar mache ich mir erst mal einen Whisky Sour. Das habe ich mir nach dem ganzen Drama heute verdient, finde ich. Rosi bringt Donja zur Tür und kommt danach zu mir an den Tresen. Wir schauen uns an. «Puh», sagt sie. «Doppelpuh», erwidere ich und wische mir demonstrativ imaginären Schweiß von der Stirn. «Das war alles ziemlich schräg.» Rosi nickt. «Was ist eigentlich das Absurdeste, was du je erlebt hast?», frage ich sie. «Ich meine: Schaffen es Franzl, die Liebesschaukel und die Kettensäge in deine Top 5?» Rosi grinst. «Unbedingt», sagt sie. «Das absolute Highlight habe ich aber Ende der Achtziger erlebt.» Ein britischer Rockstar war in der Stadt, und sein Management hatte Rosi für zwei Tage und eine Nacht gebucht. «Wir haben Drogen eingeschmissen, als wären es Smarties», sagt sie lachend. «Wir haben ins Bett gepisst, weil wir so drauf waren.» Ich verziehe das Gesicht. Nachts fuhren sie mit dem Chevrolet des Sängers durch die Stadt. «Der war so scharf auf mich, wir sind noch in der Innenstadt auf einen dunklen Parkplatz gefahren und übereinander hergefallen.» «Und dann?» Rosi zündet einen Zigarillo an. «Es ging wild zur Sache, und die Handbremse war nicht angezogen. Durch das Gewackel ist das Auto plötzlich losgerollt.» Sie kichert. «Wohin ist es gerollt?!» «Na ja, der Parkplatz war leicht abschüssig, das Auto hatte ordentlich Schwung, und wir sind durch das Panoramafenster des Restaurants gebrettert.» «Haaahaaaaa!», rufe ich begeistert. «Was für ein Restaurant?» Rosi stößt eine stinkende Rauchwolke aus. «McDonald's. Wir sind geradewegs in die Verkaufstheke gerauscht. Ein Wunder, dass niemand verletzt wurde.» Ich grinse. Rosi kommt zu mir hinter die Bar und wühlt in dem großen Schrank. «Hier», sagt sie und zieht einen Stapel vergilbter Zeitungsausschnitte hervor. «Mein nackter Arsch war auf allen Titelseiten.» Ich blättere durch die Ausschnitte. Die Fotos zeigen den Chevrolet, wie er mit der kompletten Schnauze in der Verkaufstheke hängt, Pommes und Burgerbrötchen sind über die Windschutzscheibe verteilt, ein nackter Frauenpo presst sich gegen die Scheibe. «Was macht denn dein Hintern da?», frage ich. Versonnen betrachtet Rosi das Foto. «Ich dachte, ich könnte Rick damit vor der Presse abschirmen.» Ich schüttle den Kopf. «Na ja, wir waren halt drauf», sagt sie. In einem anderen Boulevardblatt gibt es eine komplette Bilderserie aus verschiedenen Blickwinkeln. Rosis Hintern klebt immer an einem anderen Fenster. Trotzdem kann man den Mann auf dem Fahrersitz glasklar erkennen. «DER Rick!», rufe ich. «Von Brown Sugar! Wahnsinn!» Rosi schmunzelt. Ich lese die Schlagzeile vor: «Big Fuck statt Big Mac! Rick mag es heiß und gar nicht fettig!» Ich lache mich kaputt. Im Münchner Blitz ist ein Foto, wie Rosi gerade von zwei Feuerwehrleuten halbnackt aus dem Chevy gezogen wird. Wilde blonde Haare, lange nackte Beine, Schlafzimmerblick. «Du bist die coolste Sau der Welt», murmele ich. Rosi zuckt die Schultern. «Der Wagen war leider so verbeult, dass wir alleine nicht mehr rauskamen. Die Feuerwehr musste uns rausschneiden. Bis die endlich kamen, war auch die Boulevardpresse vor Ort.» «Sei froh», sage ich. «Heute würden das zehn Leute gleichzeitig ins Internet streamen.» Ich gebe ihr die Zeitungsausschnitte zurück. «Phantastische Geschichte.» Rosi blinzelt mir zu. «Irgendwann erzähle ich dir vielleicht die Top 1.»

Ich wische mit einem feuchten Lappen über den Tresen und fülle Nüsse in kleine Schälchen. Die beiden Typen von eben kommen in Bademänteln an die Bar. «Was darf's sein?», frage ich. Der Blonde mit dem schwulstigen Mund lässt seinen Blick am Regal mit den Spirituosen entlanggleiten. Dann deutet er auf eine Flasche Dalmore Whisky. «Zweimal mit Eis», sagt er knapp. Der mit den dunklen Haaren sieht ein paar Jahre älter aus, wirkt aber insgesamt eleganter. Feine Gesichtszüge, gepflegte Hände, sehr aufrechte Haltung. Beide tragen goldene Eheringe und unterhalten sich leise, während sie ihren Whisky trinken. Ich spitze die Ohren und versuche etwas mitzukriegen. Es geht um irgendeinen Fachkongress, ich verstehe aber nicht, um welchen. Was ich auch nicht verstehe: Warum setzt man sich in einem Bordell an die Bar und redet erst mal über Arbeit? Macht die das an? Nachdenklich betrachte ich den feisten Blonden. Wenn ich bloß wüsste, wieso der mir so bekannt vorkommt.

Es klingelt. Vor der Tür steht Lucy. Ach Mist. Die habe ich total vergessen. Sie fällt mir um den Hals. «Und, darf ich reinkommen?», fragt sie aufgeregt. Ich seufze. «Wir hatten bis jetzt einen etwas … dynamischen Abend», sage ich. «Warte, ich bin gleich wieder da.» Ich lasse Lucy auf dem Treppenabsatz stehen und suche Rosi. Sie sitzt vertieft vor ihrem Laptop. Vielleicht schreibt sie ja Pitt zurück? Ich verkneife mir ein Lächeln. «Sag mal, Rosi, ist es okay, wenn ich meine Mitbewohnerin kurz reinlasse? Sie will nur was von mir abholen, und ich mache eine kleine Führung?» Rosi hebt den Kopf. «Mitbewohnerin?», fragt sie streng. «Sie ist sehr nett und weiß sowieso, dass ich hier arbeite, und ich lege meine Hand für sie ins Feuer.» Rosi dreht sich schon wieder zu ihrem Laptop. «Gut», sagt sie. «Wenn sie Fotos macht oder so einen Scheiß, ertränke ich sie im Pool. Aber das weißt du ja.» Ich nicke. «Ja, ich weiß.»

Ich laufe mit Lucy eine komplette Runde durchs Lollipop. An der Bar und der Liegewiese entlang, durch den Saunabereich und dann an den Pools vorbei wieder zurück. Lucy sieht sich staunend um und bleibt immer wieder stehen. «Ach, und das ist die Truhe mit den Handtüchern, in der Palina sich verstecken könnte, wenn mal wieder kontrolliert wird?» Ich nicke. Als wir an dem Sofa vorbeikommen, auf dem die Frauen sitzen, verstummen die Gespräche auf einen Schlag. Lucy wird mit denselben misstrauischen Blicken bedacht wie ich bei meinem ersten Gang durchs Lollipop. «Das ist nur meine Mitbewohnerin!», rufe ich. «Sie geht gleich wieder.» Mini und Maxi lächeln ihr flüchtig zu, die anderen wenden sich wieder ihren Gesprächen zu. Nur Palina springt auf und kommt zu uns. Sie fällt Lucy um den Hals, als würden sie sich ewig kennen. «Ich habe schon SO VIEL von dir gehört!», ruft sie begeistert. «Und ich von dir!», strahlt Lucy zurück. «Hat dir Fanny schon erzählt, dass sie Maik rausgeschmissen hat?» Palina nickt heftig. «Klar! Aber weißt du schon, dass er ihr ein Bett geschenkt hat?» Lucy schaut mich fragend an. «Er hat was?» Ich schaue zwischen den beiden hin und her. «Ähm», sage ich. Ich finde die Situation völlig absurd. Und das ist schon bemerkenswert, wenn man bedenkt, dass ich vor zwei Stunden einen adipösen Schlagersänger mit einem Sushi-Messer aus einer Liebesschaukel namens Take That gesäbelt habe. Lucy schaut mich immer noch fragend an. «Was denn für ein Bett?» Offensichtlich war sie nicht zu Hause, als Maik das organisiert hat. Bevor ich ihre Frage beantworten kann, hakt sich Palina bei ihr unter. «Komm, wir setzen uns kurz zu Rosi ins Büro und trinken ein Gläschen Prosecco. Ich will unbedingt wissen, was du von dieser

Bett-Sache hältst», plappert sie los und marschiert mit Lucy am Arm davon. «Komm, gib mir mal deine Jacke, es ist doch viel zu heiß hier.» «Ähm», sage ich noch mal und bleibe vor lauter Baffheit einfach stehen. Palina dreht sich noch mal um: «Fanny, zwei Prosecco bitte!» Dann biegen die beiden Frauen schnatternd um die Ecke.

An der Bar bestellen die beiden Typen einen weiteren Whisky auf Eis. Sie sind immer noch ins Gespräch vertieft. Ich gieße drei Gläser Prosecco für Palina, Lucy und Rosi ein und gehe mit dem Tablett rüber zum Arbeitszimmer. Ich huste. Eine kubanische Zigarrenbar ist ein Luftkurort gegen diesen Raum. Mit Zigaretten und Zigarillo im Mundwinkel sitzen die drei Frauen in einer Rauchwolke auf dem Sofa und kichern. Als ich das Tablett mit den Gläsern auf den Tisch stelle, hören sie demonstrativ auf zu giggeln. Ich gucke sie fragend an. «Warum lacht ihr so doof?», frage ich. Es klingelt schon wieder an der Tür. «Ja, schade, Fanny, da muss wohl leider jemand arbeiten», sagt Palina und wedelt mich mit einer Hand aus dem Raum. Kopfschüttelnd gehe ich zur Tür und lasse drei neue Gäste ins Lollipop. Asiaten, die kein Wort Deutsch oder Englisch können. Das Einzige, was einer von ihnen immer wieder sagt: «Fickificki, ja? Fickificki?»

Eine Viertelstunde später kommt Lucy zurück an die Bar. Ihre Wangen sind rot, ihre Augen leuchten. Sie hat inzwischen auch ihren Pullover ausgezogen und trägt obenrum nur noch ein schwarzes Spitzenunterhemd. «Rosi hat gesagt, du sollst mir eine Flasche Prosecco mitgeben!» Ich verdrehe die Augen. Ich hoffe bloß, sie haben inzwischen damit aufgehört, über mein Liebesleben zu diskutieren. Lucy setzt sich auf einen der Barhocker. Das Gespräch der Anzugtypen verstummt. Beide schauen Lucy an. Jetzt wird's spannend, denke ich und hole eine Flasche Prosecco aus der Kühlschublade. Der mit den Entenlippen und der unreinen Haut lehnt sich ein Stück in Lucys Richtung. «Hallo, meine Süße», sagt er schwülstig. Lucy zieht ihre rechte Augenbraue bis zum Haaransatz nach oben. Geschieht ihr ganz recht. Sie wollte ja unbedingt hier reinplatzen und sich aufdrängen und Palina kennenlernen und alles. Soll sie mal schön selber sehen, wie sie da wieder rauskommt. Specklippe rutscht zwei Barhocker auf und sitzt jetzt direkt neben Lucy. Er legt ihr seine pummelige Hand auf die zerrissene Jeans und fährt ihren Oberschenkel rauf und runter. «Wie viel würdest du mir denn bezahlen?», fragt sie. Entenschnute lässt seine Blicke über ihren Körper gleiten und guckt ihr intensiv ins Gesicht. «Du siehst aus wie die junge Brigitte Bardot. Sagen wir 120?» Lucy hält seine Hand fest und lächelt ihn an. «Sagen wir das Doppelte?», fragt sie zuckersüß. Er wiegt den Kopf. «Was kriege ich denn dafür?» Lucy lehnt sich ein Stück zurück. «Ich erzähle dir, warum sich die aktuellen Zustände der Sexarbeit nicht mit einem aufgeklärten Frauenbild vereinen lassen. Außerdem könnte ich dir verraten, mit welchen Pflegeprodukten du deine Erwachsenenakne in den Griff bekommst.» Er zuckt von ihr zurück, als hätte er sich verbrannt. «Was soll das?», fragt er, und seine Augen treten ungläubig hervor. Und plötzlich weiß ich, woher ich ihn kenne. Es ist Maiks Kollege. Er hat bei dem Kongress, auf dem ich Maik kennengelernt habe, neben ihm am Tisch gesessen und meine Brüste angeglotzt. Als ich Maik über seine Grammatikfehler belehrt habe, sind seine Augen genauso hervorgetreten wie jetzt. Ob Maik weiß, was sein feiner Kollege am Wochenende so treibt? Das letzte Mal, als ich Sascha Moser gesehen habe, trug er einen teuren Anzug und ein überhebliches Grinsen im Gesicht. Und nun hockt er hier in einem Bademantel und fummelt an meiner Mitbewohnerin rum. Unpassenderweise muss ich an meine Mutter denken. Die hat mir vor wichtigen Referaten immer geraten, ich soll mir die Prüfer auf dem Klo vorstellen. Ich glaube, ich habe gerade eine noch bessere Lösung gefunden: Ich stelle mir solche Männer in Zukunft einfach in einem verrutschten Bademantel vor, wie sie geil und ungeschickt an einer Frau herumschrauben, die aus finanziellen Gründen so tut, als würde ihr das gefallen.

Ich gebe mir einen Ruck und reiche Lucy ihren Prosecco über die Theke. «Alles in Ordnung», sage ich in Glupschauges Richtung. «Die junge Frau ist ein bisschen betrunken und unverschämt und geht jetzt wieder.» Ich will nicht, dass die beiden abhauen und den anderen Frauen dadurch ein Geschäft entgeht. Ich schaue Lucy auffordernd an. «UND GEHT JETZT WIEDER», wiederhole ich. «Jaja», murmelt sie und schnappt sich die Flasche. Aknegesicht scheint mich immer noch nicht zu erkennen. Klar, damals sah ich mit Bluse, dickem Make-up und Hochsteckfrisur völlig anders aus. «Dahinten findet ihr übrigens nettere Damen», sage ich und deute auf das große Sofa. Specklippe grummelt noch ein wenig vor sich hin und guckt Lucy misstrauisch hinterher. Irgendwann setzt er sich dann aber doch wieder zu seinem Begleiter. Ein Glück. Ich zünde mir eine neue Zigarette an und nehme einen tiefen Zug. Die drei Asiaten kommen an die Bar. «Fickificki, ja, fickificki?» Ich seufze und nicke erschöpft. Wie soll ich denen jetzt erklären, wie das hier läuft? Ich schnappe mir das Handy, um

Google Translate anzuwerfen. Die Nachricht von Maik ist immer noch offen. Ich lese zum zigsten Mal seinen Satz auf dem Zettel. Vielleicht läuft bei Maik und mir nicht alles perfekt. Aber verglichen mit so vielen anderen Männern ist er ein Guter. «Das, was ich will, bist du», schreibe ich zurück. Ich will einfach nur nach Hause.

Märzhase «ICH VERSTEHE DAS EINFACH ALLES NICHT», heule ich laut, und eine unappetitliche Mischung Rotz und Tränen läuft über mein Gesicht. Lucy drückt mir ein Taschentuch in die Hand. Ziellos wische ich damit in meinem Gesicht herum, kleine Schluchzer schütteln mich. Lucy gießt sich den letzten Schluck Rotwein ein. Ich lasse das durchweichte Taschentuch auf den Tisch fallen, schlage die Hände vors Gesicht und schluchze laut in sie hinein. «WARRUUUUHHHUUUUMMMMM?» Lucy seufzt. Und fängt an, sich einen Joint zu drehen.

Es ist Donnerstagabend, kurz vor 20 Uhr. Im Garten vor unserem Haus hat sich das erste Schneeglöckchen aus der Erde geschoben. Lucy und ich sitzen seit zwei Stunden in unserer Küche, und ich habe fast die ganze Zeit geweint. Maik hat mit mir Schluss gemacht. Einfach so. Keine zehn Tage nachdem er mich mit einem neuen Bett überrascht hatte. Als ich nach Hause kam, packte er gerade seine Sachen. «Ich ziehe zurück zu Barbara», sagte er. Und: «Das hat nichts mit dir zu tun.» Ich sank auf die Bettkante und starrte ihn mit weit aufgerissenen Augen an. Sagen konnte ich nichts. Maik setzte sich neben mich und nahm meine Hand. «Deshalb finde ich dich nicht weniger toll, Fanny», fügte er hinzu. «Schau, Süße, wir können uns doch trotzdem noch sehen.» Dann gab er mir einen seiner trockenen Küsse auf die Stirn und hängte die restlichen Hemden in einen Kleidersack. Ich sah ihm schweigend zu und fing an zu weinen. «Lass uns das hier in schöner Erinnerung behalten», sagte Maik, während er eilig seine Badutensilien in einen Beutel schmiss. Als wäre es ihm unangenehm, dass ich dasaß und weinte. Wenn ich wie eigentlich geplant erst in zwei Stunden nach Hause gekommen wäre, wären wir uns gar nicht mehr begegnet. «Ich melde mich, sobald ich Luft habe», rief er mir noch zu. Ich sah ihm nach und konnte gar nichts. Nichts sagen, nicht aufstehen, nicht mal all meine Schuhe nach ihm werfen. Das war alles ein bisschen viel heute. Es hat nämlich einen guten, nein, eigentlich einen schlechten Grund, warum ich früher nach Hause gekommen bin: Ich hatte ein Gespräch mit dem Chefredakteur der Münchener Morgenpost. Ich bekomme den Volontariatsplatz nicht. Es gibt überhaupt gar keinen Platz mehr. Die Stelle wurde einfach gestrichen. «Kostengründe. Die Geschäftsführung hat kurzfristig entschieden, ein Jahr mit der Volo-Ausbildung auszusetzen», sagte er. Schweigend saß ich vor ihm. All die Arbeit der letzten Monate. Meine unterbezahlten Reportagen. Die Nächte, die ich mir für perfekte Sätze um die Ohren geschlagen habe. Alles für die Katz. «Was soll ich denn jetzt machen?», fragte ich und biss mir so fest auf die Unterlippe, dass sie anfing zu bluten. Der Chef sah mich mitleidig an. Ich könne weiterhin als Freie arbeiten und mich nächstes Jahr noch mal bewerben. «Du hast wirklich Talent. Dass es in diesem Jahr nicht klappt, liegt nur an der allgemeinen Lage. Du verstehst?» Ich schüttelte stumm den Kopf und taumelte wie in Trance aus der Redaktion. Ich verstehe nur, dass mein einzig wirklicher Plan gescheitert ist.

Ich weiß nicht, wie lange ich da eigentlich auf meiner Bettkante saß und ins Leere starrte. Erst die Absage von der Morgenpost und jetzt eine Abfuhr von Maik. Ein schrecklicher Tag. Irgendwann kam Lucy nach Hause, zog mich von der Bettkante hoch und in die Küche. Und da sitzen wir nun. Mein Rotwein ist schon wieder leer. Ich schnappe mir Lucys volles Glas und kippe es in wenigen großen Schlucken runter, als wäre es Traubensaft. «Ich meine: Was soll das denn heißen?», frage ich zum hundertsten Mal an diesem Abend. «Wir können uns trotzdem noch sehen?» Eine kleine Rotzblase bildet sich unter meiner Nase und platzt über Lucys Rotweinglas. Sie verzieht das Gesicht. «'tschuldigung», sage ich und wische mir mit dem Ärmel meines Pullis durchs Gesicht. Sie steht auf, holt sich ein frisches Glas aus dem Schrank und eine neue Flasche Wein. «Das heißt, Fanny, dass Maik ein noch größeres Arschloch ist, als ich bisher dachte», sagt sie und öffnet die Flasche. «Das hast du jetzt von deiner bescheuerten Lebenshaltegriff-Theorie.» Ich ziehe mit einem schlotzenden Geräusch die Nase hoch. «Aber er liebt mich doch», rufe ich, bevor ich wieder in Tränen ausbreche. «Das hat er erst vergangene Woche zu mir gesagt!» Lucy verdreht die Augen. «Nein, Fanny, tut er nicht. Denk doch mal nach ...» Weiter kommt sie nicht, weil ich den Kopf auf die Tischplatte fallen lasse. Ich rieche das feuchte Holz des Tisches, unter meiner Nase bildet sich ein kleiner Schleimsee. Ich höre Lucy im Hintergrund rumoren, dann geht plötzlich Musik an. «Just help yourself», schmettert Tom Jones fröhlich durch die Küche. Ich hebe den Kopf und blinzle Lucy an. «Hast du gerade das Radio angemacht?», frage ich empört. Lucy steht mit verschränkten Armen an der Spüle. «Ja, hab ich.» Ich starre sie an, meine Augen brennen. «Fanny, du musst dir das Gesicht waschen. Du siehst aus wie der Märzhase aus Alice im Wunderland. Nach einem Giftgasangriff!» Ich schniefe auf. «Gleich kommt Palina, da möchtest du doch sicher ein bisschen netter aussehen», fügt Lucy hinzu. «Waaas?», rufe ich entgeistert. «Wieso kommt denn Palina?!» Vor lauter Verblüffung höre ich auf zu schluchzen. Lucy nickt selbstzufrieden und zündet sich den Joint an. «Yap», sagt sie. «Wir haben uns zufällig heute geschrieben, und gleich kommt sie auf einen Wein vorbei. Dann unterhalten wir uns mal zu dritt darüber, ob Maik auch nur ein einziges Taschentuch voll Rotz wert ist.» Sie bläst eine riesige Rauchwolke in die Küche. «Apropos», sie reicht mir ein Stück Küchenrolle. «Du hast wirklich überall Rotze.» Genervt wische ich mir durchs Gesicht. Lucy tippt auf ihre Stirn. «Da auch», sagt sie. Ich wische. Lucy zeigt auf ihren Hals. «Und da.» Wütend rubble ich mit der kratzigen Küchenrolle an meinem Hals herum. «Mir wurde gerade das Herz gebrochen!», fauche ich vorwurfsvoll. «Und meine berufliche Zukunft hat sich in Luft aufgelöst!» Ich matsche mit der Küchenrolle in dem Schleimsee auf dem Tisch herum. «Und wieso hast du überhaupt Palina eingeladen? Seid ihr beste Freundinnen, seit ihr euch im Lollipop getroffen habt, oder was?» Ich schleudere die durchweichte Küchenrolle Richtung Mülleimer. Sie fällt daneben. Lucy dreht das Radio einen Tick leiser. «Palina und ich schreiben uns seitdem regelmäßig», sagt sie. «Tolle Frau. Ich wollte sie die ganze Zeit mal auf einen Wein einladen. Also, warum nicht heute?»

Ich werfe meine Arme in die Luft: «WEIL ICH VERZWEI-FELT, GEBROCHEN UND AM ENDE BIN?!»

Lucy dreht die Musik wieder lauter und reicht mir ihren Joint. «Zieh», sagt sie und wartet, bis ich die erste Rauchwolke ausstoße. Dann sagt sie, etwas sanfter: «Das mit der Morgenpost tut mir wirklich leid.» Ich putze mir die Nase. Ich tue mir selber auch ganz schrecklich leid. «Obwohl ich eigentlich nie recht verstanden habe, was du bei diesem spießigen Alte-Leute-Blatt ohne Digitalstrategie eigentlich willst», fügt sie hinzu. Ich schluchze. «Aber wenn nicht mal die mich nehmen, wo soll ich denn jetzt hin?» Lucy haut mit der Hand auf den Tisch. «Bewirb dich bei sämtlichen Journalistenschulen Deutschlands! Bei Online-Magazinen! Journalistischen Start-ups! Go for it, Fanny, du kannst das doch!» Ich nicke zögernd und fange ein paar Tränen mit der Unterlippe auf. «Okay», flüstere ich. Lucy reicht mir ein Taschentuch und streicht mir über den Arm. «Alles wird gut, Liebes. Wenn eine Tür zugeht, geht woanders eine auf.» Ich grummele in mich hinein. Blöder Hippiescheiß. Lucy hat gut reden. Bei ihr klappt immer alles. Die Männerherzen fliegen ihr zu, und ihr Blog wurde kürzlich sogar für einen Online-Award nominiert. Ich kriege nicht mal ein Volontariat bei einer Lokalzeitung und werde von meinem verheirateten Liebhaber für seine Frau verlassen.

Ich ziehe an ihrem Joint und presse den Rauch tief in meine Lunge. Ich schließe die Augen. Sofort sehe ich Maik vor mir. Wie er lacht und durch meine Haare streicht und mir ins Ohr flüstert. Noch vor wenigen Tagen hatten wir einen der besten Abende überhaupt. Maik hatte blendende

Laune, als er nach Hause kam. «Komm, wir machen einen drauf!», hat er gesagt. Und weil wir das immer schon mal machen wollten, sind wir in den Hüttnzauber gegenüber gegangen. Wir haben Kässpätzle gegessen, viel zu viel Bier getrunken und sind zu Reinhard Fendrichs «Weusd a Herz hast wie a Bergwerk» durch die winzige Kneipe geschwoft. Noch im Treppenhaus hat Maik mit furchtbar falschem österreichischem Dialekt «Weusd a Wahnsinn bist für mi» gelallt. Lucy war bei Tibor, und wir sind noch im Flur übereinander hergefallen. Seit er mich mit dem Bett und dem Zettel überrascht hat, lief es wieder richtig gut zwischen uns. Ich habe mir sogar ausgemalt, dass Maik und ich nach einer gemeinsam kleinen Wohnung Ausschau halten könnten. Keine Ahnung, wieso er plötzlich nicht mehr mit mir zusammen sein will. Ich nehme noch einen tiefen Zug und halte den Rauch so lange in der Lunge, bis ich anfange zu husten. Lucy beugt sich über den Küchentisch und streicht mir mit einer Hand übers Haar. Ihre Stimme ist jetzt ganz weich: «Liebes, ich weiß, du kannst mir das jetzt nicht glauben, aber ich verspreche dir: Du wirst einen Mann kennenlernen, der besser zu dir passt als Maik. Der überhaupt zu dir passt. Ganz sicher!» Ich schmiege kurz mein tränennasses, heißes Gesicht in ihre kühle Hand. «Und jetzt geh dich waschen und zieh dir einen frischen Pulli an», sagt sie. «Palina ist sicher bald da.» Ich nicke und wanke gehorsam Richtung Badezimmer. Beim Blick in den Spiegel erschrecke ich mich ein bisschen. Ich sehe aus wie ein geplatzter Kürbis. Literweise schaufle ich mir kaltes Wasser ins Gesicht, bis es weh tut. Als ich knapp zehn Minuten später zurückschlurfe, scheppert das alte Röhrenradio meiner Oma in voller Lautstärke aus der

Küche. Inzwischen läuft ein Live-Konzert von Elton John. Vorsichtig strecke ich meinen Kopf durch die Küchentür. Palina ist da. Sie hält ein Glas Rotwein in der einen, eine brennende Zigarette in der anderen Hand und wirft gerade lachend ihren Kopf in den Nacken. Lucy sitzt ihr gegenüber und lacht ebenfalls. Unsicher bleibe ich an der Tür stehen. Die beiden bemerken mich nicht. Das hätte ich vor einem Jahr auch noch nicht gedacht: dass in meiner kleinen Küche eines Abends eine Prostituierte und eine Feministin einträchtig beim Rotwein zusammensitzen und sich kaputtlachen. Lucy trägt ein hellblaues enges T-Shirt mit dem Schriftzug «Feminist as fuck». Palina versinkt in einem riesigen pinkfarbenen Hoodie, ihre Haare sind irgendwie nach oben gewurschtelt, dazu zerfetzte graue Jeans und Sneaker. Sie ist völlig ungeschminkt. So habe ich sie noch nie gesehen. Ihre Haut ist zart und glatt, um die Nase hat sie sogar ein paar Sommersprossen, die mir noch nie aufgefallen sind. Sie sieht jung aus, fast mädchenhaft. Keine Diva, keine Femme fatale, keine Sexbombe. Einfach nur Palina. Ich habe mir nie Gedanken darüber gemacht, ob sie sich privat schminkt oder nicht. Oder darüber, wie sie lebt, wie ihre Wohnung eingerichtet ist, ob sie kochen kann oder viele Freunde hat. Ich weiß eigentlich nichts über Palinas Welt außerhalb des Lollipop. Und jetzt sitzt sie hier in meiner Küche und ist mir gleichzeitig vertraut und völlig fremd.

Lucy hebt ihr Glas und stößt mit Palina an. Plötzlich schäme ich mich. Ich habe es in den vergangenen Monaten nicht geschafft, über meinen Schatten zu springen und Palina auch nur einen kleinen Schritt in meine Welt machen zu lassen. Dabei hat sie so viele Anläufe genommen.

«Vielleicht unternehmen wir im neuen Jahr mal was zusammen», hat sie Silvester gesagt. «Ich hätte auch mal wieder Lust zu tanzen», als ich ihr von meinem Wochenende mit Lucy erzählt habe. «Wenn du eine Begleitung für den Frühlingsmarkt brauchst ...» Ich habe ihre Vorstöße immer weggelächelt und ignoriert. Weil ich mir nicht vorstellen konnte, mit einer Frau befreundet zu sein, deren Leben so ganz anders ist als meins. Die an einem Wochenende fast hinter den Mülltonnen erfriert, am anderen vergewaltigt wird und am nächsten für einen perversen Politiker auf ein Silbertablett kackt. Ich schlucke. Was bin ich eigentlich für eine blöde Kuh? Ich war so oft das komische Mädchen, mit dem niemand was zu tun haben wollte. Und ausgerechnet ich halte Palina auf Abstand wegen dem, was sie tut. Dabei ist sie so ein warmer, witziger Mensch. In diesem Moment sieht sie mich. «Püppi!», ruft sie und springt auf. Sie fällt mir um den Hals, versucht mich nicht mit ihrer brennenden Zigarette anzukokeln und drückt mich mit der freien Hand an sich. «Mein armes Püppi, wie geht es dir, Lucy hat mir schon vom miesen Maik erzählt!» Prompt breche ich in Tränen aus, und Palina streicht mir über den Rücken. «Wie schön, dass du da bist», schluchze ich. Sie riecht nach Apfelshampoo und Weichspüler, ich lehne kurz den Kopf an ihre Schulter. «Erzähl doch noch mal ganz von vorne», sagt Palina. «Wenn du magst.» Sie legt den Kopf schief. «Oder ist es dir unangenehm, dass ich hier bin?» Ich kann nur den Kopf schütteln, weil ich schon wieder so weinen muss. Palina wirft Lucy einen fragenden Blick zu. Die nickt. «So geht das schon seit Stunden», sagt sie und schiebt ein paar Taschentücher über den Tisch.

Eine halbe Stunde später habe ich alle Taschentücher aufgebraucht und in der gesamten Küche verteilt. Ich habe erst von der Morgenpost erzählt und dann von Maik. «ICH VERSTEHE DAS ALLES EINFACH NICHT!», rufe ich mal wieder. Inzwischen treffe ich genau das richtige Verzweiflungsvibrato für diesen Satz. Palina sieht mich lange an und sagt nichts. Sie zündet sich eine Zigarette an. «Sei einfach froh, dass du ihn los bist», sagt sie schließlich. «Ich habe dir schon ganz am Anfang gesagt, dass er ein schlechter Mann ist.» Ich reibe mir die brennenden Augen. Ich erinnere mich dunkel, aber das hilft mir ja jetzt auch nicht weiter. «Weißt du», sagt Palina, «wenn ich in den vergangenen Jahren etwas über Männer gelernt habe, dann zwei Dinge. Erstens: Sie laufen unheimlich gerne vor schwierigen Situationen weg. Zweitens: Das macht sie nicht glücklich. Es gibt so viele Typen mit dicken Eiern und so wenige mit Rückgrat. Aber genau so einen brauchst du.» Lucy hebt ihr Glas. «Darauf trinken wir», sagt sie.

Um mich abzulenken, frage ich Palina, wie es Pitt und Rosi geht. Sie schmunzelt vielsagend. «Du wirst es nicht glauben, aber es läuft.» Sie erzählt, dass sich Peter und Rockn-Rosi inzwischen jeden Tag bei Spatzl schreiben. Eher noch: jede Stunde. «Rosi kommt überhaupt nicht mehr raus aus ihrem Büro. Die hängt die ganze Zeit vor ihrem Computer und tippt sich die Finger wund.» Palina drückt ihre Zigarette aus. «Und Pitt schwebt total auf Wolke sieben. Ich habe ihn noch nie so viel lächeln sehen. Das hast du richtig gut gemacht, Fanny.» Ich nicke schwach. Ich freue mich für die beiden. Und trotzdem erinnert mich das vor allem wieder an Maik. Am Anfang schrieben wir uns auch so viele Nachrichten.

Lucy und Palina diskutieren, ob sie als Nächstes Wein oder Wodka trinken wollen, und lehnen sich aus dem Küchenfenster, um unsere Alkoholvorräte in der Regenrinne zu inspizieren. Ich öffne den Chat, in dem Maik und ich uns seit über einem Jahr Nachrichten schreiben. Ich scrolle mich bis ganz oben. Seine allererste Nachricht, nachdem wir auf dem Ärztekongress geknutscht hatten: «Hallo schöne, kluge Kellnerin. Hast du in nächster Zeit schon viel vor? Ich würde gerne Nachhilfeunterricht bei dir nehmen. Heißt es: Geb mir oder gib mir den Tupfer? Ich weiß nicht, wie ich ohne die Antwort auf diese Frage weiterleben soll. Und ohne den Duft an deinem Hals. Melde dich. Maik».

Ich schlucke und lese mich durch wochenlange Flirts, Schwärmereien und Anzüglichkeiten. Nebenbei trinke ich in kleinen Schlucken meinen Rotwein und bin froh, dass Freund Alkohol bereits einen gnädigen Schleier über die Geschehnisse des Tages breitet. Irgendwann lege ich mein Handy beiseite. Mit glasigem Blick starre ich über den Küchentisch. Palina ist kurz zur Toilette gegangen, Lucy raucht eine Zigarette. Sie nimmt mir das Handy weg. «Alte Nachrichten zu lesen ist wie Zitronensaft in einen gerissenen Fingernagel zu träufeln», sagt sie. «Hör auf damit.»

Es klingelt an der Wohnungstür. Palina, die gerade durch den Flur geht, ruft uns zu: «Ich mach schnell auf!» Lucy und ich schauen uns entsetzt an. Die Erinnerung an Brozilla ist noch ziemlich frisch. Ich überlege fieberhaft, wo ich das Pfefferspray hingetan habe, das ich mir nach dem Vorfall gekauft habe. Zu spät. Palina hat bereits die Tür geöffnet. «Bist du Fanny?», höre ich eine kühle Frauenstimme. Ich stehe auf und gehe in den Flur. Im Treppenhaus steht eine große, blonde Frau Mitte 40. Enge Lederhosen, lilafarbene Daunenjacke. Sie hat tiefe Falten an Stirn und Nase und einen verkniffenen Zug um die Mundwinkel. Trotzdem ist sie hübsch. Ich erkenne sie sofort. Stundenlang habe ich ihr Gesicht auf Facebookfotos studiert. Es ist Maiks Frau. Meine Beine werden so weich, dass ich mich mit einer Hand an der Garderobe abstützen muss. Sie mustert mich von oben bis unten. Ich mache mir nicht mal die Mühe, mich aufrecht hinzustellen. Es ist sowieso alles zu spät. Strähnige Haare, der hellblaue Bambipullover, ein Kürbis-Gesicht. Lucy kommt ebenfalls aus der Küche in den Flur. «Alles okay?», fragt sie. Ich hole sehr tief Luft. «Das ist Barbara», sage ich schließlich. «Maiks Frau.» Palina zieht ihre Augenbrauen hoch und macht einen Schritt zurück. Lucy atmet scharf ein. «Woher weißt du, wer ich bin?», fragt Barbara. «Facebook», murmle ich. Zu dritt stehen wir im Flur und starren Barbara an. «Und was willst du?», frage ich irgendwann. Sie mustert mich. Ihr Blick ist durchdringend und kalt. «Als ich Maik im Januar rausgeschmissen habe, hat es mich nicht interessiert, wohin er geht. Aber jetzt, wo ich ihm noch eine Chance gebe, muss ich seiner Geliebten einmal ins Gesicht sehen. Für den Seelenfrieden.» Ich wische mir die tropfende Nase ab. Wieso ist sie so ruhig? Wenn ich auf die Frau treffen würde, die mit meinem Mann geschlafen hat, würde ich ihr das Gesicht mit den Splittern meines zerbrochenen Herzens zerkratzen. Palina tritt ein Stück nach vorne. «Entschuldigung», sagt sie. «Hat Maik nicht erzählt, er hätte seine Frau verlassen? Für dich?» Ich drehe mich zu ihr um. Da hat sie allerdings recht. «Das hat er echt gesagt?», fragt Barbara und schafft es, gleichzeitig überrascht und angepisst auszusehen. «Stimmt nicht. Ich habe seine Tasche gepackt und vor die Tür gestellt.» Ich nehme meine letzte Kraft zusammen. «Und wieso seid ihr jetzt wieder zusammen?», frage ich. Barbara lächelt kühl. «Er hat mich angefleht, eine Eheberatung zu machen. Und nach ein paar Wochen Therapie ...» Ich hebe die Hand. «Ihr macht SEIT EIN PAAR WOCHEN eine Eheberatung?!», schreie ich. «WÄHREND ER BEI MIR GEWOHNT HAT?!» Meine Stimme überschlägt sich im oberen Frequenzbereich. Barbaras Lächeln verschwindet. «Ja, während er bei dir gewohnt hat», erwidert sie. Sie streicht sich die Haare aus dem Gesicht und strafft die Schultern. «Man schläft nicht mit verheirateten Männern», sagt sie und guckt mich an. «Hab ich auch gemerkt», flüstere ich. Dann mache ich ihr die Tür vor der Nase zu.

Geschichten aus der Zentrale der Sehnsucht

Heute ist der erste warme Frühlingstag, und ich werde zum letzten Mal im Lollipop arbeiten. Rosi weiß es noch nicht, aber ich habe mir vorgenommen, am Ende meiner Schicht mit ihr zu reden. Ich lehne an Rolfs Motorhaube und rauche eine Zigarette. Man spürt noch die Wärme des Tages, obwohl jetzt eine kühle Brise über den Hof weht. Es ist ungewohnt frisch an meinem Kopf, und ich streiche mir durch die Haare. Ich habe sie abgeschnitten. An den Seiten komplett rasiert, in der Mitte eine wilde Tolle, die mir bei jeder Bewegung in die Augen fällt. Ich habe mich noch nicht richtig daran gewöhnt. Ich sehe aus wie einer dieser Popstars, die Reporter anpöbeln, auf Promipartys ihre Höschen zeigen und Drogenprobleme haben. «Wie eine, mit der nicht zu spaßen ist», hat Lucy gesagt und gegrinst. Das wiederum finde ich gut. Mit mir ist nämlich nicht mehr zu spaßen. Endgültig Schluss mit lustig!

Nach dem Abend, als die Frau meines Ex-Liebhabers vor der Tür stand, beschloss ich, mein Leben neu zu ordnen. Vorher vernichteten Palina, Lucy und ich sämtliche Alkoholvorräte, die wir in der Küche fanden. Nach einer halben Flasche Fernet Branca suchten wir die Sachen zusammen, die Maik bei mir vergessen hat. Hemden, ein paar Unterlagen, einen grauen Kaschmir-Schal, seine silbernen Manschettenknöpfe, ein Ladegerät, Sportschuhe, ein Fitnesstracker und der elektrische Rasierer. Wir packten alles in einen Müllbeutel und schmissen ihn aus dem fünften Stock in den Hinterhof. Das scheppernde Geräusch, als er auf dem Boden aufschlug, war seltsam befriedigend. Nur Maiks Kindle, das er bei mir im Bett liegengelassen hat, packten wir nicht dazu. Eigentlich wollten wir das Ding irgendwann in Ruhe und für einen guten Preis bei eBay verkaufen. Aber als der Alkohol ausgetrunken war, disponierten wir um. Über Maiks Account kauften wir erst mal kichernd 47 verschiedene Beziehungsratgeber. Dann posteten wir eine Anzeige in einer Münchner Facebookgruppe. «Super Kindle von scheiß Typen», schrieben wir drüber. «Wir verschenken das gute Stück gegen eine Flasche Whisky. Der einzige Haken: Das Angebot gilt nur hier und jetzt.» Eine Dreiviertelstunde später holte tatsächlich eine nette Studentin das Gerät ab und brachte uns dafür eine Flasche Single Malt mit. Gegen fünf Uhr morgens legten Palina, Lucy und ich uns sternhagelvoll in mein riesiges Bett. «Hattas nich Maikarsch gekauft?», lallte Palina. «Wirkönnsanzündn!», schlug Lucy vor, aber ich winkte ab. Vielleicht streiche ich es einfach bei Gelegenheit blau an oder so. Am nächsten Morgen blockierte ich Maik auf allen Kanälen und vereinbarte einen Friseurtermin. Wir haben seitdem nichts mehr voneinander gehört.

Ein bisschen wehmütig betrachte ich den Eingang des Lollipop. Ich werde es vermissen. Trotz allem. Rosis extravagante Outfits und Pitts großes Herz, Palinas gnadenlose

Klappe und die unzähligen Zigaretten, die wir gemeinsam an der Bar geraucht haben. Aber es hilft alles nichts. Ich muss meinen Kram auf die Kette kriegen. Das schaffe ich nicht, wenn ich mir im Lollipop die Nächte um die Ohren schlage und mir viel zu viele Gedanken mache.

In der vergangenen Woche habe ich mehrere Bewerbungen geschrieben. An verschiedene Journalistenschulen und Online-Redaktionen, an eine Werbe- und eine PR-Agentur und sogar an die Kommunikationsabteilung einer großen Gabelstaplerfirma. Warum nicht. Auch Michel habe ich eine lange Mail geschickt. Ich habe ihm geschrieben, dass ich bald nicht mehr im Lollipop arbeite und wirklich, wirklich dringend einen Job suche. Leider hat er bis jetzt noch nicht geantwortet.

Über den Hof kommt Pitt auf mich zugestiefelt. Er trägt eine verbeulte Lederjacke, die ich noch nie an ihm gesehen habe, und sieht geradezu verwegen aus. Er lehnt sich an die andere Seite der Motorhaube. «Interessante Frisur», meint er und schmunzelt. Ich zupfe an meinen Haaren. «Danke. Und bei dir?», frage ich. «Was macht die Kunst?» Pitt zuckt die Achseln. «Geht.» «Was heißt denn hier geht?» Ich stemme die Arme in die Hüften. «Palina hat erzählt, dass du eine richtige Romanze mit Rosi am Start hast?» Pitt seufzt. «Wir haben so viel geschrieben, wie wir in all den Jahren nicht geredet habe», sagt er. «Aber das ist doch toll», rufe ich. Er schüttelt den Kopf. «Ich hab mein Profil gelöscht.» «Du hast WAS?», schreie ich entsetzt. «Schon vorgestern. Rosi wollte mich unbedingt treffen. Also: RocknRosi wollte Peter treffen.» Er zieht seine Kappe etwas tiefer ins Gesicht. «Ja, und? Bist du irre?» Meine Stimme kiekst. «Fanny, ich kann das alles nicht. Rosi wäre doch enttäuscht, wenn sie herausfindet, dass nur ich es bin.» Mit flatternden Fingern zünde ich mir eine Zigarette an. Das darf alles nicht wahr sein. «Was genau ist denn passiert?» Pitt schiebt die Hände in seine Taschen. «Sie hat dauernd geschrieben, dass sie mich endlich treffen will. Da ist bei mir eine Sicherung durchgebrannt, und ich habe alles gelöscht.» «Einfach so?» «Einfach so.» Ich raufe mir die verbliebenen Haare. «Ihr habt euch also wochenlang Hunderte intensive Nachrichten geschrieben, und als sie dich treffen wollte, hast du deinen Account gelöscht?!» Pitt nickt. Ich schlage mir mit der Hand gegen die Stirn. Wie es Rosi jetzt wohl geht? Wenn mir so was passieren würde – ich wäre am Boden zerstört. «Komm, wir gehen rein», sage ich. «Ich brauche erst mal einen Schnaps auf den Schreck. Und dann überlegen wir uns einen Plan.» Ich schnippe meine Kippe in den Hof und gehe die Stufen zum Lollipop nach oben.

Rosi öffnet uns die Tür, sie trägt ein purpurfarbenes bodenlanges Kleid mit Goldfäden im Stoff und einem Beinschlitz bis zur Hüfte. Es sieht nicht so aus, als würde sie eine Unterhose tragen. Unter ihren Augen liegen tiefe Ringe, ihr Schlafzimmerblick ist noch schläfriger als sonst. Sie umarmt mich und schiebt mich dann auf Armlänge von sich. «Fanny, Mädchen! Rattenscharfe Frisur!» Sie schnalzt anerkennend. Palina sitzt bereits an der Bar. Sie trägt ein Lederminihöschen mit Netzstrumpfhosen, eine orangefarbene Korsage und High Heels mit metallenem Absatz. Ihre roten Locken fallen offen über ihre Schultern, die Lippen haben den gleichen Orangeton wie das Oberteil. Ich glaube, das ist der «Hält-sogar-beim-Blowjob-Lippenstift». Als sie mich sieht, springt sie auf und gibt mir einen feuchten Schmatz auf die Wange. «Schön, dass du wieder da bist», sagt sie und zupft an meinen Haaren. «Großartig siehst du aus.» Pitt setzt sich zu Palina an die Bar, Rosi verschwindet wortlos in ihrem Büro. Ich koche einen Kaffee für Pitt und öffne eine Flasche Prosecco. Ich gieße Palina ein Glas ein, dann gehe ich Rosi hinterher. Sie sitzt zusammengesunken vor ihrem Laptop und starrt auf einen schwarzen Bildschirm. Ich setze mich ihr gegenüber auf das kleine Sofa. «Was machst du so?» Rosi zündet sich einen Zigarillo an. Ihre Augen sind gerötet. «Nichts mache ich. Manchmal kann man nichts mehr machen.» Sie klappt den Laptop zu. «Was meinst du?», frage ich, obwohl ich natürlich längst alles weiß. Sie seufzt. «Schau mal, Fanny. Es ist egal, wie alt du wirst, was du erlebt hast und woran du noch glaubst. Wenn du dich in jemandem täuschst, dem du vertraut hast, tut es jedes Mal so weh wie beim allerersten Mal.» Ich schlucke. Das ist der emotionalste Satz, den ich je von Rosi gehört habe. Als hätte sie ihre Mauer aus Abgeklärtheit und Coolness für einen kurzen Moment eingerissen. Verdammt, Pitt. Was hast du bloß angerichtet? Ich strecke meine Hand nach ihrer aus. Rosi schüttelt sich, tätschelt meine Hand und steht auf. «Weiter geht's», sagt sie. «Um halb zehn kommt ein Junggesellenabschied.» Sie strafft ihre Schultern und marschiert zur Tür. «Na los, Fanny, genug rumgetrödelt.» Die Mauer steht wieder. Rosi setzt sich neben Palina an die Bar, und ich schenke ihr ebenfalls einen Prosecco ein. Pitt werfe ich böse Blicke zu. Heute Abend sind Julie, Mini, Maxi, Momo, Magda, Lisa, Polly, Mia und Amy im Club. Volles Haus also.

Palina erzählt von ihrem letzten Kunden, der ihr eine Stunde lang seine traurige Lebensgeschichte beichtete und am Ende so aufgelöst war, dass er keinen Sex mehr wollte. Rosi grinst in sich hinein. Sie will gerade etwas sagen, als ihr Handy klingelt. «Ja?», sagt sie knapp. «WER?» Sie reißt die Augen auf. «BODO! Das glaube ich ja nicht!» Sie läuft aufgeregt vor der Bar auf und ab. Ich schaue Palina und Pitt fragend an. «DER Bodo?», frage ich leise. Pitt ist blass geworden. «Der prügelnde Exmann, der Rosis Kohle verzockt und sich ins Ausland abgesetzt hat?» Pitt schaut mich an. «Der ist eigentlich seit 20 Jahren in der Versenkung verschwunden.» «Und warum redet Rosi noch mit dem?», frage ich entsetzt. Pitt hebt die Schultern. «Ich habe keine Ahnung. Sie hat ihn damals sehr geliebt.» Er umklammert die Kaffeetasse, als sei sie sein letzter Halt. «Das war schlimm damals», sagt er. «Sie saß da immer mit ihren blauen Flecken in meiner Werkstatt auf einem Stapel Autoreifen, hat geraucht und geweint, und ich habe Käsebrote für sie geschmiert. Sie war doch so dünn.» Ich schlucke. Im Hintergrund hören wir Rosi aufgeregt telefonieren und immer wieder laut rufen: «Das gibt's ja gar nicht!»

Es klingelt. Der Junggesellenabschied. Ich öffne vier Männern die Tür und habe einige Mühe, die stark angeheiterte Runde so lange in Schach zu halten, bis mir alle ihre Ausweise gegeben haben. Der zukünftige Ehemann heißt Jan. Das steht auf der Pappkrone, die schief über seinen Geheimratsecken hängt. Er trägt ein T-Shirt mit der Aufschrift «Lebenslänglich», unter der ein Comic-Bräutigam mit Zylinder unglücklich zwischen ein paar Gefängnisgittern herausguckt. Ein kleiner Rothaariger in der Gruppe ist besonders aufgeregt. «Seid ihr wirklich sicher?», fragt er. «Ich dachte, wir gehen einfach in einen Stripclub.» Er tritt von einem Bein aufs andere. «Was ist denn, wenn Anke das rauskriegt?» Bräutigam Jan und ein blonder Hüne mit Vollbart fangen an zu lachen. «Der kleine Henning», sagt Jan. «Wird sie nie rauskriegen. Was im Puff passiert, bleibt im Puff.» Er haut dem nervösen Pumuckl so fest auf die Schulter, dass er fast umfliegt. «Das wird die Nacht deines Lebens!» Der Hüne lacht dreckig. «Einmal ist keinmal. In ein paar Stunden liegst du neben deiner Anke. Das hier ist ja nicht mal richtiges Betrügen.» Pumuckl nestelt an seinem Portemonnaie herum und zählt ein paar Scheine. Ich sehe genau, dass ein Foto von einer Frau im Fach ganz vorne steckt. Eine blasse Brünette mit einem grauen Rollkragenpulli, die etwas angestrengt in die Kamera guckt. Geheimratsecke hat das Foto auch gesehen. «Komm, die Anke hat da auch was von», sagt er. «Einen supergut gelaunten Henni voll mit Glückshormonen, der sie in den nächsten Wochen richtig geil durchfickt. Weil er noch so viele scharfe Bilder von heute Nacht im Kopf hat, harhar.»

Ich starre erst Jan, dann den kleinen Henning an. Wenn das jetzt als Argument funktioniert, werde ich nie wieder einem Junggesellenabschied über den Weg trauen. Nie wieder. Es funktioniert. Pumuckl nickt, lächelt den Bräutigam an und sagt: «Na gut, ist ja auch ein bisschen für dich, du bist ja heute die Ehrenperson.» Ich verdrehe die Augen. Arme blasse Anke. Arme zukünftige Ehefrau. Wie traurig, wenn der eigene Kerl ins Bordell geht. Hoffentlich werden sie es wirklich niemals erfahren.

Als ich zurück zur Bar komme, redet Palina gerade mit Händen und Füßen auf Pitt ein. «Nein, nein, nein!», ruft sie. «Aha», sage ich. «Hat er dir alles erzählt?» Palina stöhnt. «Jaaa. Jetzt weiß ich auch, warum Rosi so mies drauf ist. Oh Mann, Pitti, ey!» Bevor wir weiterreden können, tänzelt Rosi aus ihrem Arbeitszimmer. Sie schnappt sich ihr Glas und trinkt es in einem Zug leer. «BÄH!», ruft sie. «Das ist ja Prosecco!» Ich schaue sie stirnrunzelnd an. «Ja, das war es auch schon vor einer halben Stunde.» Rosi haut mit der Hand auf den Tresen. «Wir brauchen Champagner!», ruft sie. «Her mit dem guten Zeug!» Palina und ich werfen uns einen fragenden Blick zu, ich hole eine Flasche Dom Pérignon aus dem Kühlfach. «Und was ist der Anlass?», fragt Palina. «Der Bodo kommt mich besuchen!», ruft Rosi und strahlt. Pitt wird kreidebleich. «Das ist nicht dein Ernst», sagt er tonlos. «Ich dachte, der Mann hat ein neues Leben auf den Kanaren und kommt nie wieder.» Rosi trinkt einen großen Schluck. «Wunder gibt es immer wieder», singt sie so schief, dass ich kurz Angst habe, die Gläser könnten im Schrank zerspringen. «Und der kommt dich besuchen?», frage ich. «Ja!» Rosis Stimme ist etwas schrill. «Er ist gerade am Flughafen angekommen und auf dem Weg hierher.» «WAS? JETZT?» Pitt macht eine heftige Bewegung mit den Händen und stößt seine Tasse vom Tresen. Der letzte Schluck Kaffee spritzt bis zu Rosis Dekolleté. Sie sieht ihn strafend an und tupft sich mit einer Serviette die Kaffeespritzer weg. «Flipp nicht gleich aus», sagt sie. «Wir haben uns ewig nicht gesehen. Da wird man sich doch mal freuen dürfen.» Pitt hebt die Tasse vom Boden auf und murmelt vor sich hin: «Ich fass es nicht, ich fass es einfach nicht.» Rosi beachtet ihn gar nicht. Sie streicht sich kokett durch die blonden Locken. «Wie sehe ich aus?» «Hervorragend, wie immer», sagt Palina. Nachdenklich

schaue ich Rosi an. «Aber was genau, glaubst du, will Bodo
von dir?» Rosi zupft selbstzufrieden an ihrem Kleid herum.
«Er sagt, er will nur mal gucken, wie hier die Lage ist. Das
heißt, dass er mich sehen will.» Sie lächelt. «Manchmal
kommt vielleicht doch alles so, wie es soll.» Ich verdrehe
die Augen. «Ich geh mich mal frisch machen», sagt sie und
rauscht davon. Pitt vergäbt das Gesicht in den Händen.
Er tut mir so leid. «Mann, Rosi!», rufe ich ihr nach. «Hör
endlich auf, mit Vollgas in die falsche Richtung zu rasen!
Sonst landest du in Arschlochhausen und hast nicht genug
Sprit, um wieder zurückzufahren!» Rosi dreht sich nicht
mal um, Palina lacht schallend. Pitt nimmt die Hände von
seinem Gesicht. Zwischen seinen Augenbrauen hat sich
eine steile Falte gebildet, die ich vorher noch nie gesehen
habe. «Verdammte Scheiße», flucht er. «Jetzt kommt der
Affenarsch hierher, baut irgendeinen Mist mit Rosi, und
dann verpisst er sich wieder. Und ratet mal, wer dann
wieder die Scherben aufsammeln muss?» Ich versuche
seinen Blick einzufangen. «Statt zu schimpfen, solltest
du dir überlegen, wie du um Rosi kämpfen kannst», sage
ich. «JA!», ruft Palina. «Es gibt eigentlich nur zwei Gründe,
noch an die Liebe zu glauben. Und das seid ihr beide!» Ich
nicke heftig. «Sei nicht so feige! Du hast doch nichts zu
verlieren!» Pitt schaut uns an, die Ader ist verschwunden.
Er sieht müde aus. «Vielleicht habe ich keine Kraft mehr»,
sagt er. «Ich habe über 20 Jahre auf Rosi gewartet, und sie
ist nie gekommen.» Ich beiße mir auf die Unterlippe. Palina füllt mein Glas mit Champagner auf. «Du sollst auch
nicht mehr warten, du sollst kämpfen», sage ich entschieden. «Ein letztes Mal. Komm schon, Pitt. Sie ist es wert.»
Er schaut uns lange schweigend an. «Du hattest sie doch

schon! Peter hatte sie. DU bist Peter! Du musst nur noch den letzten Schritt machen!» Pitt nimmt mir das Champagnerglas aus der Hand, legt seinen Kopf in den Nacken und trinkt es bis auf den letzten Schluck aus. Wir starren ihn an. Pitt räuspert sich. «Hicks.» Palina und ich kichern. Pitt räuspert sich noch mal. «Also gut», sagt er. «Ich muss nur schnell was holen.» Mit diesen Worten steht er auf und verschwindet Richtung Ausgang. Im Hintergrund sehe ich den Junggesellenabschied aus der Umkleide torkeln. «Ich glaube, du musst arbeiten», sage ich zu Palina und deute mit dem Kinn in ihre Richtung. Sie zieht eine Schnute. «Ich muss hier gar nix», sagt sie. «Und diesen Showdown will ich auf keinen Fall verpassen.» Sie hebt ihr Glas und prostet mir zu.

Eine halbe Stunde später planscht der Junggesellenabschied mit Lisa, Polly, Maxi und Momo im Whirlpool. Sie haben Champagner für 500 Euro bestellt und sich von mir Wiesn-Hits gewünscht. Gerade läuft «Ein Prosit der Gemütlichkeit» im Partymix. Als wäre das Lied ohne Partymix nicht schon schlimm genug. Die Jungs grölen lautstark mit, der rothaarige Kobold steigt aus dem Pool und legt splitternackt eine Tanzeinlage ein. Palina und ich sitzen alleine an der Bar. Pitt ist immer noch verschwunden, Rosi genauso, neue Gäste sind keine gekommen. «Bei so einer Musik kriege ich echt Gänsehaut», nöle ich und rubble demonstrativ über meine Arme. «Mit schlechter Musik ist es wie mit schlechtem Sex», behaupte ich. «Man hampelt dämlich rum, macht komische Geräusche, und am Ende schämt man sich ein bisschen.» Palina grinst. «Ich glaube nicht, dass die sich schämen», sagt sie, und wir schauen zum Pool, wo der Zwerg gerade seinen Penis kreisförmig im Takt schwenkt. Ich schüttle mich und trinke den letzten Schluck Champagner. Im Pool schwimmen mehrere Badehosen auf dem Wasser, der blonde Hüne hat die Arme auf den Whirlpoolrand gelegt und lässt sich mit dem Rücken auf dem Wasser treibend von Maxi verwöhnen. Die anderen zwei sind mit Polly und Momo beschäftigt, ich gucke aber lieber nicht so genau hin. Das verdirbt mir bloß die Vorstellung, irgendwann zu heiraten. Hoffentlich verziehen die sich bald in die Séparées. Dann kann ich auch endlich die Scheißmusik ausmachen. Sehnsüchtig gucke ich auf die Rolling-Stones-CD, die ich schon bereitgelegt habe. Palina und ich haben uns gerade eine neue Zigarette angezündet, als Rosi aus dem Keller zurückkommt. Sie hat offenbar eine Ladung Parfüm nachgelegt und riecht wie eine explodierte Douglas-Filiale. Ihre Haare sind noch ein paar Zentimeter höher toupiert als vorhin, und sie strahlt über das ganze Gesicht. Sie setzt sich an die Bar und zündet einen Zigarillo an. «Wo ist denn Pitt?», fragt sie. Ich winke ab. «Nur schnell was holen», sage ich. Rosi hüllt sich in eine Rauchwolke und deutet auf die leere Champagnerflasche. «Euch kann man auch nicht allein lassen, was?», sagt sie. «Mach mal noch eine auf.» Ich hole einen neuen Pérignon und setze für Pitt einen frischen Kaffee auf. Der müsste eigentlich bald wiederkommen. Während ich vor mich hin wurschtele, erzählt Rosi einen Schwank aus ihrem Leben mit Bodo. «Weltberühmt ist das Foto, wie Bodo mit einer Schussverletzung in einen Krankenwagen geschoben wird und es trotzdem noch schafft, der Rettungsassistentin auf den Hintern zu klapsen», sagt sie. «Das Foto war im Spätsommer 89 auf allen Titelseiten!» Ich zücke mein Handy. Ich habe noch den Archivzugang von

der Münchener Morgenpost, vielleicht habe ich ja Glück.
Und tatsächlich: Ich finde die entsprechende Titelseite
mit dem Foto. Eine körnige Schwarzweißaufnahme, offenbar bei Nacht fotografiert. Viele Menschen in Uniform,
mehre Kranken- und Polizeiwagen, Absperrband, im Hintergrund die Leuchtreklame eines Lokals. Ein paar Sani-
täter heben gerade eine Trage in den Krankenwagen. Auf
der Trage liegt ein Mann mit zerrissenem, weißem Hemd,
Gesicht und Brust sind blutverschmiert. In der einen
Hand hält er eine brennende Zigarette, die andere liegt auf
dem prallen Hintern einer Rettungsassistentin. Der Mann
lacht in die Kamera und scheint sogar noch zu zwinkern.
«Rotlicht-Schießerei: AntiPOtika für King Cool», lautet die
Zeile. Ich grinse und zeige Palina und Rosi das Foto. Sie
lächelt. «Ach ja, der Bodo», sagt sie und guckt verklärt in
die Ferne. «Der hat viele Fehler gemacht, aber geliebt hat
er mich immer», sagt sie. «Der war echt. Richtig echt. So
was gibt es ja heute nicht mehr. Da verschwinden die Typen, bevor es überhaupt ernst wird.» Ich atme kurz durch.
Ich bin wirklich ganz kurz davor, ihr die ganze Sache mit
Pitt und der Singlebörse zu erzählen. Es kann doch nicht
sein, dass sie noch mal auf Bodo reinfällt, nur weil das mit
«Peter» schiefgelaufen ist. Aber Pitt ist ja auf dem Weg. Ich
muss mich zurückhalten. Ich schnippe mit dem Finger vor
ihrer Nase herum. «Wieso wurde Bodo denn eigentlich an-
angeschossen?», frage ich. Rosi winkt ab. «Nicht so wichtig.
Irgendein Zuhälter-Krieg. Damals ging in München noch
die Post ab.» Ich runzle die Stirn. «Rosi, du hast was Besseres verdient», sage ich. «Jemanden, der dich auf Händen
trägt. Bis zum Mond und zurück, wenn es sein muss.» Aber
Rosi hört mir schon gar nicht mehr zu.

Es klingelt an der Tür. «Machst du bitte auf?», sagt sie und tupft an ihren sorgfältig geschminkten Lippen herum. Ob das schon Bodo ist? Er ist es nicht, sondern zwei ältere Herren Ende 60, Klaus und Anton. Sie sehen beide aus wie gütige Großväter, die gerade vom Drachen-steigen-Lassen mit ihren Enkeln kommen. Beide haben einen lichten Haarkranz, wässrig blaue Augen und zahllose Lachfältchen. Ich kann sie, Sekunden nachdem ich ihre Ausweise kontrolliert habe, schon nicht mehr auseinanderhalten. Als wir durch den Vorhang treten, steht Rosi mit rausgedrückter Brust vor der Bar und lächelt uns verführerisch entgegen. Ein Bein hat sie leicht angewinkelt, damit der Schlitz in ihrem Kleid besser zur Geltung kommt. Als sie uns sieht, verschwindet ihr Lächeln, und sie lässt die Schulter wieder fallen. «Ihr seid's», murmelt sie. Anton und Klaus starren sie fassungslos an. «Das ist Rosi», sage ich. «Sie probt gerade für Germany's Next Top Trottel.» Rosi schnaubt und dreht sich um. «Verzeihung», sagt Anton oder Klaus zu mir, «ich will niemandem zu nahe treten, aber arbeiten hier auch Damen, die eine Winzigkeit jünger sind?» Ich zeige schweigend auf das große Sofa, auf dem die restlichen Mädchen sitzen. «Ach, wunderbar, haben Sie herzlichen Dank», sagt Anton oder Klaus, und die beiden verschwinden Richtung Umkleide. Ich stapfe wütend zur Bar. «Rosi, was MACHST du denn?», frage ich. «Bodo hat dich sitzenlassen! Und dich mies behandelt! Wenn ich etwas von dir gelernt habe, dann, dass man sich nicht verarschen lassen sollte!» Rosi antwortet nicht, es hat schon wieder geklingelt. Sie wirft sich erneut in Position. «Na los!», herrscht sie mich an und zieht ihr Kleid zurecht. Genervt gehe ich zurück zum Empfangsraum. Im Monitor sehe ich einen Typen im Anzug vor der Tür stehen, er ist sicher schon über 70. Er lächelt breit in die Kamera, und für eine Sekunde bilde ich mir ein, dass seine Zähne geblitzt haben. Das muss Bodo sein. Ich drücke den Öffner. Der Mann ist riesig, fast zwei Meter groß, hat dichte schwarze Haare und ist so braun gebrannt, dass Dieter Bohlen neidisch werden würde. Seine Zähne sind strahlend weiß und können auf keinen Fall echt sein. Der Anzug sieht teuer und maßgeschneidert aus. «Ich bin Fanny», sage ich. Am Hals hat er eine riesige Narbe. «Ich bin Bodo», sagt Bodo und schaut mich durchdringend an. «Bring mich bitte zu Rosi.» Obwohl er nur diese wenigen Worte sagt, bin ich eingeschüchtert. Man merkt, dass er Widerworte nicht gewohnt ist.

Rosi steht wieder in aufreizender Pose mitten im Raum. Bodo breitet die Arme aus. «Schönste!», ruft er. Rosi wirft den Kopf in den Nacken und lacht das lauteste Schrottsacklachen, dass ich je von ihr gehört habe. Bodo ist etwa drei Köpfe größer als sie, reißt sie in die Luft und wirbelt sie mehrmals herum. Als er sie wieder absetzt, küsst er sie heftig auf den Mund. DJ Ötzi grölt «Ein Stern, der deinen Namen trägt». Bodo hält Rosi auf Armeslänge von sich weg und streicht mit seiner Hand von ihrem Hals über ihre Brüste bis zum Bauchnabel, als sei es das Normalste der Welt, wenn man sich lange nicht gesehen hat. «Du bist kein Stück älter geworden», raunt er und schaut sich um. «Mensch, wie lange ich nicht mehr hier war.» «Über 20 Jahre nicht mehr», ertönt eine tiefe Stimme aus dem Hintergrund. Pitt. Er muss direkt hinter uns durch die Tür gekommen sein, hat die Hände tief in den Taschen seiner Lederjacke vergraben, das Kinn vorgestreckt und starrt

Bodo angriffslustig an. «Das waren 20 gute Jahre», fügt Pitt hinzu. Bodo dreht sich zu ihm um. «Dich gibt's also auch noch», knurrt er. Seine Stimme hat einen bedrohlichen Unterton. Die beiden Männer taxieren sich quer durch den Raum. «Bodolein, wie wäre es, wenn wir erst mal auf unser Wiedersehen anstoßen?», flötet Rosi und zieht Bodo am Ärmel in Richtung ihres kleinen Büros. Bodo wirft Pitt noch einen letzten Blick zu. «Ja, das machen wir», sagt er. Pitt kneift die Augen zusammen. «Ja, macht das mal», wiederholt er. «Ich bin hier, vergiss das nicht.»

Er setzt sich zu uns an die Bar, trommelt mit den Fingern auf die Theke und lässt die verschlossene Tür von Rosis Büro nicht aus den Augen. Anton oder Klaus kommt im Bademantel zum Tresen und fragt nach den kleinen blauen Zauberpillen. Geistesabwesend schiebe ich ihm ein Glas Erdnüsse hin. Pitt grummelt die ganze Zeit unverständlich vor sich hin, als würde er Selbstgespräche führen. Der Großvater guckt ratlos auf die Nüsse und wirft dem brummelnden Pitt einen irritierten Blick zu. «Und Sie arbeiten hier auch ...?», fragt er. Pitt runzelt die Stirn. «Das ist der Hausmeister», sagt Palina schlagfertig. Pitt hebt den Kopf. «Der Hausmeister? Das bin ich also für euch? Der Hausmeister?» Palina und ich gucken uns an. Pitt ist wirklich gar nicht gut drauf. «Ich bin der verdammt noch mal beste Kerl, der diesen Laden jemals betreten hat», poltert Pitt. Ich ziehe die Augenbrauen hoch. Das kommt jetzt überraschend. Aber recht hat er natürlich. Gut, dass er es auch endlich mal merkt. Palina und ich nicken heftig. «Das stimmt», sage ich. «Der allerbeste», beteuert Palina. Anton oder Klaus kratzt sich am Kopf. «Könnte ich hier trotzdem eine Tablette zur erotischen Unterstützung käuflich erwerben?», fragt er. Ich verkneife mir ein Grinsen. Alte Herren sind super. «Erotische Unterstützung». So elegant hat hier noch niemand eine Viagra bestellt. Ich öffne den Schrank und versorge den höflichen Opi mit dem Gewünschten. «Wenn der Möchtegern-Gigolo Rosi anfasst, bring ich ihn um, das schwöre ich bei Gott», knurrt Pitt und trinkt wildentschlossen einen Schluck von seinem kalten Kaffee. In diesem Moment taucht der Bums-Bräutigam an der Bar auf. Er ist nass, nackt und total besoffen. Polly schlendert gelangweilt hinter ihm her und trinkt einen Schluck aus Palinas Champagnerglas. «Wir brauchn nochn Aufguss für die Sauna», lallt er. Ich komme hinter der Bar hervor. «Sicher?», frage ich. Er muss sich mit einer Hand am Tresen festhalten, um nicht umzukippen. «MussnbisschenAlohol ausschwitzen, sonst will mein Dirty Diddi nicht.» Wie zum Beweis hebt er seinen schlappen Penis an und lässt ihn wieder fallen. «Dirty Diddy?», frage ich ungläubig. Palina kichert. Gemeinsam mit Dirty-Jan und Polly mache ich mich auf den Weg zu den Saunen und fülle den Wasserkübel für den Aufguss. Zur Feier des Tages kippe ich eine Extraportion Kokos-Ananas-Gemisch dazu und schütte das stinkende Gebräu über die heißen Steine. Es riecht wie tropische Kotze. Vielleicht wird dem davon so übel, dass er endlich nach Hause geht.

Auf dem Rückweg zur Bar gehe ich an der Liegewiese vorbei. Der blonde Hüne liegt zusammengerollt wie ein Baby auf dem Boden. Maxi sitzt spärlich bekleidet neben ihm und raucht eine Kippe. Als sie mich sieht, steht sie auf. «So», sagt sie. «Der hat keine Geld mehr für kaufen ein einzige Cola.» Sie grinst. «Habt ihr denn überhaupt ... also, so richtig ...?» Ich versuche, zweideutig mit dem Kopf zu wackeln. Maxi grinst noch breiter. «Das er denkt zumindest», sagt sie zufrieden. «Und das ist doch die Sinn! Dass er denkt, er ist eine, wie sagt man, richtig geile Pferd.» Ich grinse. «Ja, so sagt man. Bis später.»

Kurz vor der Bar kommen mir Anton und Klaus mit Lisa und Julie entgegen. Sie führen die Frauen mit angewinkeltem Arm neben sich her, als ging es in die Oper. Süß.

Mein Handy in der Hosentasche vibriert. Eine Nachricht von Michel. «Fanny, ich habe die besten Neuigkeiten! Ich habe nun doch ein Exposé geschrieben, und – halt dich fest – die Produktionsfirma hat es gekauft! Arbeitstitel: ‹Geschichten aus der Zentrale der Sehnsucht›. Wenn das irgendwann losgeht, habe ich sicher einen Job für dich. Ruf mich doch morgen an!» Ich schreie auf und stolpere zur Bar. «Oh mein Gott, Oh mein Gott!» Pitt sitzt alleine am Tresen, er hebt nicht mal den Kopf. Palina ist nirgendwo zu sehen. Ob der alte Holzmichl noch lebt, fragen die Randfichten. Ich könnte schreien, so aufgeregt bin ich! Und ich ertrage nicht eine Sekunde länger diesen bräsigen Drecksound. Ich schnappe mir die Rolling-Stones-CD und lege sie in die Anlage. «Please allow me to introduce myself», krächzt Jagger. Ich lese noch mal Michels Nachricht. Das klingt alles zu gut, um wahr zu sein. «Wo ist denn Palina?», frage ich Pitt. Sie muss es als Erste erfahren. Er deutet hinter sich Richtung Empfangsraum. «Es hat gerade geklingelt. Palina macht auf», sagt er. Wie ein aufgescheuchtes Huhn flattere ich Richtung Empfangsraum.

Ich höre Palina schon durch den Vorhang auf jemanden einreden: «Heute ist es wirklich ganz schlecht», sagt sie. «Wieso bist du überhaupt hier, du kommst doch sonst immer mittwochs.» Eine Männerstimme antwortet, ich verstehe aber nicht, was. «Bitte geh wieder!», ruft Palina. Irre ich mich, oder klingt sie etwas panisch? Ich reiße den Vorhang auf. «Pleased to meet you!», schreit Jagger aus dem Hintergrund. Im Vorraum steht Maik.

Auf die Liebe Maik starrt mich an. Ich lasse mein Bier fallen. Die Flasche zersplittert klirrend auf dem harten Fliesenboden des Vorraums. Palina quiekt und springt zur Seite, dabei verliert sie einen Schuh.

Maik starrt mich immer noch an. Obwohl ich ihn jetzt schon so lange kenne, fällt es mir schwer, seinen Gesichtsausdruck zu deuten. Entsetzen? Ekel? Meine Gedanken wirbeln durcheinander. Was macht der denn hier? Hat er mich vielleicht vorhin mit Rolf in der Stadt gesehen und ist mir hinterhergefahren? Weil er gemerkt hat, dass er mich über alles liebt? Oder ist Maik zufälligerweise der Puffarzt vom Lollipop? Könnte ja sein, dass er regelmäßig vorbeikommt, um bei den Mädchen einen Gesundheitscheck zu machen. Oder er wollte eigentlich zum Outlet mit Anglerbedarf eine Straße weiter und hat sich wegen Rolf auf dem Parkplatz gewundert? Aber der Laden hat ja längst zu. Und seit wann angelt Maik überhaupt? Er unterbricht meine wirren Überlegungen und sagt: «Das hätte ich nicht von dir gedacht.» Was? Was hätte er nicht von mir gedacht? Hilfesuchend gucke ich zu Palina. Sie hockt auf dem Boden, Blut quillt zwischen ihren rot lackierten Zehen hervor. Was macht sie denn da? Egal. Was macht Maik hier?! Er verzieht das Gesicht. «Bei mir spielst du die verliebte Göre, dabei fickst du für Geld mit halb München!» Seine Stimme ist immer lauter geworden, in seinem Blick liegt so viel Verachtung, dass es für ein ganzes Leben reichen würde. Ich versuche zu lachen, bringe aber nur ein kratziges Keuchen zustande. Maik denkt, ich sei eine Prostituierte? Bin ich wirklich so gut im Bett? Ich fühle mich fast ein wenig geschmeichelt. Dann sage ich: «Aber ich arbeite doch gar nicht hier.» Ich kaue hektisch an meinem Daumennagel. «Also, ich meine: Klar arbeite ich hier. Aber doch nicht so.» Ich gucke auf Palina runter. «Nicht, dass es schlimm wäre, hier zu arbeiten», füge ich hinzu. Maik schweigt und kratzt sich am Ohr. Das macht er immer, wenn er angestrengt nachdenkt. Ich atme kurz durch. «Also, ich bin die Kellnerin hinter der Bar», sage ich schließlich. «Und was, ähm, also, was machst du hier?» Ganz langsam macht Maik einen Schritt rückwärts. Wo will der denn jetzt hin? Ich höre Palina schniefen, ihre Augen schwimmen in Tränen. Wieso heult die denn? Sie ist doch keine, die wegen eines Splitters im Fuß heult. Maik geht einen weiteren Schritt rückwärts. Ich gucke immer noch auf Palina. In meinem Kopf rauscht es. Was hat sie vorhin zu Maik gesagt? «Du kommst doch sonst immer mittwochs»? Wieso immer? Wieso mittwochs? Da spielt Maik doch Squash mit seinen Kumpels. «Es tut mir so leid», flüstert Palina vom Boden zu mir hoch. Erst als ihr die erste Träne über die Wange läuft, macht es in meinem Kopf Klick. Als hätte jemand einen Schalter umgelegt. Den Rollladen hochgezogen. Es gibt keine gute Erklärung für das hier. Es gibt nur eine einfache. Maik geht mittwochs ins Bordell und bezahlt Frauen für Sex. Punkt. Zum ersten Mal in meinem Leben verstehe ich, was Leute meinen, wenn sie sagen, dass sich unter ihnen der Boden auftut. Es fühlt sich an, als würden Kopf, Herz, Hirn und der restliche Körper getrennt voneinander ins Nichts stürzen. Während ein anderer Teil von mir noch oben steht, hinterherschaut und weiß: Das wird richtig, richtig weh tun.

Maik macht einen weiteren Schritt rückwärts und greift nach der Türklinke. Ein Adrenalinstoß jagt durch meinen Körper. Der will sich verpissen. Der will sich echt verpissen! So wie immer, wenn es schwierig wird. Aber nicht dieses Mal. Nicht mit mir! Ich bücke mich nach Palinas High Heel und schleudere ihn mit dem schweren metallenen Absatz voran auf Maik. Der Schuh fliegt etwa einen Meter an seinem Kopf vorbei gegen das kleine Flurfenster. Schon wieder splittert Glas, die Alarmanlage heult los. Verdammt. Maik steht wie versteinert vor der Tür. Das Telefon an der Rezeption fängt an zu klingeln, Rosi stürmt in den Vorraum. Sie starrt auf Palinas blutenden Fuß, das zerbrochene Fenster, die Scherben, guckt kurz mich und dann Maik an. «Was ist denn hier los?», fragt sie, wartet aber keine Antwort ab. Sie läuft ins Kassenhäuschen, nimmt das schnurlose Telefon und brüllt: «ALLES IN ORDNUNG!» Dann klemmt sie sich den Hörer zwischen Ohr und Schulter und öffnet einen grauen Kasten an der Wand. «Wir hatten einen kleinen Unfall mit einem Sicherheitsfenster», redet sie weiter. «Sie brauchen niemanden vorbeischicken. Ich schalte die Alarmanlage sofort aus.» Sie hantiert hektisch an dem Kasten herum. Ich folge ihr mit zitternden Knien. Das ist alles meine Schuld. Ich muss ihr helfen. Ratlos starre ich auf den grauen Kasten. Keine Ahnung, was man da machen muss. Mein Blick fällt durch das Sicherheitsglas der Rezeption. Palina sitzt immer noch auf dem Fußboden im Vorraum. Sie sagt gerade etwas zu Maik, wegen des ganzen Alarmgeheules verstehe ich aber nicht, was. Warum hat Palina mir nie was erzählt? Ich habe ihr doch Fotos von Maik gezeigt. Sie muss ihn erkannt haben. Es läuft mir eiskalt den Rücken herunter. Hat Maik etwa ausgerechnet mit Palina geschlafen?

Rosi flucht. «Ja, ich hab's gleich!», schreit sie in den Hörer. Aggressiv schlägt sie mit der flachen Hand auf den Kasten. Die Alarmanlage schrillt unbeeindruckt weiter. Dafür geht plötzlich das Licht aus. «Scheiße, jetzt ist auch noch die Sicherung rausgeflogen!», motzt Rosi. Ich kann mich nicht bewegen. Mein Körper fühlt sich an, als hätte sich alles in mir drin in feuchte Watte verwandelt. Maiks Kollege Sascha Moser! Es war gar kein Zufall, dass der hier war. Vielleicht gehen er und Maik normalerweise immer zusammen ins Lollipop. Immer mittwochs. Mir wird schlecht. «Wenn ich es nicht schaffe, die Scheißanlage auszumachen, steht gleich der Sicherheitsdienst vor der Tür!», ruft Rosi. «Bloß das nicht», höre ich Maiks Stimme, und plötzlich steht auch er bei uns in dem kleinen Kabuff. Palina drängt sich ebenfalls hinter ihm durch die Tür. Es ist stockdunkel. Der Sicherungskasten ist im Keller, wenn ich mich richtig erinnere. Maik schaltet die Taschenlampe auf seinem Handy ein. Die Tür zum Vorraum wird aufgerissen, und der komplette Junggesellenabschied stürzt, taumelt und rennt Richtung Ausgang. «Ich will nicht im Puff sterben», ruft einer. Meine Augen haben sich inzwischen ein wenig an die Dunkelheit gewöhnt, ich starre durch das Rezeptionsfenster in den Vorraum. Bräutigam und Trauzeuge sind

nackt, die anderen beiden haben sich Bademäntel überge-
worfen. Nach und nach tauchen auch die restlichen neun
Frauen auf, im Nu ist der kleine Vorraum überfüllt, alle reden durcheinander, der Alarm schrillt weiter. Rosi, Maik,
Palina und ich stehen immer noch im Kassenhäuschen –
dem winzigen Kabuff mit Tür und Fensterfront aus Sicherheitsglas, durch das Rosi oder ich immer die Ausweise ein-
sammeln. Endlich hat sie es geschafft. Die Alarmanlage
verstummt. Für ein paar Sekunden ist es totenstill. Maik
tastet sich durch die Dunkelheit zur Tür, kommt aber nicht
raus, weil sie von den Frauen im Vorraum blockiert wird.
Aus dem Hintergrund ertönt Bodos Stimme. «Kein Grund
zur Sorge, wir haben alles im Griff!» Ich kneife die Augen
zusammen. Offensichtlich schiebt Bodo die beiden Groß-
väterchen vor sich her. «Mädels, ich habe genug Taxis für
alle bestellt. Lasst euch nach Hause fahren, Rosi zahlt euch
beim nächsten Mal Taxigeld und Arbeitsausfall. Kommt
gut nach Hause!», ruft Bodo. Immerhin mal 'ne Ansage.
Draußen bricht Tumult aus, einige drängen Richtung Ausgang, andere zurück, vermutlich, um ihre Sachen zu holen.
Ich sehe Anton und Klaus vorbeistolpern, sie haben ihre
Klamotten bereits unterm Arm. Ich greife in die Schublade
und nehme den Stapel Ausweise heraus. Ich schiebe sie
durch den Ausgabeschalter. «Die Ausweise!», schreie ich.
Maxi, die gerade an der Rezeption vorbeigequetscht wird,
schnappt zu. Bodo erscheint an der Kabufftür. «Was soll
denn das?», fragt Rosi. Ihre Stimme klingt etwas schrill.
«Warum schickst du einfach die Mädchen nach Hause?»
Maik versucht, sich an Bodo vorbeizuschieben. «Lassen
Sie mich mal durch», sagt er. Bodo schlägt ihm schweigend
mit einer kurzen, aber heftigen Bewegung gegen die Brust.

Maik fliegt zurück, knallt mit dem Kopf gegen das Regal und bleibt am Boden liegen. «Bodo, was machst du denn?», kreischt Rosi. Ich beuge mich besorgt zu Maik runter. Er atmet schwer. Ich richte mich ruckartig wieder auf. Selbst wenn er NICHT mehr atmen würde – mir doch egal. Ich bin in meinem Leben noch nie so verarscht und belogen worden. Wut mischt sich mit der Watte und rauscht durch meinen Körper wie eine heiße Flüssigkeit.

Bodo hebt die Hand. «Seht ihr, was ich hier habe?», fragt er und dreht seine Hand hin und her. Ich blinzle. Palina steht direkt in seiner Nähe. «Eine Knarre?», fragt sie. «Richtig, Kleines, eine Knarre», sagt Bodo liebenswürdig. «Ihr bleibt hier und haltet die Fresse, bis alle draußen sind. Wenn nicht, schieße ich. Es ist mir völlig egal, wen ich als Erstes treffe.» Am liebsten würde ich «Den hier» rufen und auf Maik zeigen, traue mich aber doch nicht. Rosi setzt an, etwas zu sagen, aber Bodo macht sofort ein strenges Grunzgeräusch und wedelt mit der Waffe. Einige Minuten stehen wir vier wie gelähmt in der Dunkelheit. Keiner wagt es, sich zu bewegen. Bodo bleibt an der Tür stehen, bis die Tür des Lollipop zuschlägt. Polly hat als Letzte den Club verlassen. «Bodo», sagt Rosi, ihre Stimme wackelt. Er macht eine abwehrende Handbewegung. «Ich gehe jetzt dein Erbe suchen, meine Schönste», sagt er. «Vielleicht hast du die Kohle ja in eins deiner üblichen kleinen Verstecke gepackt. Dann ist das hier ganz schnell vorbei.» Er dreht sich um und schnappt sich im Gehen noch das schnurlose Telefon. «Wenn ihr den alten Autoknacker lebend wiedersehen wollt, benehmt ihr euch besser», ruft er noch, bevor er die Tür zuschlägt und den Riegel vorschiebt. Für ein paar Sekunden sagt niemand was. «Er hat Pitt. Oh Gott, er hat

Pitt!», flüstert Rosi. Ich starre durch die Scheibe und sehe, wie Bodo zur Eingangstür des Lollipop geht und die ebenfalls abschließt. «Was denn für ein Erbe?», fragt Palina. «Was ist denn hier überhaupt los?» Rosi ist auf den kleinen Hocker gesunken und hat das Gesicht in den Händen vergraben. Ihre Schultern zucken. Weint sie? Weint Rosi? Ich gehe neben ihr auf die Knie. «Ich bin so eine dumme, alte Kuh», flüstert sie. «Ich dachte wirklich, er ist meinetwegen gekommen.» Sie schluchzt. Ich fasse es nicht. Dass Rosi überhaupt weiß, wie man schluchzt! Ich brauche einige Sekunden, um mich zu sammeln. Dann sage ich: «Hör auf zu weinen.» Ich richte mich auf. Die feuchte Watte ist verschwunden. Da ist nur noch heiße, wilde Wut. Auf Maik, auf Bodo und all die verdammten Männer. Die sind im Grunde genommen schuld daran, dass ich mit der heulenden Rosi, der blutenden Palina und dem widerlichen Maik in einem Kabuff eingesperrt bin und fast erschossen wurde!

«Wir sollten einen Pakt schließen», sage ich. «Nie wieder wegen Arschlöchern weinen. Los, Rosi, steh auf.» Rosi hebt mühsam den Kopf. «Los, STEH AUF!», sage ich noch mal und halt ihr die Hand hin. Als sie zugreift, ziehe ich sie mit einem Ruck hoch. «Bodo hat vergessen, unsere Handys einzusammeln. Lasst uns die Polizei rufen», sage ich und entsperre meinen Bildschirm. Rosi hebt die Hand. «Stopp! Warte mal.» Vom Boden hören wir lautes Stöhnen. Maik. Jammernd wie ein Nationalspieler nach einer Schwalbe, rappelt er sich vom Boden hoch. «Was läuft hier eigentlich für ein beschissener Film?», fragt er, und seine Stimme schwankt zwischen Angst und Wut. «Ich rufe jetzt die Polizei.» Ich sehe sein Handy aufleuchten. «Nein!», schreit Rosi. «Nicht die Polizei! Das ist keine gute

Idee!» Sie baut sich vor Maik auf. «Bodo hat Pitt. Wenn die Polizei kommt, erschießt Bodo ihn. Nur, um mir eins auszuwischen. NICHT die Polizei!» Maik dreht sich zur Wand und schirmt das Handy mit seinem Körper ab. «Keine Ahnung, wer Pitt ist», sagt er, «aber ICH rufe jetzt die Polizei.» «Nein!», schreit Rosi, trommelt mit den Fäusten gegen seinen Rücken und zerrt an seinem Arm. Maik rührt sich keinen Zentimeter. Rosi ist so panisch, wie ich es bei ihr noch nie erlebt habe. Ich fände Polizei eigentlich auch ganz gut. Aber sie kennt Bodo besser als wir alle. «Bist du ganz sicher?», frage ich sie. «Bodo geht lieber selbst drauf, als sich verhaften zu lassen!» Rosi versucht nicht zu schreien, es gelingt ihr so mittel. «Wenn wir die Polizei rufen, ist Pitt tot!» Ich schiebe mich von der anderen Seite neben Maik. «Verbindung wird aufgebaut» steht auf seinem Display. Ich schließe für den Bruchteil einer Sekunde die Augen. Dann spanne ich meinen Körper an und trete ihm, so fest ich kann, von der Seite gegen das Knie. In dem Tritt steckt über ein Jahr aufgestaute Wut. Es knackt. «AAAHHHHHHHHH!!» Maik schreit wie am Spieß. «AhahahahaAAAAAAAHHHHHH!!!» Er lässt sein Handy fallen, hüpft auf einem Bein herum und schreit und schreit. Rosi schnappt sich das Handy und wirft es aus dem Ausgabespalt der Rezeption. Ich höre es auf der anderen Seite auf den Boden knallen.

Was machen wir denn jetzt? Es gibt nur eine Person, der ich zutraue, uns hier rauszuholen. Ich wende mich ein bisschen von den anderen ab und tippe hastig meine Nachricht an Lucy: «SOS. Rosis Exmann hält uns im Lollipop als Geiseln. Er hat eine Waffe. Keine Polizei! Auf keinen Fall Polizei!» Maik taumelt immer noch auf einem Bein herum und stöhnt. Dann verliert er das Gleichgewicht und stürzt zu Boden. Sein Kopf schlägt wieder gegen das Regal. Jammernd bleibt er auf dem Boden liegen.

Palina räuspert sich. «Was genau ist denn überhaupt passiert? Was will Bodo?» Rosi seufzt. «Stört es euch, wenn ich rauche?», fragt sie und kramt bereits in einer Schublade. Innerhalb von zwei Zügen ist der winzige Raum komplett zugeräuchert. Vom Boden ertönt gequältes Husten. Maik hasst Zigarettenqualm. «Kann ich auch eine haben?», frage ich schnell. Sekunden später paffe ich extra große Rauchwolken nach unten. «Bodo hat irgendwie rausgekriegt, dass ich vor kurzem eine größere Summe geerbt habe», sagt Rosi und schnieft. «Und ich hab's nicht rechtzeitig geschnallt. Ich bin momentan total angeschlagen, sonst hätte ich das gleich durchschaut.» Ich streiche ihr kurz über den Arm. Ob ich die Sache mit Peter jetzt vielleicht auflösen sollte? Wenn der feige Pitt seinen Account nicht einfach gelöscht hätte, würden wir hier vielleicht gar nicht sitzen. «Was ist denn, wenn Bodo die Kohle findet?», unterbricht Palina meine Überlegungen. Rosi schüttelt den Kopf. «Wird er nicht.» «Das heißt, er kommt gleich wieder?» Rosi nickt. Für ein paar Sekunden hört man nur Maiks Röcheln. Ich fühle mich schlecht, weil man mit Gewalt eigentlich keine Probleme löst. Und so wie der sich anstellt, habe ich aus seinem Knie einen nutzlosen Klumpen gemacht. Andererseits: Der soll froh sein, dass ich ihm nicht in die Eier getreten habe.

Rosi tippt mit der Schuhspitze leicht gegen Maiks Rücken. Wie jemand, der überprüfen will, ob der angefahrene Hund auf der Straße noch lebt. «Was hat es überhaupt mit diesem Jammerlappen auf sich?», fragt sie. «Das ist der peinlichste Wichser, der jemals das Lollipop betreten hat», sagt Palina. «Und das will schon was heißen.» Rosi sagt nichts. Vermutlich ahnt sie eh schon, was los ist. Plötzlich Schritte, ein Knirschen. Die Tür zum Kassenhäuschen fliegt auf. Bodo richtet die Waffe auf uns. «So», sagt er. «Die Party ist vorbei. Rosi, du gehst als Erste raus, alle anderen in einer Reihe hinterher, Hände über den Kopf!» Rosi macht einen Schritt auf ihn zu. «Bodo, hör mal», sagt sie, «lass uns in Ruhe reden.» Bodo wedelt mit der Waffe. «Los, Rosi, Hände über den Kopf und raus hier!» Sie hebt die Arme und geht langsam durch die Dunkelheit. Palina folgt ihr, ich folge Palina. «Los, du auch», knurrt Bodo ungeduldig zu Maik. «Ich kann nicht, ich bin verletzt, ich habe vermutlich eine Gehirnerschütterung und einen Kreuzbandriss», winselt Maik. Bodo verzieht verächtlich das Gesicht. «Gut, dann muss ich dich wohl leider erschießen», sagt er und drückt ab.

Der Schuss ist das Lauteste, was ich jemals gehört habe. Es riecht angekokelt, in meinen Ohren hallt es noch einige Sekunden nach. Ich traue mich nicht, mich zu Maik umzudrehen. Ich traue mich nicht mal, auszuatmen. Rosi und Palina stehen ebenfalls mucksmäuschenstill. Er hat Maik erschossen. Mein Herz hämmert wie mit kleinen geballten Fäusten gegen meine Brust. ER HAT MAIK ER-SCHOSSEN!

«Vielleicht kann ich doch aufstehen», sagt in diesem Moment eine zittrige Stimme aus dem Hintergrund. Bodo grunzt. «Geht doch», sagt er. Mit hoch erhobenen Händen marschieren und humpeln wir los, Bodo läuft hinter uns her und dirigiert uns quer durchs Lollipop.

Obwohl im ganzen Club die Lichter ausgefallen sind, spielt

die Musik. «Gimme shelter», singen die Stones, und vielleicht ist das nicht der schlechteste Song, um erschossen zu werden. Die Pools sprudeln leuchtend vor sich hin, in den Saunen brennt schwaches Licht. In ihrem fahlen Schein liegt Pitt zusammengekauert am Boden, seine Hände sind mit einem Strick an die Saunatür gebunden. Er hat eine Platzwunde am Kopf, die heftig blutet. Wir stellen uns in einer Reihe vor der Sauna auf. Palina muss Pitt losbinden. Er schwankt wie eine Birke im Wind. «Und du kommst jetzt mal her, meine Schöne», sagt Bodo und winkt Rosi zu sich heran. «Und jetzt, Bodo? Wirst du jetzt einen nach dem anderen erschießen, oder was?», fragt Pitt wütend. Bodo zielt mit der Waffe auf seinen Kopf. «Gute Idee», sagt er. «Du hast mich schon immer genervt.» «Bodo!», ruft Rosi. «Bitte! Tu das nicht. Weißt du denn nicht mehr? Ich war die Liebe deines Lebens!» Sie klimpert ihn mit ihren von Tränen verklebten Wimpern an. «Erst neulich habe ich Fanny die Geschichte erzählt, wie du an diesem einen Silvester für mich in die eiskalte Isar gestiegen bist und meinen Ohrring gesucht hast», fährt sie fort. Falls sie versucht, Bodo zu besänftigen, scheint ihre Strategie aufzugehen. Bodo lässt die Waffe sinken und schaut sie nachdenklich an. Für eine winzige Sekunde schöpfe ich Hoffnung. Sie hat ihn um den Finger gewickelt. Gleich sind wir hier raus. Doch plötzlich fängt Bodo an zu brüllen. Laut und aggressiv: «Diese Ohrringe waren das hässlichste Stück Scheiße, das ich jemals gesehen habe! Genau wie du! Dich hätte ich einfach in die Isar hinterherschmeißen sollen!» Bodo holt tief Luft. Pitt räuspert sich. «Also, ICH fand die Ohrringe immer ganz hübsch», sagt er in Bodos Atempause hinein und kramt in seiner Jackentasche. «Deshalb habe ich auch noch ein paar Tage länger nach ihnen gesucht.» Er streckt seine Hand nach vorne, damit Rosi sie sehen kann. Ein funkelnder Ohrring liegt darauf. «Für dich», sagt Pitt. «Nein!», ruft Rosi. «Nein!», rufe ich. Deshalb war Pitt vorhin so lange verschwunden. Er hat den verdammten Ohrring geholt. «Aber warum hast du ihn mir nie gegeben?», ruft Rosi. Pitt hebt die Schultern. «Irgendwie habe ich immer auf den richtigen Moment gewartet», sagt er und streicht sich mit der freien Hand über sein stoppeliges Kinn. «Lag der jahrzehntelang in irgendeiner Schraubenkiste, oder was?», frage ich. «In einer Dose mit Dichtungen», antwortet Pitt. Ich verdrehe die Augen. Bodo stampft hart mit dem Fuß auf. «Schluss jetzt mit dem Schwachsinn!», brüllt er und fuchtelt mit der Pistole. «Ihr da», er zeigt auf Palina, Maik, Pitt und mich, «rein in die Sauna, SOFORT!» Wir rühren uns nicht von der Stelle. Bodo zielt auf Pitts Kopf. «Ich zähle bis drei», sagt er mit ganz leiser, gefährlicher Stimme. Pitt zögert noch eine Sekunde, dann steckt er den Ohrring wieder in seine Jackentasche und öffnet die Tür. Ein Schwall Hitze schlägt uns entgegen. Bevor ich die Sauna betrete, lasse ich mein Handy unauffällig in den Korb mit den Handtüchern gleiten. Mein Herz ist zwar nicht das schlaueste, aber mein Gehirn funktioniert wirklich hervorragend.

Wenig später sitzen Palina, Pitt, Maik und ich auf dem Boden der Sauna. «Unten ist am wenigsten Hitze», hat Pitt gesagt. Es stinkt erbärmlich nach Ananas-Kotze. Ich verfluche mich für meine Ausgussauswahl vorhin. Bodo hat die massive Saunakelle von außen hinter den länglichen Griff der Sauna geschoben. Simpel, aber wirksam – die Tür lässt sich nicht mehr öffnen. «Sobald eure liebe Freundin Rosi mir verrät, wo ich das Geld finde, lass ich euch raus», hat er gerufen. «Betet lieber, dass sie schnell macht.» Durch das ovale Saunafenster lächelte er uns freundlich zu. «Sonst grille ich euch so lange, bis ihr ausseht wie Trockenobst.» Ich habe meine Kleidung bis auf die Unterwäsche abgestreift, auch Maik sitzt nur noch in Boxershorts da. Sein Knie sieht tatsächlich etwas klumpig aus, und grünblau verfärbt ist es auch. Pitt trägt nur noch sein Unterhemd und eine blaue Baumwollunterhose. Aus seiner Kopfwunde tropft Blut. Bodo hat ihm von hinten einen Barhocker übergebraten, um ihn außer Gefecht zu setzen. Ich drehe mich zu Palina um. Sie fummelt sich gerade ihr Piercing aus dem Bauchnabel, Maik sieht ihr mit glasigem Blick zu. Ich schaue zwischen den beiden hin und her. «Warum hast du mir nicht gesagt, dass du ihn aus dem Lollipop kennst?», frage ich. Palina streicht sich die feuchten Haare zurück. «Ich habe dir immer gesagt, dass er ein Arschloch ist», erwidert sie schwach. «Ach bitte, was für ein Scheiß!», fauche ich. Palina vergräbt das Gesicht in ihren Händen. «Ich hatte immer das Gefühl, du willst mich nicht wirklich in deinem Leben haben, außerhalb von dem hier», sie macht eine vage Handbewegung Richtung Lollipop. «Wenn ich dir von Maik erzählt hätte, hättest du mich noch mehr verachtet.» «Ich verachte dich doch nicht!», rufe ich. Palina schnieft. «Du weißt nicht mal, wie ich wirklich heiße», sagt sie. Ich sehe es in ihren Augen glitzern. Ich schlucke. Da hat sie allerdings recht. Für mich war sie halt immer Palina. Ich bin gar nicht auf die Idee gekommen, nach ihrem echten Namen zu fragen. «Und? Wie heißt du wirklich?», frage ich. «Maria Magdalena», sagt Palina und bricht vollends in Tränen aus. Ich kann mir ein Grinsen nicht verkneifen. «Hübscher Name»,

sage ich. Palina hebt den Kopf. «Es tut mir leid, Fanny. Ich wäre gerne deine Freundin geworden.» Wenn ich ganz ehrlich bin, weiß ich das natürlich längst. Nach unserem Abend in der Küche habe ich viel darüber nachgedacht, warum ich sie bisher immer auf Abstand gehalten habe. Und ich habe mir vorgenommen, es wenigstens mal zu versuchen. Das war allerdings vorher. Vor dem hier. Bevor ich wusste, dass sie mich auch die ganze verdammte Zeit belogen hat. Mir schießen Tränen in die Augen. Palina legt mir eine Hand aufs Knie. «Der ist ein lächerliches Arschloch, Fanny. Es ist völlig egal, ob er in den Puff geht oder nicht. Es ist auch egal, ob ich ihm mal einen geblasen habe oder nicht. Er ist nicht gut genug für dich.» Unwillkürlich gucken wir beide zu Maik rüber. Er starrt ins Leere und wirkt etwas weggetreten. Keine Ahnung, ob er uns zuhört oder nicht. Palina beugt sich dichter an mich heran und streicht mir über den feuchten Kopf. «Eine weise Frau hat mal gesagt: Keine Tränen mehr für Arschlöcher», sagt sie. «Ich möchte immer noch deine Freundin sein. Wenn du mich lässt.» Ich ziehe die Nase hoch. «Ich verspreche auch, dir sofort Bescheid zu sagen, wenn dein nächster Freund im Lollipop auftaucht.» Wir schauen uns an, und ich muss leider lachen. «Dann sollten wir hier aber zügig rauskommen, sonst wird das die kürzeste Freundschaft aller …», setze ich an, doch Palina fällt mir um den Hals, bevor ich den Satz zu Ende sprechen kann. Unsere schweißnassen Körper glibschen aneinander. Maik hebt den Kopf. «Alter, wenn du jetzt einen Ständer kriegst, ertränke ich dich im Aufgusskübel», keife ich. Palina kichert, und Maik lässt seinen Kopf schnell wieder auf die Knie sinken.
Die Hitze ist unerträglich geworden. Mein Kopf fühlt sich

an wie ein gefüllter Bratapfel. Mir ist schwindelig. Pitt ist hochrot im Gesicht, sein Kopf ist leicht zur Seite gekippt. Ich tätschle ihm die Wangen. «Pitt, hey Pitt», sage ich. Er reagiert nicht. Ich drehe mich zu Palina um. «Wir müssen hier raus», sage ich entschlossen. «Egal wie.»

Wir schauen aus dem Fenster der Sauna. Von Rosi und Bodo ist nichts zu sehen. Ich rüttle an der Tür. Die Kelle, die die Tür blockiert, bewegt sich keinen Zentimeter. «Vielleicht gibt sie ihm ja gerade das Geld», sage ich hoffnungsvoll. Ein Schuss schmettert durchs Lollipop. Wir zucken zusammen. «Oder er hat sie gerade erschossen», flüstert Palina. Panik strömt durch jeden Millimeter meines Körpers. Entweder wir werden erschossen oder sterben an einem Hitzschlag. Palina wickelt sich Pitts Hemd um die Hand und versucht, das Saunafenster einzuschlagen. Nichts passiert. Nicht mal ein Riss. Palina atmet schwer. Sie lässt das Hemd fallen. «Ich kann nicht mehr», flüstert sie und plumpst auf den Boden, ich sinke neben sie. Schweigend sitzen wir nebeneinander. Ich habe keine Ahnung, wie lange wir hier schon festsitzen. Der Schweiß fließt in Strömen über unsere Körper, die Zunge klebt an meinem Gaumen, bei der kleinsten Bewegung wird mir schwarz vor Augen.

Plötzlich wird die Tür aufgerissen! Es ist Lucy. «Gott sei Dank!», keuche ich. Palina und ich krabbeln auf allen vieren ins Freie. Mit letzter Kraft krieche ich unter eine der Duschen und schlage mit der Hand auf den Knopf. Mit weit geöffnetem Mund sitze ich auf dem Boden, lasse das kühle Wasser auf mich prasseln. Palina robbt neben mich und tut es mir gleich. Wir beobachten Lucy, wie sie erst Pitt, dann Maik aus der Sauna zieht. «Was macht denn Arschgesicht hier?», ruft sie mir zu. Ich winke ab. «Er wollte jedenfalls keinen Brillantring kaufen, um seiner Frau eine Freude zu machen», gebe ich zurück. Wacklig gehe ich zu Lucy rüber. Mein Kopf dröhnt. Maik blinzelt und stöhnt, nur Pitt liegt völlig bewegungslos mit geschlossenen Augen da. Im Club ist es immer noch dunkel, von Bodo ist nichts zu sehen. «Wie bist du reingekommen? Wir müssen hier abhauen. Rosis irrer Ex läuft noch irgendwo mit einer Knarre rum!» «Durch das zerschmissene Fenster», sagt Lucy knapp. «Da passt aber von euch keiner durch. Palina ist zu groß, du bist zu dick, mit den Männern müssen wir gar nicht erst anfangen.» «Na herzlichen Dank», sage ich beleidigt. «Komm, wir müssen uns um Pitt kümmern! Hol mal Wasser!», befiehlt Lucy. Ich nicke, schnappe mir mein Unterhemd aus der Sauna und laufe zur Bar. Als ich mit mehreren Flaschen Mineralwasser zurückkomme, haben Lucy und Palina Pitts Oberkörper ein wenig aufgerichtet und auf einem Kissen abgestützt, seinen Körper haben sie mit feuchten Handtüchern bedeckt. Ich kippe eine Flasche Wasser in mich hinein. Langsam fühlt sich mein Kopf klarer an. Palina, Lucy und ich hocken uns an den Rand der Liegewiese. Knapp fasse ich für Lucy zusammen, was passiert ist. Sie schüttelt die ganze Zeit den Kopf und murmelt «Au weia». Palina raucht eine Zigarette. «Wie krass mutig von dir, dass du einfach durchs Fenster geklettert bist», sagt sie. «Du wusstest doch gar nicht, was dich hier erwartet.» «Meine Mutter hat sich hochschwanger an Zuggleise gekettet, um gegen Atomtransporte zu demonstrieren. Risiko liegt mir im Blut», behauptet Lucy. Ich verdrehe die Augen. «Um ehrlich zu sein, habe ich auch ein bisschen gedacht, Fanny übertreibt mal wieder.» Wir sehen uns an. «Jetzt sollten wir aber wirklich die Polizei rufen», sagt Palina. «Und Rosi?», frage ich. «Vorschlag», sagt Lucy. «Ich rufe Tibor an und sage ihm, er soll die Bullen holen, wenn er in 20 Minuten nichts von mir hört. In der Zeit versuchen wir rauszukriegen, was mit Rosi ist.»

Kurz darauf schleichen wir barfuß durchs Lollipop. Ich trage nach wie vor ein Unterhemd und mein verwaschenes Höschen mit den fröhlichen Paprikas, die händchenhaltend im Kreis tanzen, Palina einen silberfarbenen Tanga und darüber Pitts Hemd, Lucy steckt in einer türkisfarbenen Leggins und einem rotem Pullover aus Kunstfell. Palina und ich haben pitschnasse Haare und verschmiertes Make-up, wir sehen aus wie Grusel-Clowns. Wir sind schon eine schräge Rettungstruppe. Mit angehaltenem Atem pirschen wir an jedem einzelnen Séparée vorbei. Nichts. «Keller?», flüstere ich. Lucy und Palina nicken. Und tatsächlich: Aus dem Lager mit den Handtüchern hören wir Stimmen. Ich rufe mir den Raum in Erinnerung. Regale bis zur Decke, alles voll mit Handtüchern, Bademänteln und Schlappen. Die Waschmittelvorräte sind ebenfalls dort gelagert. Ein ziemliches Chaos. «Es ist so dunkel hier, ich kann kaum was sehen. Die Augen werden ja im Alter auch nicht besser, nicht wahr?», hören wir Rosi quengeln. «Das Geld muss hier irgendwo sein.» Es rumpelt. «Und hör doch mal auf, mit der Pistole rumzuwedeln, das macht mich ganz nervös.» Rosi klingt wie eine tüdelige Omi. Das kauft ihr doch keiner ab. «Sie schindet nur Zeit», flüstere ich. «Du schindest doch nur Zeit», knurrt Bodo. «Wenn du mir nicht gleich die ersten Scheine zeigst, schieße ich dir in deinen kleinen Prachtarsch. Mal sehen, ob es dann schneller geht.» Ich husche die Treppe wieder nach oben,

Lucy und Palina folgen mir. «Was machen wir denn jetzt?», flüstere ich. Wir haben noch 15 Minuten Zeit, bis Tibor die Bullen ruft. Palina deutet zur Bar. «Wodka», sagt sie. Der Reihe nach trinken wir einen großen Zug direkt aus der Flasche. Palinas Blick fällt auf die Schale mit den Kondomen. «Ich glaube, ich habe eine Idee», sagt sie.

Kurz darauf liegen vor uns mehrere Schachteln Kondome, superfeucht. Mit fliegenden Fingern zerren wir die Gummis aus ihren Hüllen, rollen sie aus und werfen sie auf einen Haufen. Staunend beobachte ich Palina. Sie braucht pro Kondom keine zwei Sekunden. «Damit hättest du zu *Wetten, dass ..?* gekonnt», kichere ich hysterisch. Mit etwa 200 ausgerollten Kondomen, einer Tube Gleitgel und zwei leeren Champagnerflaschen bewaffnet, schleichen wir wenige Minuten später die Treppen wieder hinunter. Hastig breiten wir die Kondome auf dem Teppich vor der Tür zum Wäscheraum aus. Dicht an dicht, übereinander, bis kein Millimeter Boden mehr zu sehen ist. Ich spritze ein paar ordentliche Schübe Gleitgel darüber. Palina, Lucy und ich sehen uns an. Wir hören Rosi jammern: «Hier ist es auch nicht. So ein Ärger.» «SCHLUSS JETZT!», brüllt Bodo. Lucy drückt mir eine leere Flasche Champagner in die Hand. Ich atme tief durch und stelle mich mit hoch erhobener Flasche neben die Tür. Lucy streicht über meinen Rücken. «Denk an Brozilla. Du schaffst das.» Palina geht zur Treppe. Wir nicken uns noch einmal zu. Dann fängt Palina an zu schreien: «Schnell! Wir müssen das Geld holen, bevor Bodo es findet! SCHNELL!» Sie trampelt mit den Füßen auf der Treppe herum. Wir starren auf die Tür der Wäschekammer. Palina trampelt immer noch. Ich halte die Luft an. Es rumpelt, die Klinke bewegt sich. Dann fliegt die Tür auf. Mit hoch erhobener Waffe stürmt Bodo in den Flur. Schon beim ersten Schritt auf die glitschigen Kondome rutscht er aus. Seine Pistole fliegt in hohem Bogen durch die Luft, Bodo taumelt, versucht sich zu fangen, glitscht aber bei jeder Bewegung auf den Kondomen herum, wie auf Glatteis.

Ich schlage mit der Champagnerflasche zu. Durchgezogene Vorhand. So hart ich kann. Ich treffe ihn heftig an der Schulter, Bodo schreit überrascht auf, verliert vollends den Halt und kracht auf den Boden. Lucy taucht neben mir auf und schlägt mit der anderen Flasche auf Bodos Schädel. Glas splittert, er hört auf zu zappeln. Blut rinnt über seine Schläfe. Wir starren mit angehaltenem Atem auf ihn herunter. «Na, das hat aber gedauert», sagt Rosi und tritt aus der Wäschekammer. Sie bückt sich und hält ihre Hand an seinen Puls. «Lebt noch», sagt sie. «Schade.» Dann tastet sie seine Jackentaschen ab. Es klimpert. Rosi zieht die Schlüssel vom Lollipop hervor. «Wir sollten abhauen», sagt sie. «Was, wenn Bodo wieder wach wird?», frage ich besorgt. In diesem Moment erscheint Pitt oben an der Treppe. Er ist leichenblass und muss sich mit einer Hand am Geländer festhalten. Er trägt nur sein Feinrippunterhemd, aus dessen Ausschnitt graue Brusthaare hervorquellen, die blaue Unterhose schlackert um seine mageren Beine. «Ach herrje», sagt Rosi. Pitt hebt eine Hand. Zwischen seinen Fingern blitzt es. «Braucht jemand Handschellen?», fragt er und grinst schwach.

20 Minuten später sitzen wir alle in meinem geliebten Rolf. Pitt muss ins Krankenhaus. Seine Wunde am Kopf blutet immer noch, sie sollte vermutlich genäht werden. Er sitzt

mit Rosi auf der Rückbank, Lucy und Palina haben sich zusammen auf den Beifahrersitz gequetscht. Bodo haben wir mit den Handschellen am Geländer festgekettet und sogar noch in eine stabile Seitenlage gebracht. «Wir überlegen später, was wir mit ihm machen», hat Rosi entschieden. Seine Waffe hat sie in den Whirlpool geschmissen. Maik haben wir einfach bei den Saunen auf dem Boden liegenlassen. «Ich habe deiner Frau bei Facebook geschrieben, wo sie dich abholen kann», habe ich ihm zugerufen und ihm mit meinem Handy zugewinkt.

Ich kurble die Seitenscheibe runter, weit hinter dem Gewerbegebiet leuchtet ein goldener Schein am Himmel. Bald geht die Sonne auf. Es riecht frisch, nach Blumen und Gras und ein bisschen nach Wärme. «Wo hast du denn jetzt eigentlich die ganze Kohle versteckt?», fragt Lucy. «Und was für Kohle überhaupt?», ergänze ich und schüttle die Flasche Champagner, die ich mitgenommen habe. «Und was hast du in der verdammten Wäschekammer gemacht?», fragt Palina. Ich lasse den Korken mit lautem PLOPP aus dem Fenster schießen und schlürfe den schäumenden Champagner ab. Rosi lacht. «Was hätte ich denn machen sollen? Ich habe gedacht, wenn ich Bodo lange genug hinhalte, wird euch schon was einfallen.» «ROSI, WIR SIND FAST VERKOCHT!», schreie ich. Sie lacht noch lauter. «Seid ihr aber nicht. Ich wusste, dass ihr das alles hinkriegt.» Ich schüttle den Kopf und reiche Palina die Flasche. «Das ist doch Wahnsinn», sage ich. «Warum hast du ihm nicht einfach das Geld gegeben?» Rosi schnauft. «Wieso denken eigentlich alle, ich würde mein Geld unter einer Matratze im Club verstecken? Ich bin doch nicht von vorgestern!» Ich drehe mich zu ihr um. Sie tippt sich auf die Stirn. «Ich habe es natürlich in einem Bankfach weggeschlossen. Aber wenn Bodo das rausgekriegt hätte, wären wir jetzt alle hinüber.» Rosi schnappt sich die Champagnerflasche. «Das Geld ist übrigens nicht nur für mich», sagt sie. Ihre Augen funkeln wie bei einem kleinen Mädchen, das sich einen Streich ausgedacht hat. «Es ist auch für Pitt, Palina, Julie und dich, Fanny.» Wir starren sie an. Rosi grinst von einem Ohr bis zum anderen. «Die Kohle kommt von Otto. Er hat uns eine halbe Million vererbt. Hat er gleich nach seinem Besuch bei uns in sein Testament aufgenommen.»

Es ist so still im Auto, dass man die zerplatzenden Blasen in der Champagnerflasche hört. «So viel Geld», flüstere ich fassungslos. Rosi nickt und zieht einen kleinen, aber dicken Briefumschlag aus ihrer Manteltasche. «Hier ist der Beweis», sagt sie. Palina reißt Rosi den Umschlag aus den Händen, Lucy quiekt und zappelt vor Aufregung. «Aber woher wusste Bodo davon?», frage ich.

«Ulla!» Rosi spuckt den Namen heraus, als sei er giftig. «Die war so sauer über das Testament, dass sie ihren alten Schnapskunden Bodo auf den Kanaren aufgetrieben hat.» Sie trinkt einen Schluck. «Hat er mir vorhin in der Wäschekammer erzählt. Die dämliche Ulla dachte, er würde sich das Geld dann mit ihr teilen.» Ich will eigentlich noch was fragen, aber in dieser Sekunde kreischen Palina und Lucy los. Bankschlüssel fallen klirrend in den Fußraum, ein Zettel mit dem Schriftzug «Testament» flattert durchs Auto. «Es stimmt! Rosi hat recht! Wir sind reich, verfickte Scheiße!», schreit Palina. Pitt seufzt. «Hattest du den Umschlag etwa die ganze Zeit in einer Manteltasche?!», fragt er. Rosi tupft ihm liebevoll mit einem Taschentuch im blutigen Gesicht herum. «Ist doch jetzt egal», sagt sie. Ich lache leise und starte den Motor. Wenn ich die Augen schließe, sehe ich bunte Sternchen. Ich höre Pitt und Rosi auf der Rückbank leise tuscheln. «Warum hast du mir das mit dem Ohrring nie gesagt?», flüstert sie. «Ich habe dir vieles nicht gesagt, Rosilein», antwortet Pitt. Im Rückspiegel sehe ich, wie er ihr sanft über die Haare streicht. Ich drehe mich noch mal um. «Dabei zählt doch nur eins, nicht wahr, Pitt?», sage ich. Er schaut mich an. «Nicht wahr, Pitt?», wiederhole ich. Er guckt Rosi in die Augen. «Im Glanz und Rausch, zwischen Abwärts und Schmerz, da zählt nur eins: das Herz, das Herz», zitiert er leise. Einige Sekunden lang starrt Rosi ihn nur an. Sie presst die Hände auf die Brust. «Du bist das? DU bist Peter? Warum hast du …? Wieso wusstest du …? Hast du die ganze Zeit …?» Sie bringt keinen ganzen Satz mehr heraus. Dann zieht Pitt sie an sich. Endlich.

Ich gebe Gas. Der kühle Münchner Morgen rauscht durch das offene Fenster in unsere Köpfe, für den Moment scheint alles möglich. Alles, außer dass ich jemals wieder mit Maik spreche. Oder eine Sauna betrete. Rolf ist gerade viel mehr als ein Auto, er ist das Zuhause einer Runde von Menschen, die mir in den letzten Monaten so sehr ans Herz gewachsen sind. Ein Tränchen kullert über meine Nase. Das ist aber natürlich nur der Fahrtwind. Palina lehnt sich aus dem Beifahrerfenster und hält die Champagnerflasche dem schmalen Goldstreif am Horizont entgegen.
«Auf die Liebe!», ruft sie.

*

Dank

Danke, Mama. Danke, dass du immer alles mitmachst und nie danach fragst, ob sich das gehört. Danke, dass du anders bist als andere Mütter.

Danke, Papa, für deine unzähligen Anekdoten und deine Begeisterung für meine Geschichten.

Danke, Karsten, für Hunderte Kilometer mit dem Hund spazieren gehen, tausend Liter Gin Tonic mixen und ein paar Millionen Mal sagen, dass alles gut wird. Danke, dass alles gut wird.

Danke, Jens, für deinen Optimismus, die unzähligen roten Kringel und dafür, dass du auch im tiefsten Tal der Einfallslosigkeit noch einen hellen Gedanken findest.

Danke, Julia, Jenny und Franzi, dass ihr vom ersten Rotwein bis zum letzten Kir Royal dabei wart. Und danke, Franzi, für den ganzen Rest.

Danke, Jessy, für die richtigen Einfälle im richtigen Moment und dafür, dass du niemals aufgibst.

Danke, Luzi, dass du mich so lange ausgehalten hast und bis heute daran glaubst, dass irgendwann mal was aus mir wird.

Danke, Hendrik, ohne dich hätte ich München noch viel mehr gehasst.